•项/目/管/理/核/心/资/源/库/

第2版

肖杨 著

微权力下的项目管理

如何在有责无权的状况下带领项目团队获得项目成功

PROJECT MANAGEMENT WITH LIMITED AUTHORITY, 2nd Edition

電子工業出版社
Publishing House of Electronics Industry
北京 · BEIJING

图书在版编目（CIP）数据

微权力下的项目管理：如何在有责无权的状况下带领项目团队获得项目成功 / 肖杨著. —2 版. —北京：电子工业出版社，2020.12

ISBN 978-7-121-39676-2

Ⅰ. ①微… Ⅱ. ①肖… Ⅲ. ①企业管理—组织管理—研究②企业管理—项目管理—研究 Ⅳ. ①F272

中国版本图书馆 CIP 数据核字(2020)第 183949 号

责任编辑：刘淑丽
印　　刷：三河市君旺印务有限公司
装　　订：三河市君旺印务有限公司
出版发行：电子工业出版社
　　　　　北京市海淀区万寿路 173 信箱　　邮编：100036
开　　本：720×1000　1/16　印张：17.25　字数：310 千字
版　　次：2016 年 10 月第 1 版
　　　　　2020 年 12 月第 2 版
印　　次：2022 年 8 月第 5 次印刷
定　　价：78.00 元

凡所购买电子工业出版社图书有缺损问题，请向购买书店调换。若书店售缺，请与本社发行部联系，联系及邮购电话：（010）88254888，88258888。

质量投诉请发邮件至 zlts@phei.com.cn，盗版侵权举报请发邮件至 dbqq@phei.com.cn。

本书咨询联系方式：（010）88254199，sjb@phei.com.cn。

作者序一

当前，我国不缺外来的管理方法，包括项目管理方法。从20世纪90年代开始，各类管理方法出于商业目的而争先恐后地涌入我国，导致现在市面上大家可以看到各种流派的外来项目管理方法的书籍和认证考试。而且，这些外来方法是在西方国家发展历程中的不同历史时期产生的，却在同一时期涌入我国。所以对于想学习项目管理的人来说，现在最大的问题不在于缺少项目管理方法，而是方法太多，不知道学谁家的好！与此同时，我们发现绝大多数学习了西方一些知名项目管理方法并取得了相关专业资质的项目经理在实际工作中仍然感到无从下手，无法将学到的先进项目管理方法应用到实际工作中，造成了更大的困惑。

目前，市面上主流的西方项目管理方法主要有三种：第一种是美国项目管理协会（PMI）及其知名的个人认证PMP。第二种是英国内阁办公室所拥有的项目管理产品及其知名认证 PRINCE2。第三种是来自瑞士的国际项目管理协会（IPMA）及其知名认证 IPMP。它们中的第一种代表典型的美国项目管理流派，第二种代表典型的英国项目管理流派，第三种代表典型的偏欧洲的项目管理流派。这三大流派基本上代表了目前世界上比较主流的三种文化思想，当然三种流派背后的起因也不太一样。PMP 产生于军工，特别适合装备制造、军工生产，它是由这类工作衍生出来的，特点是大而全，比较像大百科全书，囊括了全球所有与项目管理相关的概念、方法、工具和技术，其经典著作为《项目管理知识体系指南（PMBOK®指南）》（第六版）。PRINCE2 最早是英国政府为了管理 IT 项目而打造出来的项目管理方法，是从 IT 项目管理中衍变出来的一套项目管理方法。它的全称是 Project in Controlled Environment Second Version，翻译过来为“受控环境下的项目管理第 2 版”。由于这个方法是英国政府提出的，所以特别侧重建立受控机制，尤其是对项目相关人员的管控和协同。IPMP 的拥有者是 IPMA，IPMA 是世界上第一个成立的项目管理协会，比较注重欧洲的人文文化，特别关注人和组织的能力问题，其最大的贡献是提出了对项目管理能力和项目经理能力评定的模型和指标库，尤其侧重帮助组织界定什么样的人适合什么样的项目岗位。其实 IPMP 有一个项目管理人员能力评定基准，对项目经理进行了等级划分，以界定不同等级的项目经理所需的不同能力。这三种不同的方法之所以能在世界上一直存在，而且能各树一杆大旗，主要就是因为它们各有各的特色。当然，除了这三大主流项目管理方法，大家还可以看到一些专业领域的项目管理方法，比较知名的有软件开发项目管理的 CMMI 和敏捷开发模式，以及新产品开发领域的 NPD 等。

虽然我们可以看到或学习到各种流派的项目管理方法，但是很难把它们照搬到自己的组织里。为什么呢？因为大家没搞清楚这些方法在企业发展到什么样的阶段才适用，也没搞清楚适合这些方法的西方企业本身的文化与我们自己的组织文化的差异，这些差异对企业能否顺利移植西方方法是至关重要的。

在我培训或演讲的时候，经常有人问我哪种项目管理方法更好，我通常的回答是："所有在中国能看到的外来方法一定都是非常好的，否则也很难被传播到咱们国家来，目前因为我不了解你所在企业的企业文化，所以我没办法判断哪种方法更适合你所在的企业。"

我既做管理咨询顾问，也做培训讲师，获得的各家流派的资质证书很齐全，熟悉各种流派和不同国家的方法。在很多知识融会贯通后，我发现项目管理的本质都是一样的，只是不同流派的侧重点不一样。究其原因是每种方法来源的国家不同，产生的时期不同，造成了不同的管理侧重。因此，我认为学习任何一种方法，一定要关注它背后的文化和产生的时期。作为有 5 000 多年历史的国家，中国其实是一个特别有思想的国家，尤其在春秋战国和汉代的时候，我们有诸子百家，其实也代表了多种不同流派的思想体系和方法。当然这其中有很大一部分现在逐渐失传了。每个国家都有一套自己的项目管理方法，而现在我国没有一套特别拿得出手的方法。这就是为什么我们一直在学其他国家的方法，用着却又总是很别扭的原因。

一直以来，我都希望可以为中国的项目管理从业者写一本适用于我国企业当前特点的项目管理图书。作为一个多年一直在国内外企业一线摸爬滚打、总结提炼的项目经理、管理咨询顾问和培训讲师，我尝试在实践中不断地消化和吸收各种西方项目管理方法，并逐步形成了一套自己的项目管理套路。经过很多家国内行业龙头企业的实际应用证明，它在中国文化的企业里行之有效。我们可以将这套具有中国特色的项目管理方法称为微权力下的项目管理方法。我觉得自己有责任将这个方法分享给大家，以帮助更多的企业、项目经理及有志于在项目管理道路上发展和奋斗的同人少走弯路，更快地认识项目管理的本质和精髓，尤其是学到如何能在中国的文化下把项目管理做成功的套路。

在我写这本书的过程中，得到了我的家人、学员、客户和朋友的大力支持和帮助，也希望借此机会，表达我对大家发自内心的感谢。感谢《微权力下的项目管理》（第 1 版）的各位读者，是你们对这本书的充分认可，让我有了更大的信心把微权力下的项目管理思想继续发展和推广下去。另外，特别感谢电子工业出版社的编辑，引导我走上写书的道路，并且在我写书的过程中一直给予大力鼓励和协助。

作者序二

微权力的项目环境，造就大作为的未来领袖

微权力的项目环境在国内非常普遍，这也一直都是在国内从事项目管理工作的各类从业人员感到最痛苦的一件事情。由于没有被授予与自己在项目中所承担的责任相匹配的权力，作为项目负责人或项目经理，不论是调动项目资源还是组织大家协同工作，都是非常费心费力的，而且不能简单粗暴地借助被授予的权力来直接解决人员配合的问题。然而，正是这样的一种逆境式的工作环境，反而更容易激发和锻炼出项目管理从业人员的真正潜力，造就具有过人领导力和能力的项目负责人或项目经理，在未来充满变化的商业和企业环境中，才可以带领团队成就超越前人的一番事业。

一、锻炼"博弈能力"

众所周知，项目这种特别的组织管理模式最早诞生于第二次世界大战的"曼哈顿计划"，就是美国发明原子弹的那个伟大计划。正因为美国人发明了项目管理这种方法，才能在本来处于技术劣势的情况下却比德国人更早地把原子弹发明出来，从而赢得了战争。这也是在第二次世界大战之后美国为什么会坚定地在其军事领域贯彻组织级项目管理机制和推行多层级项目管理办公室的重要原因。

从项目管理的起源上，我们可以看到项目管理的以下几个特点：

（1）项目管理最适合的场景是战争环境或激烈的商业或企业内的博弈环境。

（2）项目管理是为了比竞争对手更抢先地实现创新且挑战很大的目标而特别创立的一种跨职能的组织形式，其目的是在更短的时间内建立跨职能的协同性。

（3）项目经理的使命在于通过项目管理的组织形式有效地根据战略规划跨

职能的组织进攻，建立快速出击和突破的能力。

因此，在这种激烈竞争和博弈的商业环境下从事微权力的项目管理工作，可以很好地锻炼自己的博弈能力。

二、塑造“大局观”

很多人都会误认为“项目管理”和“管理项目”是一回事，其实不是。

在西方的项目管理理念里，项目中的工作内容大体上可以分为三类：项目管理的工作、端到端的业务工作（实现项目产品的业务流程），以及与职能部门衔接配合的工作。我们通常所学习的西方项目方法仅仅涉及了项目中的项目管理流程和工具，而不是项目中的全部内容。而且，在任何一个项目中，端到端的项目业务流程才是项目中的核心价值流，而项目管理工作和职能支持工作都是为了让项目中的业务流程更顺畅而存在的。对于项目管理来说，其价值在于通过科学的整体规划和调控机制可以更科学地梳理和整合项目中原本分散的业务资源，确保在更短的时间内形成合力和协同，实现项目中的业务目标和收益。作为项目经理，如果仅仅懂得项目管理方法却不熟悉项目中各种不同的业务工作或不同职能的项目成员特点的话，是没办法将项目中这些不同领域的资源和工作根据实现项目目标的路径进行有效整合的，也就发挥不出项目管理的效力。因此，优秀的项目管理负责人或项目经理一定要同时具备知识的深度和广度，要具备多领域、多元化的知识和技能，既要懂技术，又要懂管理，只有综合能力强，能够站在大局的高度来思考和判断，善于识别和整合各类不同的资源，才能在较短的时间内发现在别人看来各不相关的各种资源和工作任务之间的潜在关联关系，并协助它们建立关联，形成一体。在微权力的项目环境下，项目经理跟随项目发起人（往往是组织的大领导）长期进行跨领域、跨职能、跨文化、跨层级的组织协调工作，可以很好地锻炼自己从组织大局的角度来思考和解决问题的能力，帮助自己塑造作为领导者所必需的大局观。

三、树立“拥抱变化”的自信

拥抱变化不仅仅是一种意愿，更是一种面对变化时的自信和从容，是在经历了多次的场景变化后依然能保持自信、好奇甚至热衷的一种自信心。

项目永远处于一个变化的环境中，作为项目来进行管理的工作往往是那些具备鲜明的创新性或变革性的重要任务。这些工作在启动的初期往往充满了目标的模糊性、利益相关方之间的冲突和矛盾、环境和范围的不确定性，以及不计其数的变化，因此会对带领团队的人形成很大的挑战。然而，由于这类工作的风险较大，为了避免较大的损失，企业高层往往不会授予项目负责人很大的权力，以减少试错成本，但会赋予很大的责任，以确保项目负责人和项目团队会竭尽全力来应对挑战，突破自我，实现创新。

这种性质的工作一定不适合那些长期在企业稳定环境下管理团队的管理者来担任领导者，却更适合那些能在变化的环境下脱颖而出、表现出过人的应对变化能力的人。作为长期在这样的环境下带领、组织和协调大家来开展工作的项目经理，会逐渐消除自己对于未知变化的恐惧，树立应对变化的信心，甚至培养出对未知变化的向往和期望的感觉，逐步建立带领大家共同面对未知变化的领导力。

四、学会找“管理”要“收益”

项目的最终价值往往体现在业务层面，因此项目经理只懂项目管理不懂业务是发挥不出作用的。又因为自己处于有责无权的环境下，没有办法强迫业务或技术专家替自己去思考这些问题，所以只能逼迫自己去学习项目中的业务和技术，思考如何通过项目管理的方法和工具来整合和控制项目中的各类业务和技术工作，才能实现项目的目标和收益。长期在这种环境下工作，会在潜移默化中锻炼出项目经理整合项目管理与业务和技术的能力，逐渐学会通过项目管理的方式更好地整合不同类型的技术，加速实现项目中的业务工作，从而达到最大化项目收益的效果。这恰恰也是未来的领导者所必需的能力。

五、建立“平衡”，推动“合力”

项目成功的关键在于可以在较短的时间内帮助项目中的不同利益相关方建立平衡，形成合力和协同。

众所周知，项目是创新或变革的载体，而颠覆式或突破式的创新又往往来源于跨界或跨领域的冲突。因此，绝大多数企业会自然而然地通过创造跨界冲突的环境来建立创新的过程和实现创新的目标，而承载这个过程的组织形式就是我们所说的项目。通常，项目是在项目中的各个利益相关方之间充满冲突的环境中开始的，而项目的创新或变革目标的确定和实现又必须由这些原本相互不能协同的利益相关方通过协同来实现。那么，尽早在项目的不同利益相关方之间建立平衡，在项目的小环境中让不同利益相关方求同存异，在一定时间内统一目标和方向，抱着形成合力的态度却又可以在项目中公正公平地表达自己的观点和建议，最终形成协同创新的局面就变得特别重要。老祖宗告诫我们“兄弟同心，其利断金”，企业创新离不开大家的合力，而项目经理恰好是在这种有责无权的挑战性环境下不断地锻炼自己整合各路人马、建立临时的平衡及形成合力的能力，从而打造了自己在微权力环境下的领导力。

六、微权力的环境造就“领导力”的领袖

相比西方发达国家，我国尚属发展中国家，其项目管理环境是极有挑战性的。由于国内企业的管理成熟度普遍偏低，大多处于纯粹的职能型管理结构和制度体系，甚至一些刚刚度过了野蛮生长期的企业还处在人治的管理模式下，甚至连专业化、规范化和标准化都还没有做到，就在国家政策和宏观经济发展趋势的推动下急剧地扩张成了大规模的企业，在各个行业的发展速度放缓甚至开始下滑的局势下，不得不开始走向多元化、国际化和转型。在企业为了适应环境而开始转型和调整的过程中，在过去 30 年形成的传统的基于权力的管理模式逐渐地暴露出越来越多的弊端。很多企业曾经的功臣仍然沉浸在自己数年前的丰功伟业的回忆里，而拒绝颠覆自己过去的认知，以及进一步学习和成长的机会，总是希望用自己一成不变的思考和工作方式来带领团队创造与过去和现在都完全不同的企业未来竞争力。这种目前非常普遍的现象极大地阻碍了企业的战略落地和转型未来模式，也同样给那些负责带领企业创新和变革的项目负责人或项目经理带来了非常大的挑战。

除此以外，项目经理有责无权的状况也是在目前中国企业环境下非常普遍的现象，而且我个人认为这种现象在短时间内应该不会有太大变化。然而，这种貌似对项目经理来说非常恶劣的工作环境，其实对项目经理个人来说却是非常难得的锻炼和成长环境。

《孟子》中提到“故天将降大任于斯人也，必先苦其心志，劳其筋骨，饿其体肤，空乏其身，行拂乱其所为，所以动心忍性，曾益其所不能” ，正所谓“玉不琢不成器”，在我看来，对于项目经理的成长来说，也是相同的道理。

正因为在当前中国的环境下，项目经理没有权力或仅有微小的权力，却又背负带领跨职能、跨领域的各路人马在未知的创新领域闯出一片天地的重任，就不得不逼迫自己只能通过快速学习来获取各种不同领域的知识，通过实践来提升自

己的技能，通过以柔克刚的方式来影响有权力和有能力的人来支持自己的想法和目标，站在大局的角度来帮助各个不同利益相关方建立项目中的动态平衡。由于长期在这种微权力的项目环境下锲而不舍地开展工作，如果方式得当的话，项目经理的个人领导力将会得到飞速的提升，也能获得越来越多的关键利益相关方的信任和支持，从而成为企业转型和创新的中坚力量。

不论是在国际或国内，都必须培育出更多有格局、有远见、有技术、懂管理、开放、包容、拥抱变化且善于资源整合的新时代复合型人才，才能带领大家实现命运共同体的美好未来，而微权力的项目环境恰好是培育这类未来领袖的摇篮。

目录

第 1 章

项目的五个特点是一切挑战的根源

中国已经进入一个人人都是项目经理的时代。各行各业中，越来越多的重要工作都在以项目的形式开展，越来越多与项目管理相关的岗位在企业如雨后春笋纷纷涌现出来。然而，真正懂得项目管理的人仍然凤毛麟角。绝大多数项目经理或项目负责人，包括很多有数十年经验的资深项目管理从业者，竟然也都不知道“项目”到底是什么。因此，也就搞不清楚到底什么事该项目经理管，什么事不该项目经理管。即使干了很多别人都不干的活，而且受了很多累，还老被别人埋怨。因此，很多人对项目这种类型的工作又爱又怕，亟须找到一套可以让自己少走弯路的方法。

想管好项目，得从认识中国特色下的“项目”开始。只有充分认识什么是“项目”，熟悉它在中国的本质，了解它在中国的特点，才有机会把它管理好。项目有五个与生俱来的特点，这五个特点导致了项目管理中的种种挑战。只有认清这些挑战的根源，才能顺利地找到适合自己的方法，战胜挑战，成功地实现项目的目标。

1.1 为打破部门墙而诞生的项目

项目是如何诞生的呢？在第二次世界大战的时候，曾经有一个非常著名的事件叫“曼哈顿计划”（见图 1.1），就是那个研制原子弹的计划。据说这是因为在当时执行“曼哈顿计划”的过程中，动员了十多万人参与这一工程，其中包括大批来自世界各地的科学家，不乏诺贝尔奖获得者，以及大批的政府官员、军官、各类人才。他们被召集在一起去完成这么一个重大的创新任务，协同起来特别困难。大家都是专家，以前也没一块儿工作过，会习惯性地各自为政。当时的领导人意识到，如果没有一个特别的组织形式出现，来解决这么多人协同创新的问题，就很难把这件大事完成，因此美国就创造出这样一种被称为“项目”的管理模式。结果众所周知，美国比德国先研究出原子弹，并且赢得了第二次世界大战，成为世界的新一任霸主。所以，我一直认为“项目”这种在当时非常创新的管理模式其实是被当时的形势所逼迫出来的。在任何时候，同时管理这么一大批各个领域的牛人都是超级困难的。传统的职能式管理一定是不适用的，只有通过不基于权力的组织协调，才有可能最大限度地化解团队成员之间的隔阂，促进他们之间的沟通和协作，实现这种史无前例的创新。基于这样的原因，项目式的管理模式就被发明出来了。在之后很长一段时间内，项目管理工具和技术的创新都来源于美国军方的重大项目，如大家所熟知的网络计划技术和计划评审技术等。

图 1.1　第一个称为“项目”的事件——曼哈顿计划（1942—1945 年）

那么，企业中为什么又会用到项目呢？

我们知道，企业的发展需要经历一个过程，即规模从小到大。通常，在创业初期，也就是几个人凑一块儿合伙做事。这个时候的企业管理并不复杂，有什么事儿，几个人一商量也就达成共识了，靠人治就可以了。当企业的规模发展到几十人以上的时候，通常会形成职能化的管理模式，由几个分管不同专业的负责人分别领导各自的职能团队。这样做的最大好处是提升了每个团队的专注度与专业性，大家可以一直专注在各自领域或职能上。但同时，也会产生一些问题，其中“部门墙”就是常见的问题之一。由于大家各自的目标和专注点是不一样的，大家就会习惯性地只关注自己部门的事，很少关注其他部门的事，而且也不愿意或者说没有必要去为了帮助别人而改变自己的工作方式。时间长了，就会出现一个很普遍的现象——部门内沟通、协同很容易，跨部门沟通和协同就非常困难，这就是我们所说的“部门墙”。在有部门墙的很多企业里，一旦出现了需要跨部门协同的短期攻关型任务，就只能由总经理或 CEO 亲自挂帅了。要是类似的项目不多的话，企业一把手还能管得过来。如果企业刚好处在转型或变革时期，注定会产生大量的跨职能部门的协调性工作，如果只靠企业一把手自己协调，那就真的忙不过来了。而且，每件事都要通过层层审批，最终由公司一把手拍板的话，对各个部门来说，都很不方便，周期太长。因此，一部分企业就开始尝试借用项目管理的模式来提升跨职能部门的协同效率，分担企业一把手的工作量。因此，就有了项目经理这个职务。

1.2 项目到底是什么

那么，项目到底是什么呢？

项目管理这种方法论是从西方引进的，而且目前中国绝大部分的项目管理方法都来源于美国文化下的项目管理理念，大家最熟悉的是著名的 PMI 的代表作《项目管理知识体系指南》（*Project Management Body of Knowledge® Guide*，*PMBOK Guide*）及其 PMP 认证。PMI 的知识体系融入的是美国文化对项目管理的理解，在美国的文化下，项目被定义为“**为了创造一个独特的产品、服务或成果而进行的临时性的工作**”，具有独特性、临时性和渐进明细的特点，项目的核心词是“**工作**”。很多时候，在美国、中国的学术界或企业里，大家接触的绝大多数项目管理方法都把项目定义为一项任务或工作，这是一种很常见也很容易被大家接受的定义。

让我们再看看项目的另一个定义，这个定义来源于代表英国文化的典型项目管理方法论，即 PRINCE2。同样是谈项目管理，英国的学者站在了另一个角度来看待，他们把项目定义为“**按照一个被批准的商业论证，为了交付一个或多个商业产品而创建的一个临时性的组织**”，他们把项目看成一个“**组织**”。

显而易见，“**工作**”和“**组织**”这两者是完全不一样的。当我们把项目看成一项任务或工作的时候，我们更多地要集中精力关注如何把事情做好；但当我们把项目看成一个组织的时候，我们要更多关注的不仅是一件事儿，而是为了共同完成这件事的那一群人。这个时候，项目管理的关注点就会由“做事”变成“管人”，而且是管一群人。通常，项目往往在某个特定的条件下，一群本来目标和利益不一致的、来自各个不同的组织或不同部门的人，必须被紧密地组织在一起才有可能共同去实现一个创新和突破的目标的情况下产生的。当企业的最高领导层察觉到完成这个任务最大的挑战很可能是这群人压根就不想在一起合作，或他们之间本身就互相不能认同，或之前就有矛盾，甚至一见面就会争吵，那么就必须通过建立新的临时性团队来帮助他们实现协同，而承担这个艰巨任务的人就是我们众所周知的**项目经理**。

因此，项目管理首要面对的挑战就是那一群很不好管理的人，这也是为什么绝大多数项目经理都会遇到一个困扰，那就是项目组成员不服管，甚至项目组成员根本不听项目经理的。如果这群人凑在一起能够自然而然地形成团队，和睦并且志同道合地去完成项目目标，那根本就不需要项目经理这样一个角色了。所以，在项目管理这种类型的工作上，我会倾向于在“管人”上投入的精力应远远多于“做事”上。尤其是在我国五千多年的文化影响下，我们会看到，不投入很大的精力，人是很难被管理起来的。这种情况也不仅仅是在我国，其实在任何一个国家都是这样的，所以被称为现代管理学之父的彼得·德鲁克在其代表作《管理的实践》中曾经提到：**“作为一种资源，人力能为企业所‘使用’，然而作为‘人’，唯有这个人本身才能充分自我利用，发挥所长，这是人力资源和其他资源最大的区别。”**就我自己的亲身体会而言，我特别认同“人是一种非常不好管理的资源”这种理念，因为每个人都有独立的思想。在中国，人更不好管理，因为中国人是一个非常有思想的民族，但凡有思想的人有一个通病，就是想得太多，耽误了执行，因此但凡思想特别丰富的人执行力就会相对差一些。因此，要想成功地实现项目目标，项目经理就必须更加关注如何才能把项目中的人力资源管理好，如何管理一群本来目标和利益都不一致的人，帮助他们统一目标和行动步骤，建立团队内部的平衡，而不仅仅是研究项目实施的具体过程应包括哪些技术和步骤。这是在中国的文化下开展项目管理的关键。

然而，从我从事咨询和培训的经历中，我看到的是，大多数中国的项目经理，尤其是年轻的项目经理，在工作中一直认为项目是一件事、是一项任务，会认为管理项目就是由项目经理带着一些人去完成一项任务，结果遇到了很多障碍，产生了很多困惑。因此，在所有能了解到的西方项目管理流派中，我认为英国流派对项目的定义和管理理念比较适用于中国企业的现状，我更愿意把项目看作一个组织。那么，什么是组织呢？项目中的很多挑战往往来源于一群人。这群人可能是项目组里的人，也有可能是项目组外的能影响项目的利益相关者。在中国文化下，项目中最大的阻碍、挑战和困难往往都是人造成的，并不是一件事，也不是一项复杂的技术。中国有句谚语“有志者事竟成”，还有一种说法叫“态度决定一切”，这两句话其实表达的是一个意思，就是很多目标实现不了的原因往往是因为大家的决心不够，态度不够坚决。

基于这样的背景，我对项目也有一个定义：

“项目就是根据企业的战略或最高领导层的方向，凝聚了一群原本利益和目标不一致但又各自拥有独特的专业技能的人，去共同完成一项具有创新和挑战性的目标的团队。”

1.3 项目的五个典型特点

项目有五个典型的特点，即临时性、唯一性、不确定性、跨职能性和变革性。它们是与生俱来的，缺一不可，否则就不叫项目了（见图 1.2）。这五个特点导致了项目中与其对应的种种挑战，是项目中各种艰难险阻的根源所在，也是项目成功的最大障碍。想成为优秀的项目经理，就必须充分了解项目这五个特点及其产生的各类挑战，只有这样才有机会在任何情景下都能战胜这些挑战。

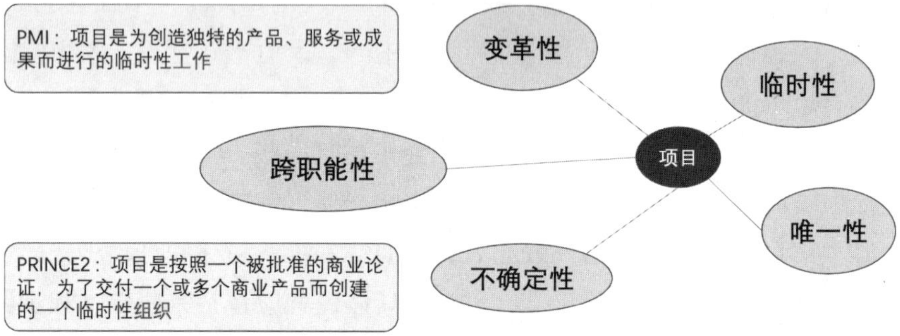

图 1.2　项目的五个典型特点

1．临时性

所谓临时性，就是项目必须有明确的“开始”和“结束”。虽然大家都知道项目一定是有开始和结束的，但我们更多关注的是“明确”两个字。为什么项目一定要有一个“明确的”开始和结束呢？因为与传统的按时间周期进行绩效管控的方式不同，项目本来就是通过对工作中的关键里程碑节点进行严格的绩效评价和管理控制来提升效率的一种工作方式。项目的起点和终点作为项目的两个最为重要的里程碑节点，更是需要所有的项目参与方投入足够的时间和精力来参与评估、决策和达成集体共识。所以，很多项目失败的原因之一就是没有给予项目的起点和终点足够的重视，悄无声息地开始又悄无声息地结束了。悄无声息地开始一个项目意味着你这件事对大家来说不重要，不需要太多人知道，可能只是你一个人的事，所以大家的配合度就差。悄无声息地结束一个项目意味着这件事的结果很可能不理想，也不希望太多人知道。项目的结果对大家来说没有什么意义，那么大家也就不关心了。如果你的项目需要组织里的其他人共同配合才能完成，但又没有把项目的“开始”和“结束”这两个最具有标志性的项目节点明确给大家的话，就很难让大家名正言顺地配合项目的工作。

那么，什么叫“明确的”项目开始点呢？通常，大家会认为项目启动会是一个明确的项目开始点。不论是项目组成员还是有可能会配合项目工作的部门或团队，都会关注项目经理是否召开项目启动会，以作为该项目是否重要的一个判断标准。在我咨询和培训的过程中，曾经多次看到，在各种类型的企业中，省略了项目启动会的项目，其过程往往很混乱，项目团队成员总是不主动配合项目工作，协同性也很差，因而项目目标就无法按计划实现。

既然项目启动会很关键，在项目启动会上，大家都必须做哪些事情呢？根据我的实践经验，建议如表 1.1 所示。

表 1.1　项目启动会议程（示例）

序列号	会议主要内容	时　长	发言人
1	会议日程介绍	5 分钟	PMO 或会议主持
2	公司战略方向及该项目的重要性	10 分钟	公司高层领导代表
3	项目目标和范围（主要交付成果及验收标准）	10 分钟	项目经理
4	项目的约束（强制的）：时间、资金、资源	5 分钟	项目经理
5	项目组织结构及项目团队成员的角色和职责	10 分钟	全体
6	项目高阶计划及关键里程碑和项目评审点	5 分钟	项目经理
7	项目控制机制（审批、汇报/会议、文件管理、问题升级和风险管理）	10 分钟	项目经理
8	各个项目小组的目标、高阶计划和对其他人的期望	25 分钟	各个小组负责人
9	公司高层对项目目标、分工和计划的确认及全体项目成员的期望	5 分钟	公司高层领导代表
10	下一步： • 行动 • 责任人 • 日期	5 分钟	PMO 或会议主持

特别提示

> 一定要邀请几位公司很重要的高层领导在启动会上讲话。讲给谁？一定不只是讲给项目经理的，而是讲给大家的。让大家知道，这个项目是一件很重要的事，大家要积极配合。这样的话，大家抽出时间和精力来配合项目经理的工作才会名正言顺。如果没有这样一个授权的过程，大家会认为配合项目的工作不名正言顺，可能就不愿意配合。当然，也会有例外，就是项目经理在企业内的人缘够好，大家可能也会愿意配合。再拿生活中的事举个例子吧，咱们就说办婚礼这件事。两个人结婚的时候仅仅去民政部门登记是不够的，通常要办个婚礼。还必须把亲朋好友和重要的长辈、领导邀请过来，举办一个隆重的仪式。大家一定要吃一顿大餐，喝一顿大酒。其目的就是让大家对这件事印象深刻，让大家牢牢记住这俩人正式地结婚了，以后两家人就变一家人了。要是没有婚礼这个仪式，就容易产生非议与误解，婚姻也就不容易稳定。所以，重要的事儿，得有个仪式，得让大家有个仪式感，这样才能引起大家的重视。

同理，项目的结束也得让大家有个仪式感，不能仅仅让大家把活干完了就悄无声息地结束了。否则，大家会感觉这个项目不成功，不值得宣扬，会或多或少地感觉很沮丧。以后再找大家干活，大家就不爱参与了。因此，项目经理最后要干的一件事儿就是组织项目总结会或表彰会，请领导评价一下这个项目干得好不好，项目里谁应该受到奖励，谁需要改进，有哪些经验教训需要记住。很多时候，我们需要通过这样的仪式向大家宣告项目结束了，而且最好让大家在项目一开始时就知道在项目结束时会有这样一个仪式。这样，大家的目标更明确，配合度也就更高了。

在项目管理的过程中，重要的节点必须要组织项目中的所有关键利益相关方进行集体决策，以此确保所有项目相关方的共识，从而确保项目中跨项目利益相关方的执行力。每逢项目的重要节点，项目经理要组织有仪式感的集体活动，引起领导和相关部门的重视，这样才能让项目团队更有凝聚力。作为项目经理，首先自己要重视这些事，并积极地游说其他人配合自己促成项目的启动会和总结会，为项目的顺利开展打下基础。

2. 唯一性

所谓“唯一性”，也可以称为“独特性”，简单地讲，就是项目的独特之处。它与其他项目或其他工作的差异性体现在哪里？其实也就是创新点。

众所周知，项目是创新的载体，缺少了创新点，项目就不能被称为项目，只能叫运营。因此，项目经理一定要能准确地识别和讲出自己项目的创新点是什么，也就是项目的唯一性体现在哪里。这一点决定了项目的吸引力，是其他人判断一个项目是否重要的一个关键要素。例如，很多项目经理都曾有过这样的困惑，就是不知道为什么自己的项目老是得不到领导的关注，但有些项目总是受到领导的重视。原因可能有很多，但其中一个重要的原因，一定是由于项目经理无法给领导和其他人讲清楚自己项目的创新点或独特之处是什么，以及这个创新点或独特之处对于公司和大家的价值是什么。中国有句老话："物以稀为贵。"只有非常独特的项目，才能受到重视。

因此，项目经理一定要从接到项目经理任命的那一刻起，就努力地思考：自己项目的唯一性到底是什么，对企业、对大家、对自己的价值在哪里，为什么企业一定要投入资源干这件独特的事？将自己项目的唯一性与企业战略相关联很重要，那样能说明自己的项目不仅独特而且重要。项目经理还要学会营销自己项目的独特性，不能光自己明白，更要让别人明白，向大家证明自己项目的独特之处和价值。这样才能引起他人对自己项目的重视，才能更容易获得领导的高度支持、授权和更多的资源，项目成员和相关配合部门的配合度才会更高。

我们非常怕看到这样的现象，就是当项目经理去寻求一些相关部门配合项目工作时，相关部门就对项目经理说："你这事儿不是之前干了好多遍了吗，怎么还干？"这等于直接否定了这件事的独特性和唯一性，潜台词就是："你这个项目是没有价值的，不值得浪费我们的宝贵资源。"所以很多时候我们作为项目经理，一定要非常擅长营销自己的项目。在这一点上，项目经理与产品经理是有共性的，要擅长说服所有人认同这个项目对公司来说是创新的，说服所有人认同这个项目非常有收益，给别人一个愿意配合项目经理的理由。

3．不确定性

项目是创新的载体，创新过程中必然有很多不确定性，我们通常把这些不确定的事叫风险。

风险意味着在项目开展过程中会有很多意料之外的事情出现，结果导致了项目经理经常抱怨的一个现象，叫"计划赶不上变化"。一些项目经理因此采取的应对方法是不做计划，反正做了计划还会改，太麻烦了，不如等到整个项目做完了再补计划。这种行为会导致这个项目做得非常艰苦，因为不做计划项目团队就会对项目的实施路径一片茫然，不知道什么时候该做什么、不该做什么、什么做得对、什么做得不对，通常会多走很多弯路，造成不必要的返工，致使项目延期。因此，我的建议是，越难的项目、变数越多的项目、风险越大的项目，越需要认真地做计划。因为在做计划的过程中，我们能认清路径、识别风险，研究出如何规避和应对风险，少走弯路。越是风险多的项目，我们越应该想办法在前期识别出风险，找出好的方案，尽量降低风险的影响，这叫“磨刀不误砍柴工”。

风险管理是管理学中比较难，也是对人的能力要求最高的一门学问。正因为如此，评价一个项目经理能力的高低，很大程度取决于该项目经理对风险的预测与管控能力。预测是最难的，但也是最有价值的。有经验的项目经理往往从接到项目那一刻起就尝试最大限度地预测这个项目的整个过程是怎样的，挑战在哪个点上，会遇到哪些风险或哪些问题，怎样提前规避，选择什么样的方案能少走弯路。预测得越准确，项目的过程会越顺利。不是因为运气好，而是有经验且水平高的项目经理已经提前把很多问题规避掉了。

4．跨职能性

所谓跨职能性，指的是项目组一定是由跨职能部门的人组成的，因为项目这种模式本来就是用于管理跨职能部门协作的，目的是让不同部门的人为了实现一个共同的创新目标而进行有效的协同。然而，这也意味着在项目组内一定会存在原本目标和利益不同的相关方，而且只有帮助他们在项目中共同协作，才能实现项目的目标。

跨职能性在企业里有一个很好的用途，就是可以用来鉴别一个工作是否可以被称为项目。企业里有很多工作是阶段性的工作，后来都称其为项目，从而产生了大量的项目经理，但企业内产生项目太多就会发生很大的问题。因此，在企业中界定什么是项目时有一个非常重要的依据，即判断这项工作是不是跨职能的，工作组是不是由两个部门或三个部门、跨部门成员组成的。要是这项工作是自己部门内干一项阶段性的工作，通常不叫项目。因为项目从诞生之日起，它的使命就是为了实现临时性目标解决跨职能协调问题，尤其是跨职能的短期协调问题。

5．变革性

变革性在项目里通常指对人的工作习惯的改变。项目的这个特性也是造成项目成果落地非常难的一个主要原因。

执行项目就是做一件创新的事情，意味着项目组是为了改变用户习惯而创造一个新的产品。如果用户的习惯没有因使用了新的产品而发生改变，那就意味着这个项目没有转化成成果。其实，这是很有挑战的一件事，因为大家都不愿意改变自己，不论在工作中还是生活中。在企业里也一样，大家都不愿意改变自己的工作方式。因为现在保持的工作方式一定来源于以前成功的经验，如果改了，意味着否定了以前的成功经验，所以很不好接受。创新，一开始的目的就是改变用户，但用户并不愿意改变。很多时候即使把一件好事给到用户，用户仍然会很担心这对他是一个很危险的事。这种现象造成的负面结果就是很多项目的成果不能落地。

案例　一些 IT 系统建设的项目，系统虽然顺利上线运行，功能都实现了，但是由于前期没有对用户进行充分的调研，没有考虑用户的感受和使用习惯，导致用户不爱用新系统或不想用新系统。过一段时间后，大家发现用户的工作效率和质量并没有因为上了新系统而提高，甚至因为上了新系统反而造成了很多混乱，就会认为新系统没有用，很可能把项目成果给否定了。简而言之，如果用户不使用新的 IT 系统，就看不到 IT 项目的收益，我们获得的就仅仅是个能正常运转的信息系统，而不是领导所期望的、由用户改变而带来的收益。因此，项目的变革性告诉我们，项目的最终目标是通过改变用户的行为习惯来创造收益的，这相当难，却又必须加以实现，否则项目就是失败的。

一项工作可以被称为项目，就一定会具备这样五个特性：临时性、唯一性、不确定性、跨职能性和变革性。这些特性是项目所有挑战的根源，正确认识项目的这些特性，尝试从项目一开始就思考和制订应对方案，可以帮助项目经理更从容地开展项目，更容易地实现项目的目标。

1.4 项目管理和管理项目不是一回事

很多人都认为项目管理和管理项目是一回事，其实这个观念是不对的。项目有很多种类型，而且每种项目的工作内容也是各不相同的。通常，我们可以把项目中的工作分为端到端的业务流程工作、技术类工作、与职能相衔接的工作和项目管理工作。所以，项目管理的工作只是管理项目工作的一部分。因此，管理项目的工作应该由整个项目团队共同来承担，有人管业务，有人管技术，有人负责和相关部门衔接，而项目经理则负责整体的组织协调和资源整合（见图 1.3）。

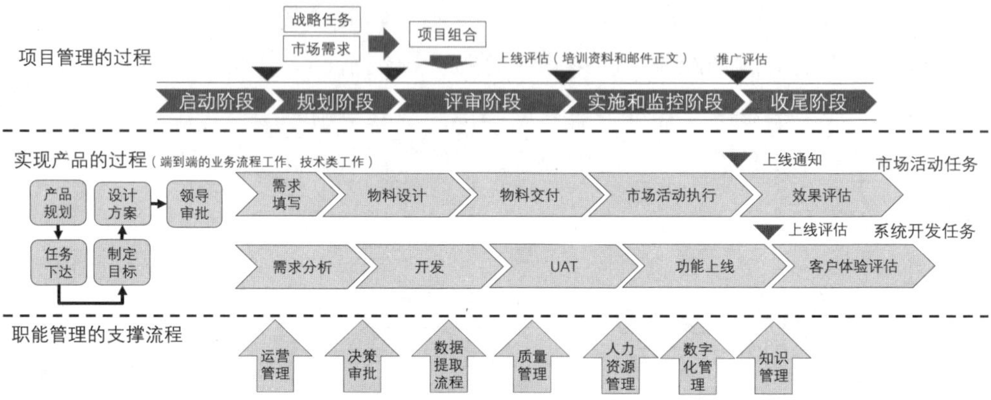

图 1.3　某信息化渠道平台建设项目涉及的工作内容分类（示例）

因此，项目管理是基于端到端的业务流程之上的。即使没有项目管理，如果时间足够长，资源足够充分，这个临时性的工作也是可以被完成的。引入项目管理的目的，更多的是在此基础上，通过科学地整合资源，更快速、更省钱地完成项目的目标。从另一个角度来看，优秀的项目经理绝不能仅仅只懂项目管理，还必须具备相当丰富的知识，熟悉项目中涉及的业务流程、技术特点、不同职能部门的关注点和公司的战略方向等，这样才有可能顺利地把项目管好。

因此，我们要明白一个道理：只懂项目管理是管不好项目的，还要通过不断学习和实践，掌握项目中涉及的各类知识和要求，应用项目管理的方法做好项目资源协调和整合的工作。

1.5　PMBOK 与 PRINCE2 的差异

国际上项目管理有很多不同的流派。PMBOK、PRINCE2 和 IPMP 这三大流派基本上代表了目前世界上比较主流的三种项目管理文化，并且各自侧重点不同。其中，美国的 PMBOK 侧重“项目管理包括什么”，英国的 PRINCE2 侧重“项目管理如何做”，瑞士的 IPMP 侧重“项目经理的能力模型”。

PMI 的 PMBOK 侧重于讲解项目管理的相关知识，比较偏重理论层面。PMBOK 可以帮助读者最大限度地扩大视野，建立项目管理的整体框架，了解各种相关概念，这是非常有价值的。在我的经验中，考取了 PMP 资质的项目经理和没考取 PMP 资质的项目经理在对项目的认知和理解上存在着质的不同。没有 PMP 证书的项目经理经常会把项目管理当成工具，而拥有 PMP 证书的项目经理普遍认为项目管理是一套系统化的方法，而且会涉及很多相关领域，可以有效地帮助项目经理提升大局观和项目管理的系统化思维，两者视野完全不同。

PRINCE2 实际上是英国政府管控项目的一套具体要求，侧重于开展项目工作的“套路”。打个比方，考取了 PMP 相当于大学顺利毕业了，扩展了视野，学到了丰富的知识，但是如果没有足够的实践，即使有了一个大学学历，到企业里仍然不会干活，还得跟着老师傅学套路才行。PRINCE2 提供的就是类似于干活的套路，教会大家作为职业的项目经理，在接到一个项目任务后，第一件事该做什么，第二件事该做什么，要关注哪些关键人和关键控制点。因为 PMP 的十大知识领域太多了，实际做项目的时候项目经理管不了那么多事情。在管理上一定要充分遵循二八原则，找到关键控制点进行有效管理，才能收到好的效果。

PMBOK 和 PRINCE2 背后所承载的文化也是不一样的。美国没有经历过封建社会，而且美国的创建者因不堪忍受英国的封建体制，才乘坐五月花号去了美洲大陆，联合起来反抗英国，建立了美国政权。所以，我的体会是在美国文化下，等级观念相对比较淡薄，宣扬人人平等，崇尚制度为王。而英国和中国最大的共同点是：经历过漫长的封建社会，骨子里有较强的等级观念和人治思想。美国项目管理方法在中国应用的时候，经常水土不服，很大程度上是由于忽略了“人”的因素。而英国的项目方法论恰好能够帮助弥补这一点。英国的方法论特别注重组织的层级，从一开始就明确了在自己的方法论里，哪些工作是领导要关注的，哪些工作是中层要负责的，哪些工作是基层要执行的。不同层级的人做的事情有什么差异，跨层级如何划分责权、建立沟通和协同工作，这些都会在方法论里详细说明，为我们推行方法论落地提供了很好的分配责权的依据（见图 1.4）。

虽然 PMBOK 和 PRINCE2 都属于项目管理的领域，但知识和方法论其实是两个完全不同的东西。因为知识偏重于“知”，而方法论偏重于“行”。那么，所谓知行合一，其实就是要把 PMBOK 的理论与 PRINCE2 的套路相结合，项目管理的方法才比较容易落地和发挥出其应有的价值。而且，中国自身具有非常典型的文化特点，在推行外来方法论落地时一定要提前根据自身特点进行合理剪裁和调整，才能更容易让大家接受，以及改变原来的习惯。

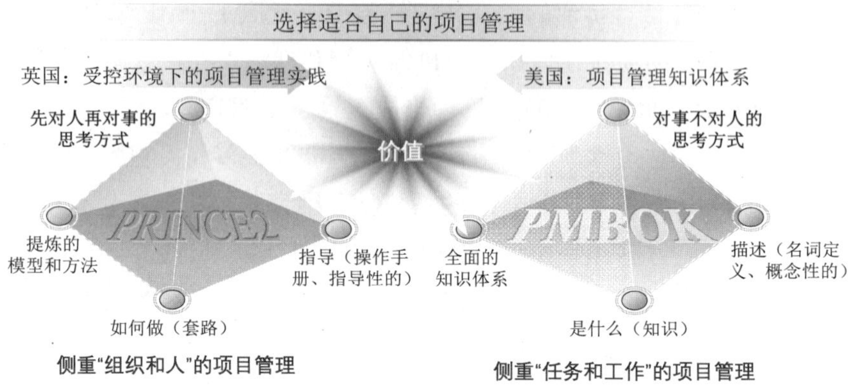

图 1.4　PRINCE2 与 PMBOK 的特点对比

本章小结

《孙子兵法·谋攻篇》中说："知己知彼，百战不殆；不知彼而知己，一胜一负；不知彼不知己，每战必殆。"

作为一个资深的项目管理实践者，我喜欢把有挑战的项目当作自己的对手。要战胜项目的挑战，成功地实现项目的目标，除了要熟悉自己，更要熟悉项目的本质和它的五个与生俱来的特点。如果想成为一个比其他人更优秀的项目经理，就得比其他人更懂项目的本质和特点。想真正了解项目的本质和特点，仅仅背出定义是不够的，要能从中联想到自己实际工作中的项目特点，做到对号入座。最好能用自己工作中的实例来解读项目的本质和特点，这样才能加深理解，指导实践。

世界上项目管理的方法有很多，但是符合中国国情和适合自己特点的，肯定很少。要找到适合自己的项目管理方法，只能靠自己不断地学习和实践来总结和提炼。一旦形成自己的套路，很多问题都将迎刃而解，而且自己终身受益。

第 2 章

什么样的企业环境才是适合项目管理的土壤

Project Management With Limited Authority, 2nd Edition

很多过来人都认为，项目管理是所有管理模式中对从业人员能力要求最高的一种管理模式，挑战很大，而且相对于大家所熟悉的职能化管理模式，项目管理模式很特别。不但其方法、工具与传统的职能化管理不同，就连思考逻辑与一般的管理理念也大不相同。

事实证明，不是所有的企业环境都适合开展项目管理。因为项目管理是在企业的规模和管理成熟度发展到一定阶段才产生的一种精细化管理模式，如果时机不成熟，勉强导入项目管理模式，反而会产生负面的效果。

只有充分地了解项目和项目管理诞生的前因后果，认清项目管理出现的必然性，熟悉适应项目管理生存和发展的环境，才能有利于大家搞明白项目管理的本质，掌握项目管理的精髓，判断导入项目管理的切入点和时机。

2.1 项目管理所处的环境——敏捷组织环境

做项目管理一定要关注企业的宏观环境，由宏观看微观，再从微观看宏观（见图 2.1）。

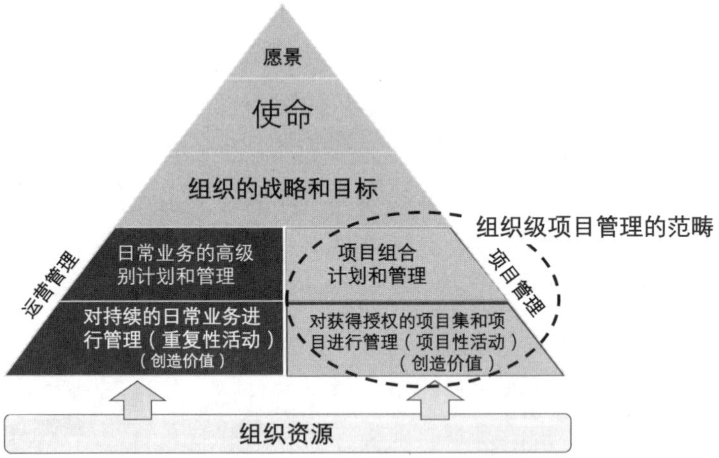

图 2.1　敏捷环境下的企业架构（来源于 PMI 的《项目组合管理标准》）

组织级的项目管理机制可以帮企业建立一种敏捷的能力，就是让企业能够根据战略方向和战略目标随时调整企业内的各种要素，以配合企业的快速发展。在组织级项目管理的架构中，我们通常将企业的日常管理工作分为三种类型。

（1）战略规划类工作，主要是给企业定发展方向和长期目标的。

（2）日常运营类工作，帮助企业维持稳定和创造收入。

（3）改变业务类工作，帮助企业建立新的竞争优势或更科学的机制。

1. 战略规划类工作

“战略”这个词来源于古希腊语，最初用于军事，意思是“指挥官的艺术”。打仗的时候指挥官水平的高低直接决定了打仗胜败的概率，当有的人打仗水平非常高，又说不出来为什么的时候，就把这件事情归结为指挥官的艺术性，后来这个词演变成了“战略”。水平高的指挥官的共性之一，就是他们对于战争发展前景的预测能力比一般人强很多。所以，战略更多强调的是对于长期目标定位的准确性，以及怎样实现目标这个过程。

通常谈战略的时候，一定要先确定两件事。一是现状，即我们现在在哪儿。打仗嘛，我得知道我和我的兵在哪儿，是个什么状态。二是愿景，就是我想去哪儿，这个未来的目标在什么位置。从现状走到愿景的规划路径就是我们所说的战略规划，因此，战略通常要分几步走，不可能一步跨越。企业越大，越需要统一全体人员的方向，制定达成共识的未来愿景和长期目标，规划未来的发展路径。这样大家才能方向明确，步调一致，同心协力地推动企业的发展。

2. 日常运营类工作和改变业务类工作

战略规划只是个规划工作，规划是要被落地执行的，否则就没有意义了。战略规划落地，要由两种类型的工作组成，一类就是日常运营类工作，另一类就是改变业务类工作。**日常运营类工作**在英文里叫 BAU（Business As Usual），就是像日常一样工作。这个很重要，企业的日常运营一定不能受到不好的影响，原来赚钱的事、干得好的事，还得继续干，不能为了干一件新的事，原来的事不干了，否则就会出问题。改变业务类工作在英文里叫 Change the Business，也很重要。由于外界环境在不断地变化，企业的机制和工作方式也需要随之改变，进行内部调整，以适应环境。调整的内容和目标，要依据战略规划。这样，企业中的一静一动两部分运转机制，就共同支撑起了企业的战略落地工作，确保了企业可以不断地依据战略规划的方向，边运转边调整，既保持企业的健康运转，又依据环境调整自身的能力。

案例

日常运营与业务改变工作的循环往复

让我们拿流程制度的优化来举个例子。流程制度的本质是企业管理的最佳实践。我们把自己或别人以前的成功经验总结到文档上，固化下来，让大家参照执行，避免大家走弯路或犯不该犯的错误。但是，最佳实践也不是永远适用的，因为环境一直在改变，当环境变了，原来的最佳实践可能就不够好了。新的环境下需要新的做法，这时候就得找新的最佳实践，建立新的制度流程去代替旧的制度流程，成为大家少走弯路的指引。而且，这个转变的过程一定要循序渐进。因此，就要有人专门负责这个工作，不断地去审视企业已经常态化的工作和机制，评估这些工作内容和机制与当前环境和未来发展趋势的适用程度，挑选不合时宜的部分，进行专项的调整，这项工作的载体就是我们所说的项目。当我们确定了新的最佳实践之后，要把这个最佳实践再固化回原来的日常工作中去。这就要建立新的流程制度，让员工用起来，产生新的能力，再把能力变成习惯。这种新的能力就变成了企业自身能力的一部分。

在组织级项目管理的环境下，这种运作是周而复始、永无止境的。不断地调整企业的战略方向，坚持继续做原来做得好的工作。同时，找到不适用的一部分，单独立项来寻找新的模式。确定新的模式后，再用它去替换旧的，把新的固化下来。这样不断地循环，就形成了企业基业长青的核心运转机制。

3．改变业务的机制

作为支撑企业战略落地的半边天，改变业务的机制又可以分为三个层次，就是项目管理领域里所称呼的项目组合管理、项目集（群）管理和项目管理。

（1）项目组合管理。最上面的一层我们把它叫作**项目组合管理**。

项目组合管理是衔接企业战略规划和项目管理的重要工作。组合的概念来源于投资领域，如大家在炒股的时候会通过组合不同的股票来降低风险。

买股票是一种很典型的投资行为，原则之一是“不能把所有的鸡蛋放在同一个篮子里”，因此通常大家会同时持有几只不同的股票。在资金分配上，一般也不会把所有的资金平均分配到这几只股票上。通常，大家会对自己的股票做个评估，以决定哪只股票应该多投钱，哪只应该少投钱，并明确多投钱和少投钱的依据是什么。投入产出比是比较常用的评判依据，通常认为投入产出比高的股票应该多投钱，投入产出比低的股票应该少投钱。买了股票之后，大家每天关注股票，预测涨或跌的趋势，评估收益风险的大小，以决定再次买入或卖出的时机和金额。

项目组合管理过程与股票买卖过程类似，只是主体变成了企业，用企业的收入代替了家庭的收入。对于企业来说，做项目是一个投资的行为，在资金有限的情况下，企业必须认真考虑、评估各个项目的特点和价值的大小，以判断该项目对于企业的投资优先级。项目的重要性、战略的定位、收益的多少都可以作为企业评估项目优先级的依据之一。根据评估结果，企业决定每年宝贵的预算和稀缺的资源到底应该优先分配到哪几个项目上，这就是企业计划预算和项目立项的过程。

立项之后，企业要监控各个项目的运行状况。就像大家买股票一样，得有人看着，这个项目到底是赚钱还是不赚钱，以及按当前趋势发展下去到底还能不能产生收益，这就是我们所说的企业项目组合管理。所以站在企业的层面，这个项目组合管理机制要解决的是企业投资导向的问题。根据企业的战略规划，决定资源的分配，确保企业的投资组合收益达到最大化。

（2）项目集管理。改变业务机制的第二个层面我们把它叫作**项目集（Program）管理或项目群管理**。Program 被翻译成中文的时候，有人把它翻译成项目群或项目集，两者没有太大的区别，都是对一个项目集合的称呼。

大家已经知道战略规划的作用就是规划出一条路径，但是这条路径很有可能需要 5 年或 10 年。这个时间跨度太大，会导致战略规划与每个做具体事的员工的日常工作之间的关系比较模糊。而战略的落地必须靠做具体工作的员工来落实，这就意味着必须得有人把这个宏观的规划分解成与大家的日常工作有关联性的事。站在企业的角度，战略规划要分数年来完成，毕竟是长期目标，要解决的第一个问题是项目的优先次序问题，这个由项目组合管理机制来解决。根据战略方向，列出备选项目清单，再通过项目组合管理评定出项目的优先级后，新的问题来了。由于企业的资源是有限的，在确保完成今年的战略规划的工作内容并实现收益的前提下，花费的资源越少越好。如何能够花费更少的资源去实现既定目标，是企业要解决的第二个问题，这对于企业来说是非常必要的。很多时候我们发现，如果把一些有相关性的项目打包在一起，形成项目群或项目集，就能够用更少的资源去实现它们。有些特殊的项目成果，如果可以被几个不同的项目应用，就不用反复投入，从而降低企业整体成本。如果能把几个有依赖关系的项目之间的关系先梳理清楚再按合理的步骤开展工作，就能避免因为项目之间没有协同而造成的资源浪费或等待或返工，还能缩短整体工期。

（3）**项目管理**。改变业务机制的第三个层次就是我们所说的**项目管理**。

最上面一层解决企业的资源分配，这是站在投资的角度。第二层解决的是怎样通过有效地整合多个有相关性的项目实现用更少的资源完成既定的目标。到第三层，我们要解决什么问题呢？是执行力。这时候，项目的目标已经被完全确定了，接下来的重点就是在既定的目标和范围约束下，如何能迅速实现既定的项目目标了。

以上就是企业业务改变机制的三层结构，也叫作项目管理的三个层次。处在项目管理的不同层面，管理的侧重点是不同的。以后大家再谈项目管理的时候，先要判断所谈论的项目管理属于哪一层，在不同的层面，思考的角度是不一样的。

2.2 企业由野蛮生长走向敏捷的路径

在了解组织级项目管理的整体环境之后，项目经理还要思考自己的企业所处的发展阶段。

我国有几个很有趣的现象，在当前大部分发达国家是看不到的。

（1）在大部分发达国家，在同一时期，同一类型的企业管理成熟度是相差不大的。而在我国当前时期，可以见到各种不同成熟度的企业，彼此相差很大，却都能生存下来。

（2）在当前时期，我们可以在市面上看到来自不同国家的各种不同流派的企业管理方法，这些方法是在发达国家前 100～200 年的发展历程中，工业和经济发展的不同时期产生的，却在几乎同一时期流入我国，被各类企业争先恐后地采用了。其结果是，企业发现各种西方方法论落地都很难，而且貌似这些方法论之间还有冲突，同时采纳造成管理成本过高，为企业带来了很多困惑。

其实，企业的发展过程和人的成长过程类似。企业也会生病，不同的方法论就是治疗不同企业病的特效药。但是，有些企业在没搞清楚这些特效药的侧重和特效药之间的关系的情况下，就在同一时间把治疗不同类型的特效药都吃了，然后发现药效互相抵触，看不到应有的效果。另外，每种特效药在企业应用的时期也是不一样的，就像给人治病，有的药必须等病人到一定的年龄段才用得上。但是有些企业盲目推崇西方的最佳实践，以为越是前沿的方法论对企业发展帮助越大，全然不顾自己的企业成熟度还处在儿童时期，就急急忙忙把别人一生吃过的药都给吃了，然后还很诧异为什么吃了这么多药以后没有在自己的企业看到人家描绘的收益。

要解决这个问题我们必须先搞清楚，西方不同的方法论出现于企业发展的不同阶段，每个阶段出现哪种方法论有其必然性（见图 2.2）。

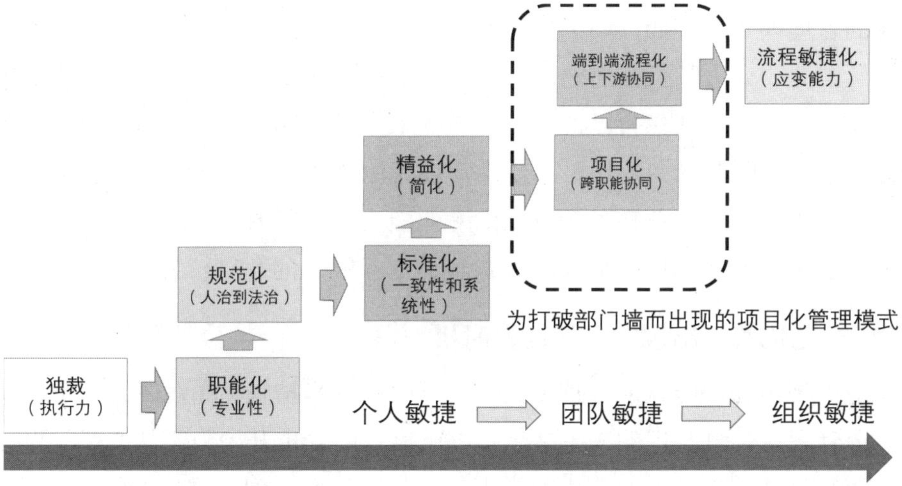

图 2.2 企业由野蛮生长走向敏捷的路径

1. 独裁与产品经理出现的必然性和时机

企业从初创走向成熟，通常是从独裁阶段开始的。就是说一个行业牛人到了非常厉害的境界，自己既能解决客户的问题，又能解决交付和研发的问题，还能产生一个非常有价值的产品，恰好能弥补市场上的一个空缺。这个牛人就自然而然地带着一拨追随者创立了企业，占领了一块市场。所以很多企业起步的时候，必须有一个非常牛的企业家带队，这个企业家必须靠自己解决所有商业问题，才有机会在市场上为初创企业占领一席之地。

这类牛人其实就是大家经常描绘的产品经理的特质，很多企业所期望的产品经理就是那种自己能同时解决客户的问题，又能解决研发交付的问题，前后还能打通。但残酷的事实是，这部分人在企业内很难存在。一旦出现，很可能他就自己创业去了。因为他自己可以完成一个商业模式的所有环节，根本不需要依赖企业，也就没有必要接受企业的约束。企业的初期，主要是靠这个牛人的独裁统治生存下去的。没办法，就他一个人全懂，都听他的准错不了。这样执行力和敏捷性都会很好，所以最适合初创的小企业。

2. 职能化管理出现的必然性和时机

当独裁型企业扩大到一定规模的时候，靠一个人实在管不过来时，必然得几个人来分担管理工作，就产生了总经理下面的几个分管副总。每个分管副总通常是某一专业职能领域的专家，负责带领自己的职能团队完成既定的目标，这就是职能化的管理模式。例如，一个分管市场，一个分管研发，一个分管生产，再来一个分管财务、人力和行政的副总，就形成了企业的职能划分。职能化的工作方式有利于让员工各自聚焦自己的专业领域。工作目标聚焦，技能相同的人凑在一起相互促进，共同提升专业性，不会经常被其他类型的工作所干扰，非常有利于塑造专业人才和提升企业在各个方面的专业能力。初期的时候，企业的职能化管理以人治居多，通过师傅带徒弟的方式塑造专业能力的现象较为普遍。

3. 规范化管理出现的必然性和时机

企业的规模在职能化的管理模式下，可以进一步扩张。在发展到一定规模的时候，分管副总各自管理的人越来越多，单靠自己管也开始力不从心了，再加上企业好不容易塑造出的专业能力经常因为人员流失而受到严重影响的时候，企业就一定得开始推行规范化管理了。规范化管理的典型特征是每个分管的部门会在自己的部门内部推行制度化和流程化，不能只依赖于师傅带徒弟式的口口相传模式，要把部门内的最佳实践固化为便于学习和理解的管理文档，便于新人学习和监督管理。通过形成文字，逐渐把企业靠人进行管理转变为靠制度流程进行管理，把依赖于个人的判断转化为依赖于对制度的解读，规范化管理模式就逐渐形成了。规范化管理可以帮助企业把企业的个人能力逐步转化为企业的组织能力，企业的组织能力越强，对员工的个人能力要求就越低，这个时候扩大经营规模和招募员工就会越容易。

4. 标准化管理出现的必然性和时机

标准化阶段是规范化阶段的下一阶段。当很多企业走到标准化的时候，往往规模已接近集团化。在这个阶段，规模再进一步扩大的时候，发现各部门或各分公司之间的流程、制度或作业指导书虽然都有相同或类似的名称，但具体要求不一样，这是个很严重的问题。举个例子，当我们有一个重要的工作必须几个部门或分公司共同配合去完成的时候，就会出现大家不能配合的问题。原因是大家对这个工作的开展方式有着各自的理解和要求，并且互相很难妥协，其结果是这个重要的工作会被拖延，这时候协同性就没有了。为了解决这个问题，企业就需要推行标准化，这意味着企业要把所有的人召集在一起，把各自的流程和制度拿出来，讨论和比较其优缺点，并就大家需要共同遵守的制度和流程达成共识，统一思想和认知，形成大家能共同遵守的标准和管理体系。新的标准在企业发布以后，都要照此执行，这样才能互相协同，否则永远是一盘散沙。

在任何企业里推行标准化管理都很不容易，因为没有人愿意放弃自己已经使用了多年的管理要求，去按照新要求执行。谁的标准更合理不重要，重要的是，当自己部门答应了以后按照新的管理要求执行的时候，意味着自己部门的人要改变以往的工作方式，推翻自己多年的认知。这凭空给日常工作增加了很多貌似不必要的麻烦，令大家很难接受。所以，推行标准化落地一直是我国企业很大的挑战。

推行标准化最基本的套路就是引入外来的最佳实践并建立与之匹配的管理体系，形成自我持续改进机制。例如，引进和推广 ISO 国际标准及对应的 GB/T 国家标准，如 ISO 9001 的国际质量管理标准、ISO 14001 的环境管理标准和 ISO 27001 的信息安全管理标准等，或者各种公认的行业标准，如汽车行业的 TS 16949 和航空制造业的 AS 9100 等行业标准。国家和企业引入和推行这些标准的目的，除了获得更多的客户订单，也帮助企业走向标准化阶段，这样企业才有机会做大做强。虽然当前我国的一些企业取得了标准的认证，但有些并没有真正地按照标准执行或执行得并不到位。然而，标准化落地只是时间问题，随着我国迈向发达国家的步伐加快，做不到标准化的企业将被逐步淘汰。

5. 精益化管理出现的必然性和时机

标准化的下一个阶段是**精益化管理**阶段。标准化和与之配套的体系化管理模式帮助企业统一了大家的做法，但标准是一个比较粗的管理要求，属于基础性的管理文件，在企业落地时需要不断地细化、细化、再细化，才可以与员工的日常工作结合起来，成为大家日常工作的规范化手段。这时会出现一个问题，就是大家会发现企业的管理文件越来越多，完成一件事情的步骤越来越长，效率越来越低，这时大家需要学会的一件事叫作“做减法”，这是精益化管理的宗旨。与基于标准的体系化管理所要求的“眉毛胡子一把抓”不同，精益的核心是要抓大放小。按体系管理的要求，企业内所有的事都重要，都必须有依据，否则就会有风险或质量问题，这是推行体系时要为员工建立的观念。但是，在推行精益时，就要导入另一个理念，就是管理或执行时遵照二八原则，做最重要的事，争取通过搞定企业 20%的核心工作解决企业 80%的问题。尤其在企业的资源有限、不足以把资源平分到所有事情上的时候，一定要找到企业运营的核心价值链，才能保证不浪费企业的资源。

总而言之，企业在不断地持续改进和完善的过程中，一方面要不断地完善体系化管理的全面性，另一方面要不断地在全面的体系里识别出核心的价值链和关键控制点。这样才能做到既不遗漏任何风险，又可以确保资源被有限投放到核心价值的业务和工作上。

6．项目管理出现的必然性和时机

项目化的出现是为了打破职能部门墙。随着职能管理的发展，人治变成了法治，形成了部门的规范，后来又借鉴外来最佳实践形成了企业统一的标准，基于戴明环（PDCA）形成了体系的管理。职能部门内的专业能力和执行力都越来越好了，但部门墙也越来越坚固了，这就造成了需要跨部门协同的工作越来越难以开展。外界环境一直在改变，企业和各类组织也在不断地面临新的机遇和挑战，因此必须要不断地创新才能适应环境和保持竞争力。然而，大幅度的创新往往需要把各部门的专家聚在一起，形成临时的跨部门攻关团队协同努力。这时候，部门墙就成了创新最大的障碍。为了解决这个问题，就产生了**项目管理**。

7．端到端流程化出现的必然性和时机

端到端流程化的出现是持续改进衍生出来的另一个方向，也叫全流程管理。基于管理体系的流程管理比较偏向于 PDCA，就是著名的戴明环。虽然都叫流程管理，但是两者有本质的不同。一个是以合规性为导向的流程闭环管理，更关注流程符合性及持续改进；另一个是以客户为导向的端到端流程管理。其目的在于梳理和固化以为客户创造价值流，建立以服务客户为核心的常态化的跨职能的协

同机制，通过提升为客户交付产品的效率和效果来提升客户体验。

端到端流程化与项目化两者出现的时期很接近，因为它们其实面临着一个相同的敌人，就是职能部门墙。为了打破部门墙，在日常运营过程中建立各职能部门之间工作的协同性，打通以客户为导向的端到端流程，就产生了端到端流程化或全流程的概念。

端到端流程化会逐步发展为企业运营管理职能，目前国际上的最佳实践就是供应链运营管理。要做到端到端流程化，企业必须先具备精益化管理的能力，做到精益的前提是先能做到体系管理，做到体系管理的前提是先能做到标准化。因此，参照大部分企业的发展规律，通常当我们首先实现标准化之后，才能实现体系化；实现了体系化之后，才有可能实现精益化，进一步实现端到端流程化，直到实现整条供应链的协同化运营管理。

8．项目管理流程化出现的必然性和时机

当以英美为首的西方发达国家的项目越来越多时，项目就可以被进行批量化管理了。为了提升质量和降低风险，批量化的项目管理再次走向了标准化和流程化，这就是我们所说的**项目管理流程化**。项目管理的标准化和流程化在软件开发行业被演绎到了极致，并导致了新的方法论的出现，就是软件行业的 CMMI。CMMI 全称是 Capability Maturity Model Integration，即能力成熟度模型集成（也有称其为软件能力成熟度集成模型的）。1994 年，美国国防部（United States Department of Defense）与卡内基—梅隆大学（Carnegie-Mellon University）下的软件工程研究中心（Software Engineering Institute，SEISM）及美国国防工业协会（National Defense Industrial Association）共同开发和研制，把所有现存实施的与即将被发展出来的各种能力成熟度模型集成到一个框架中，形成了 CMMI，以此作为评估从事软件开发工作的企业的管理成熟度的依据。CMMI 侧重的并不是项目管理，而是把批量化的项目工作流程化、标准化和体系化，更加像流程管理和质量管理，而且非常侧重于过程控制和评价，而不仅仅是对项目结果进行评价。研发和工业化的挑战是完全不同的，研发侧重创新，而工业化要解决的问题是如何把研发人员创新的产品批量化生产，如何用最简单和最廉价的方式快速复制高精尖的产品，还能确保质量。不论是在电子制造业还是在软件行业，都会有一个挑战，那就是很多质量问题在最终测试检验阶段是测不出来的，经常在用户使用

了一段时间之后才会暴露。为了避免这种问题的出现，只能通过加强研发和生产过程的规范性来让大家少犯错误，降低风险源的数量。

案例 我曾经在半导体行业工作多年，从晶圆厂到封装测试厂，从工厂设备工程师到全球产品项目群经理，从技术到管理，从甲方到乙方再到甲方，获得了无数宝贵的经验。大学毕业后我的第一份工作是在全球知名的半导体厂商飞思卡尔半导体，曾经的摩托罗拉半导体事业部工作，现在它已经被另一家全球知名的半导体厂商 NXP 恩智浦半导体收购。

芯片里灌装的是软件，芯片会被应用到各个领域。我们当时的芯片有很大一部分用于汽车上，所以我们的芯片新产品项目整个过程必须遵循汽车行业的标准。不论是采购、研发，还是制造的过程，都要遵循一大堆的汽车行业标准。有的是行业通用的标准，如 TS 16949；有的是客户的标准，如博世公司的供应商质量标准（博世是全球知名的汽车零部件的供应商之一）。这样才能确保通过项目管理流程化的过程控制降低质量隐患的数量，降低汽车因芯片出问题造成事故和人员伤亡的概率。如果这个芯片是用到飞机上的，过程控制的标准则进一步加严。因为一旦芯片出现问题将导致飞机出现事故，会有更多的人因此而丧失生命。

知名的质量改进方法六西格玛管理（6Sigma，6σ）是 20 世纪 80 年代由摩托罗拉创造出来的，而且 6σ 做得最好的就是摩托罗拉的半导体事业部。其初衷也是为了不断地改进和提升研发和生产的过程，避免问题的出现。当这些方法被应用到项目管理过程中，就形成了项目管理流程化、标准化和体系化。

9．项目管理流程敏捷化出现的必然性和时机

当项目管理流程化推向极致的时候也会产生一个问题，就是流程僵化。这个问题在推行 CMMI 的软件开发行业最为明显。很多推行过 CMMI 的企业项目经理都会抱怨流程过于复杂，需要花费大量的时间来写文档，而且目标和范围调整很困难，致使目标交付时间无法达成。

举个例子来说明，假设一开始企业制定了一个项目目标，根据工作量和技术复杂程度，时间目标定为一年半。半年后，企业发现市场的环境已发生了很大的变化，客户需求也改变了。如果不能及时调整项目的目标和范围，仍然按以前的目标去执行的话，即使能按时上市，也很有可能卖不出去。这样的话，企业就达不到预期的收益，项目还是会被评价为失败。为了能够根据外界环境和需求的变化来调整项目目标和范围，以提升项目团队整体灵活性为目的的敏捷管理方法被美国一名优秀的软件架构师创造出来了。

有趣的是，据说敏捷思想起源于我国道家思想，是那名优秀的美国架构师在一次偶然的机会读了老子的道德经，受到了启发之后写了一篇《架构师之道》的文章，创造出了敏捷思想。在他的阐述中，敏捷是一个非常高的境界，按中国武侠小说的描述，属于“无招胜有招”的顶尖高手境界，已经可以不拘泥于套路，可以随心所欲地发挥和应对各种不确定因素。项目管理和敏捷管理都是用来应对变化的管理机制，基于不同的业务场景，可以在具体的项目工作中很好地结合使用。

不过，需要注意的一点是，个人的敏捷、小团队的敏捷与企业组织的敏捷是不同层次和不同难度的敏捷。虽然都叫作敏捷，但由于人员规范性的差异、技能的差异、人员数量的规模及思想意识的统一程度会造成组织多人协同的难度不同，因此虽然都遵循相同的敏捷思想，但是用于提升敏捷能力的组织保障机制和工作方法有着较大的差异。针对组织敏捷能力的提升，特别是在近些年，随着项目管理在组织层面的不断发展，在全球范围内越来越多的企业和各类组织都非常认可组织级项目管理机制是提升组织敏捷性、有效应对多变的外部环境的重要手段。

全球最知名的项目管理专业组织 PMI 在其 2018 年出版的《组织级项目管理标准》中，特别提及一句话：**“在经济衰退期间，投资组织级项目管理变得更为重要，因为可以降低风险、减少成本并提高成功率，这对企业和各类组织在经济危机中的生存至关重要。”**

除了项目管理流程的敏捷化，在端到端流程化的领域，特别是供应链运营管理的领域，供应链敏捷性也作为一个考察企业供应链管理能力的重要考核指标被美国运营管理协会提了出来。在当前这种全球不确定性和易变性不断增加的环境背景下，供应链运营的敏捷能力也显得越发关键。

特别提示

在项目管理领域，敏捷是在项目管理流程化做到极致的时候才出现的。它要应对的问题是，由于软件开发过程周期太长，项目团队无法根据需求变化灵活调整项目目标和工作节奏。这种敏捷是建立在项目团队已经在之前的工作中充分理解了项目管理的理念，明确了各自的角色和职责，知道如何配合团队其他人员开展工作，并且经历了项目管理高度标准化和流程化的洗礼，整个团队可以做到高度协同的情况下，才可以通过进一步学习和实践，达到敏捷的境界。团队成员的专业基础、标准化的工作方式和在创新环境下的协同能力是项目团队敏捷的前提条件，如果项目团队的上述能力还不具备，即使敏捷的工具和理念再好，也很难在实际项目中落地。

企业在推行项目管理方法或建立项目管理体系时，前面没有做到的几个发展阶段都要求补上。就是说想通过学习和实践做到敏捷的前提是已经将项目基于端到端流程的标准化要求充分落地且出现了流程僵化的端倪；想通过学习和实践做到项目基于端到端流程的标准化的前提是已经实现了项目的规范化管理，包括项目组织结构、角色、职责、业务流程、项目管理流程、阶段评审、工具和模板等的规范化。跳跃式发展基本不太可能，通过大家的努力和正确的方式比别人用更短的时间达到更高的管理成熟度是可能的。很多企业在推行项目管理方法时会遇到巨大的挑战而且出现多次反复的现象，往往就是因为距离成熟的项目管理阶段还有较大的差距，如果不按部就班地走，就会跌回原点。

而且，当我们去优化一个单个项目的管理工作时，其实不仅要优化项目管理，通常还必须把这个项目里面的所有工作都先进行区分和明晰，划清边界，定义各自的责任主体并形成规范，然后把端到端流程梳理清楚，并组织大家共同定义项目端到端流程上各自的角色和职责，这时候项目管理才能有抓手。项目管理一定是建立在项目内的业务流程之上的，如果没有清晰的业务端到端流程，项目管理就没有落点，就找不到控制点，就管不起来。

10. 企业的每个发展阶段都是难以跳过的

根据历史经验，我们可以看到，企业从野蛮生长开始，到逐步走向成熟，有着类似的成长路径，必须经历不同的发展阶段。事实证明，企业发展路径上的每个阶段都是不可或缺的，是跳跃不过去的，只有个别优秀的企业可以做到用更短的时间完成当前阶段，走到下一个阶段。往往有些企业在发展势头特别好的时候，偶然看到了管理成熟度很高的国外优秀企业的先进经验，就希望可以直接跳跃到后面的阶段，这是非常危险的。沉痛的教训告诉我们，企业发展路径上哪个发展阶段被省略了，那么那个阶段所侧重的内容就可能成为企业最大的弱点。如果不及时补上，很可能会对企业造成致命的威胁。

项目管理是企业发展到一定成熟度之后才出现的。在项目管理之前，企业需要经历规范化管理阶段，为员工建立规范的工作方式和专业能力；需要经历标准化阶段，为员工统一工作方法和建立系统化的思维；需要经历精益化阶段，教会员工如何在工作中找到关键的主线，化繁为简；通过项目管理的机制锻炼员工在创新或转型过程中的跨职能协同能力。这是正常次序的企业发展思路。如果一些企业在之前几个阶段工作还没有扎实的情况下，就直接跳到了后面的发展阶段，如项目管理的阶段或端到端流程化阶段，那么就需要在这一时期投入更多的资源在企业管理成熟度提升上，在确保当前工作正常运转的情况下去同时完善前面几个阶段欠缺的机制和能力。

本章小结

本章侧重帮助大家了解项目管理所处的外在环境、适于生存的土壤和出现的时机。项目管理不仅是一个工具，还是一个领域，而且涉及的范围很大，覆盖所有与改变业务相关的内容，在企业中与战略规划和日常运营形成三足鼎立，互为依赖，形成平衡。在企业中，改变业务的工作机制又可以被分为项目组合管理、项目集管理和项目管理，通常我们所说的项目管理往往指的是侧重于确保项目目标实现的狭义的项目管理。

了解企业由野蛮生长到走向敏捷的路径很重要。因为项目管理不是在企业刚刚成立时就能用得上的，往往要等到企业随着规模和管理成熟度发展到一定阶段后，当部门化的职能管理与创新型的项目工作之间的矛盾激化到一定程度时，项目管理才会受到大家的重视，才是推行项目管理比较合适的时机。

项目管理与企业的规范化、标准化、精益化和端到端流程化等管理机制有着密不可分的关系，因此，成为一个合格的项目经理也需懂得规范化、标准化、精益化和端到端流程化的相关知识和方法，并在项目中推动这几个方面的完善。

篇外篇　某研究所在项目管理上的痛

我曾经完成一个项目管理的咨询项目，图 2.3 是在对这家国有研究所的各个相关部门进行了深入的访谈调研之后，对其在项目管理方面的困难和原因进行的归纳和结构化分析。

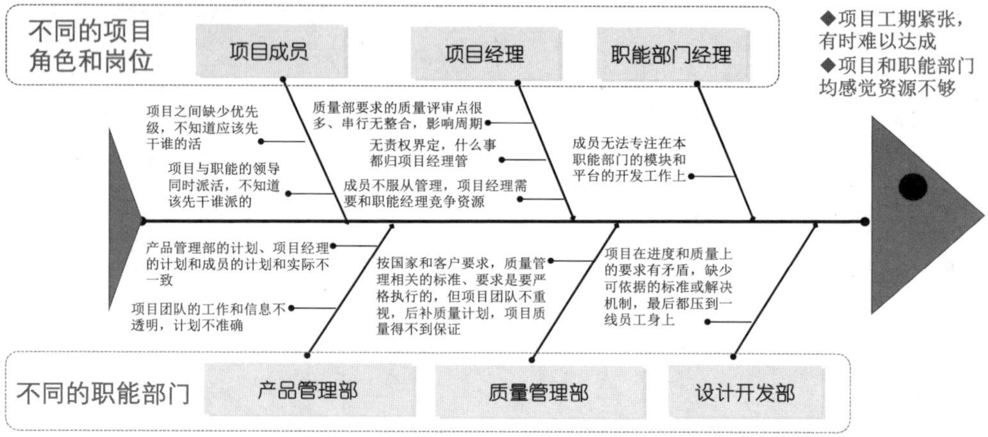

图 2.3　某国有研究所在项目管理上的“痛”

在我多年的项目管理咨询和培训过程中，不断地为不同类型的企业和项目管理从业者诊断和解答各类问题，时间长了，就会发现大家的困难是差不多的。以这家国有研究所为例，采用鱼骨图作为分析工具，一起来看一看项目管理的常见问题。

先看鱼头，这是大家共同认可的问题：时间不足，资源不够。这两个挑战几乎是所有参与项目管理的人共同的“痛”。

接下来，我们对这两个共性的问题进行分解，形成鱼的主刺。我通常按照项目中的角色进行区分。为什么按照角色分？因为大家站的角度和职责不一样的时候，看到的问题是不同的。

在这个案例中，作为职能的设计开发部门认为项目中的主要问题是进度计划的紧迫性与质量标准的符合性之间存在矛盾。如果严格依据质量体系的标准就无法达成进度计划的要求，而管进度的部门和管质量的部门又都互相不让步，让设计开发人员在项目过程中无所适从，造成了项目的进一步延误和范围的不断改变。开发设计人员之所以会这样想，是很正常的，因为他们的主要工作是运用自己的专业能力执行项目目标中的一部分具体工作任务。如果自己的任务目标不确定，那就不知道要做什么。如果任务目标被改来改去，那这活就没法干了。

作为分管专业职能部门的经理（如开发、设计和测试经理等）在谈到项目时，最大的痛苦是发现自己部门培养的大部分专业人才整天都在支持不同项目，导致职能部门自己找不出时间来继续完善和提升这些专业人才的专业能力，无法进一步培养更多的专业人才，建立知识库，并把专业产品通过标准化和精细化的管理方法，实现技术模块化和平台化。虽然确保了项目成功，但是影响了专业人才的培养和专业能力的提升，从企业发展的长远来看，会影响企业研发能力的提升，不利于支持未来更有挑战性的项目。

作为企业专业职能部门的领导，最主要的工作目标就是在专业领域进行知识积累和创新，将知识技术化和产品化，并为企业培养大量的专业人才。如果部门的人都出去支持临时性的项目，没有时间参与部门自己的工作，从长远看是很不利于企业在专业领域上的能力提升的。

对项目成败负责的项目经理在谈到自己的项目时，认为最大的痛苦就是“**有责无权**”的现状导致项目成员不听指挥、各自为政，而且项目范围经常被改变，导致计划的时间很不受控。作为项目经理，最主要的工作是整合各部门的专业资源完成既定的项目目标。如果各专业资源不服从领导，项目计划就无法实施，项目目标就完不成，项目管理的工作就会失败。

负责承担开发设计以外的其他专业任务的项目成员在谈到项目时，最痛苦的就是“**多头管理**”。尤其是在矩阵式的企业结构下，项目经理、自己的职能领导，其他相关的管理部门，甚至其他项目组都会给项目组成员提出各自的要求。然而，项目成员的工作时间是有限的，先完成谁的要求是很难抉择的。如果他们之间就任务目标再没有达成共识的话，项目成员就更痛苦了。

负责企业质量管理的部门在谈到项目时，最大的痛苦就是，项目组经常不按公司的质量标准和要求开展项目工作，把公司置于质量监管的风险之中。按企业高层和客户的要求，企业的所有工作，当然也包括项目工作，必须遵从公司质量管理体系的具体要求，否则很容易产生质量问题。即使不出问题，如果在质量审核时被发现不符合项，很可能会影响公司的经营工作能否继续开展和品牌形象。但是，很多项目组为了赶进度，表面上答应了按标准执行，实际上投机取巧，糊弄质量管理部的监督人员，把项目和公司都置于危险之中。

负责执行企业高层规划和项目目标设定的产品管理部门谈到项目时，认为最大的痛苦是“**计划不能按时完成，而且项目组实际工作进展不透明**”。对于负责计划工作的部门来说，最担心的就是由于确定的项目计划老是不能被按时执行，没有办法向上级领导交代。而且，也搞不清楚项目团队是如何开展工作的，每次承诺的时间点又做不到，那么以后项目目标和计划如何设定也就找不到依据了。

通过这个案例，我们会发现参与项目的不同角色，由于所处的角度不一样，关心的问题也是不一样的，而且往往他们各自的问题恰巧是其他角色造成的。这就是为什么在这种为了实现创新目标而组建的临时项目团队中，必须采用规范化的项目管理模式。由于所站的角度不同、目标不同、职责不同，不同角色之间一定会产生分歧，必须要有专人去维持他们之间的平衡，帮助他们达成共识，这就是我们所说的项目管理工作。专门负责平衡项目中各种不同角色的这个人，就是我们所说的项目经理。

第3章

为什么项目经理普遍有责无权

Project
Management
With
Limited Authority,
2nd Edition

项目经理最大的痛苦无外乎就是有责无权的现状了——承担了项目成败的责任，面临可能连领导也搞不定的挑战，却没有权力。因此，很多项目经理寄希望于通过向领导申请或抱怨来获取权力，但是成功者寥寥无几。事实上，项目经理这个角色本来就应该是有责无权的，他只能通过借助组织的权力和资源，依赖自己高超的领导和管理技能来确保项目过程受控，推动项目目标的实现。

然而，要想成为一个合格甚至优秀的项目经理很不容易，需要经历各种各样的修炼，在知识、技能、能力和经验四个不同的方面同时成长，既要扮演好以德服人的领导，又要扮演好恪守原则的管理者；既要有企业的大局观，又要能站在项目各种不同利益相关方的角度换位思考，还能亲自应对各种突发情况。虽然修炼的过程很痛苦，但对项目经理来说是值得的，因为通过项目管理项目经理能成为一名优秀的领导者。

3.1 项目经理——有责无权的所谓“领导”

在这一章我们要探讨一下项目经理这个角色。当前在中国项目经理这个名称太泛滥了，在很多企业成为项目经理没有什么门槛，因此各类行业、各种部门、各种性质的工作都有很多岗位被命名为项目经理。以前我在飞思卡尔半导体（前摩托罗拉半导体事业部）工作时，项目经理是一个非常令人羡慕的职业，因为不是什么人都可以当的，不但要具备丰富的行业经验、在多个不同的专业部门工作过、拥有卓越的人际协调能力，而且还要有职能部门的管理经验，所以成为项目经理相当不容易。

但是，在中国能看到，很多工作经验很少且完全没有管理经验的年轻人纷纷成为不同部门的项目经理，资历浅、没管理经验、没权力且不知深浅的年轻项目经理在不明就里的情况下担负起企业创新和变革的重大责任，凭着激情努力靠个人来推动项目的进展，挑战重重，过程艰辛，困惑无数。很多时候，年轻的项目经理以为自己担任了项目的领导职务，但其实，在很多企业的大部分员工心目中，项目经理就是个打杂的，只有责任没有权力（见图 3.1）。

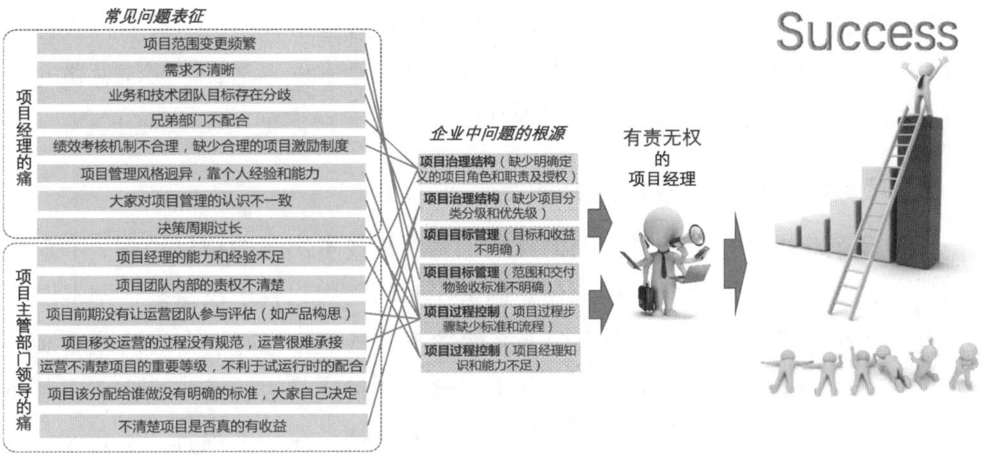

图 3.1　有责无权的项目经理

3.2 项目经理到底是干什么的

项目经理到底是干什么的呢？这是很多项目经理最大的困惑！

1. 项目经理的定义

我比较赞同如下的一个说法：“**项目经理是在项目管理委员会的约束规定下，代表项目管理委员会开展项目的日常管理的人。**”从这个定义来看，项目经理应该不是领导，更像一个代表领导的发言人和组织大家开展项目工作的协调者。基于这个定义，我倾向于把项目经理的主要职责定义为：

“**在规定的时间、成本、质量、范围、风险、收益和允许的偏差内确保产出符合要求的产品，并负责确保项目产出某项成果，使成果能实现商业论证所定义的收益。**”

我通常喜欢用演员和导演的关系来比喻项目成员和项目经理。在我的心目中，项目经理应该是负责搭台子的导演。项目本身就是一个舞台，因此项目经理应根据投资人的期望明确项目目标并为大家设计一个自己的项目管理舞台，通过项目管理的规章制度、流程和模板划清舞台的边界和大家共同的游戏规则。明确定义在这个舞台上什么事可以做，什么事不可以做，大家各自的角色、职责和分工都是什么，这个过程叫作搭台子的过程。接下来作为导演的项目经理要给大家一个剧本，这个剧本叫作项目计划。在项目的执行过程中，项目经理要检查自己的演员有没有按照剧本做事情。如果演员没有按照剧本做事情，导演能惩罚的就自己惩罚。有些大牌明星惩罚不了，那就得哄着人家帮你把这场戏演好。

2. 项目经理与项目成员的关系

在很多企业里有一种非常普遍的现象，尤其是技术出身的项目经理，本来在项目中应该是搭台子和当导演的角色，但迫于时间压力，台子没搭好、剧本没写好就匆匆忙忙地开场了，后来在舞台上突然发现演员都不好好上台表演或表演的水平和自己的预期有较大差异，一气之下自己上去替演员表演了。当这个项目经理自己上去表演的时候，其他人就不演了，大家只是坐在台下观看，还会很开心地对导演的表演水平进行点评。这个时候就产生了错位，作为导演的项目经理干了很多不该自己干的事，而且很辛苦，每天加班加点；作为演员的项目成员不但不干活，还老评论项目经理这活干得不如作为项目成员的自己专业，导致项目经理雪上加霜。

其实，项目经理本来就不应该上台，一旦上台后再想下台就难了，因此在很多西方项目管理方法论中都建议过，“**条件许可的情况下，项目经理尽量不要作为专家参与具体交付的工作，尽量只专注于项目管理工作**”，就是为了避免项目经理在导演和演员的不同角色中出现错位。如果错位已经出现，初期由于负责交付工作的专业资源不足，为了赶进度，导致项目经理已经上台了，而且出现了上述苗头，为了避免情况进一步恶化，项目经理自己要想办法尽快地回到导演的位置上，忍住不要上台。当看到组员干得不如自己好的时候，也先不要积极地替他去干，最好先搞清楚这个事到底是不是该这个项目成员干，是不是还有更好的人选。如果找不到更好的人选来替代，非得这个成员来干，那就要尝试教他如何做得更好，而不是替他干。因为一旦项目经理替代项目成员干了本该成员干的工作之后，想再甩掉这个工作就难了。

当导演和当演员的思考和工作方式是很不一样的，演员只需要锻炼自己的专业技能，把分配给自己的工作做好，完成自己的目标就行了。当导演很不容易，要搭台子，了解每个演员的特点，还要辅导和激励演员，帮助他们能更快、更容易地完成他们各自的任务，而不是替他们表演本该他们自己扮演的角色。作为项目经理，一定要锻炼自己当导演的能力。

3. 项目经理“借力”的能力

另一个需要项目经理修炼的重要能力是“**借力**”，就是借助别人的力量完成自己的目标。借力的思想源于我国传统国学中道家的理念，在项目管理的工作中特别适用。简单地讲，就是项目经理在项目过程中遇到来自各方的挑战都不要硬碰硬，而要善于发现各方关系中的规律，疏导矛盾，借助周边的其他力量，帮助大家共同应对挑战，不要让矛头都集中在自己身上。

项目经理首先要学会的是借助项目管理委员会的力量，这个非常名正言顺，而且别人很难推翻项目管理委员会的决策。如大家所知，作为一名项目经理，职责就是在项目管理委员会的指导下代表委员会开展工作，意味着项目经理搞不定的事应该由委员会来搞定，项目经理不负责做决策，只负责组织协调，所以不应成为矛盾的焦点。而我们所说的项目管理委员会是一个代表项目中所有项目利益相关方领导的集体决策机制，是代表大家的，因此谁也不能否定委员会的决策，否则就是与大家为敌。因此项目管理委员会是项目经理最名正言顺的“靠山”，也是项目经理力量的源泉。如果能善于借助他们的权力和资源，所有的问题就都好解决了。

因此，项目经理要推动成立项目管理委员会，有技巧地影响项目管理委员会，借助它的力量来帮助自己找方向、做决策，确保项目团队的执行力，使自己成为项目协调和平衡的核心，而不是项目中所有矛盾的焦点。

3.3 游走于领导与管理之间的项目管理模式

为了在项目过程中成为一名优秀的导演，项目经理要同时修炼领导和管理这两种不同的能力，因为项目管理的模式就是一种游走于领导和管理之间的模式。

首先，我们要清楚在西方的管理理念中，领导和管理的概念是不同的，出发点、思考方式、适用场景和行为的侧重也是不一样的（见图 3.2）。

毛泽东是我国近代公认的最优秀的领导之一。最厉害的是他能调动全天下的贫苦农民的积极性，带着他们不怕任何艰难险阻、不惜牺牲宝贵的生命和他一起去推翻旧的政权。大家想，这种事肯定不是基于权力的，这就叫作领导力。通常我们认为的领导力表现为“**能在不基于权力的情况下让一帮人为你干活，而且他**

们发自内心地认为跟着你干有前途”，这是管理的最高境界。通常我们所说的管理是指你被授予了某种权力，你基于这个权力可以名正言顺地去检查其他人的行为是否符合组织的相关规定，并可以代表组织对被检查人员进行一定程度的决策、惩罚或奖励。

领导是……	管理是 ……
◆ 倾向于阐明“What” 和 “Why”	◆ 关注“How” 和 “When”
◆ 尤其是创新和变革时所需要的。它阐明 “AS IS”, 未来的愿景，以及两者之间的紧密关系	◆ 它是一直所需要的，尤其是在日常业务中，更多地关注进化或持续改进
◆ 更关心方向、有效性和目的	◆ 关心速度、效率和质量
◆ 当采用面对面的沟通方式影响他人时更有效	◆ 当依托于标准或计划来控制任务时更有效
◆ 更关注意义、目的和价值实现	◆ 更关注任务、交付和流程

图 3.2 领导和管理的区别

因此，开展管理工作必须是有前提的！这个前提是什么呢？在被管理的范围内，舞台已经具备，规章制度已经齐全，目标清晰，评价指标清晰，范围内的组织成员已达成共识，即同意以既定的规章制度作为约束和指导所有人的依据，并惩罚不遵从这个共同的规则的人。这个时候，不同层级的管理者在组织授权范围内代表组织开展管理工作就可以发挥作用了，只要能正确地解读规章制度的要求并找到组织成员符合或不符合规章制度的证据，所做出的决策就会得到大家的认同。

组织什么时候需要领导呢？有些时候，组织需要干一些重大的创新或变革的事儿，但又没有现成的规章制度可以依据，需要进行大量摸索，而且过程很艰苦，可能要走一些弯路的时候，就没办法依据权力来管理大家了，因为大家不信也不服气。这个时候带领大家只能靠个人魅力和信任，这就是领导力的体现。

当年那么多的贫苦农民为什么要跟着毛主席打天下呢？绝大多数人都是为了“打土豪，分田地”，就是这么一个原因，但足够了。而且大家觉得只有跟着毛主席才有机会干成这件扭转人生的大事，跟着别人没有戏，这就是毛主席的领导力——可以给别人带来希望。因此，我觉得领导力最大的魅力是可以给别人带来希望。这与管理是截然不同的，管理经常要唱黑脸，因为会为了维护集体的利益而惩罚破坏规则的人，而领导永远是唱红脸的，因为需要大家的信任，所以体现领导力必须要做到以德服人。

很多时候项目管理介于领导和管理这两者之间。当企业规章制度还不健全，而且很多管理制度两层皮的时候，想做好管理是很难的，因为连一个大家共同认可的依据都没有，找不到依据，权力就没法用。因此我们会看到在很多企业里，一些专业能力不强但人缘很好的项目经理往往更容易把项目做成功。当然，人缘好、项目管理专业水平高的项目经理是最容易把项目做成功的，而且大家会很愿意和他一起做项目。项目经理一定要懂管理，但在管理基础不具备的时候必须学会依靠领导力来明确项目团队共同的目标和加强团队凝聚力；当管理的基础都具备以后，那么项目经理就不需要仅仅依靠领导力了，因为靠领导力解决问题貌似轻松实则很累，非常费脑细胞，俗称“操碎了心”，还得搭上很多自己业余的时间，有的可能还得搭自己的钱培育大家的感情。大家一定要记得，很多项目前期靠领导力进行推进的目的，是给自己争取时间和机会来建立系统化的管理框架和大家能共同认可的规章制度，实现管理从 0 到 1 的过程，这样才有机会建立起管理的机制，像管理者一样工作。

领导力要擅长的第一件事是讲原因，做每件事的时候首先给大家一个非常合理的理由，告诉大家这个远期的目标是什么。然后更多地强调方向、目的，让大家觉得干这件事情很有道理，所以通常不教别人怎么做，教别人怎么做是管理干的事。当领导要务虚，要描绘未来很美好的东西，让别人向往那个场景和方向，然后把专业的事留给专业的人去做，这是领导力的一种体现。所以领导力主要解决大家工作意愿的问题，而且通常要采用面对面沟通的方式。

通常我们认为沟通有两种较为典型的方式，对于最重要的人最有效果的方式应该是面对面的沟通，对于不重要的人可以采用书面沟通，发邮件、短信或微信。如果当我们觉得这件事情很不好处理，需要去争取别人的时候，一定要采用面对面的方式。面对面的方式有很多种，私下吃饭、喝茶是一种。我国还有一个比较重要的文化特点是，很多重要的决定都不是在正式的场合做出来的，正式的场合往往是用来公布这个重要决定的。所以，项目经理可以在非正式的场合与大家分别达成共识，然后通过一个正式的场合把这件事情公布出去。

案例 我早期曾在飞思卡尔半导体担任全球技术项目群项目经理，那时候我们的项目管理涉及的所有的工作方式都与《项目管理知识体系指南》的要求完全一致，包括所有的词汇和工具，因为那时我们是纯粹的美国文化下的项目管理。在那样的环境下，我们解决项目中的问题的方式是开会，组织所有相关方到一个会议上，大家很坦诚地交换意见甚至争吵，但总会“吵”出一个结果。只要大家达成共识，所有人就都会严格按照这个决议执行。这是典型的美国式项目管理。后来我跳槽去了索尼爱立信的全球供应链项目管理办公室，除了我，其他同事都是瑞典人，在开展项目时就发现美国式的项目管理在瑞典人面前是行不通的。因为在瑞典人的文化里，只要开会时有一个人不同意，为了维护大家的和睦，这个议题就不再讨论了，直到下次会议前，通过私下的协调大家可以达成共识，再通过共同的会议来宣布这个决议。瑞典人与美国人很不一样，美国人比较讲究个人英雄主义，瑞典人认为最重要的事是和谐，就是大家不能产生分歧，不能产生争执，所以所有的问题必须要在私底下达成共识，没有分歧之后，再通过会议向大家宣布，这种文化与我们中国挺像的。

对于挑战性较大的问题，我的经验是最好在私下的场合面对面沟通，而且最好选取工作之外比较轻松的时间，如吃饭、喝茶、打球、跑步，这些都是有助于大家放下成见达成共识的场合。在中国有个特点，建立信任和促成最重要的共识的过程尽量选在非正式的场合，这样的氛围更轻松，大家更容易相互信任，更容易达成共识，气氛严肃的正式场合通常是用来宣布重要的共识的。

3.4 项目经理必备的素质

到底什么样的人适合任项目经理一直是很多企业的困惑，因为大家发现优秀项目经理的特质看起来和传统的职能经理或技术专家很不一样。当企业在决定开展一个重大的项目时，如果不能找到一个适合带领和管理项目的项目经理，会直接影响项目的成败。然而，许多企业在任命项目经理的时候往往缺少判断依据，通常由不同的职能领导按照自己的理解来任命项目经理，也因此导致了很多不太适宜的任命，造成了很多项目的失败。

根据我多年在项目管理领域的实践和对企业的观察，针对中国项目管理的特点和挑战，归纳了中国企业项目经理应具备的六大素质，也就是六个核心能力（见图 3.3）。

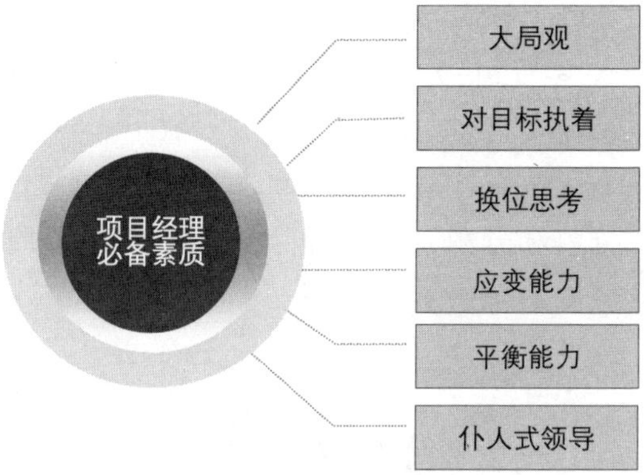

图 3.3　项目经理必备的六大素质

1. 大局观

有大局观是项目经理的首要指标，指“**可以站在公司大局的角度思考问题，而不仅仅局限在自己的岗位或部门内部**”，有时也被叫作战略高度。

项目组里的人来自各个不同部门的时候，项目经理必须站在比那几个部门更高的角度思考问题，才有可能找到一个最佳的解决方式，因此项目经理首先应把自己看问题的视角提升上去，这个就是大局观。什么是没有大局观？我们经常会看到一些人只站在自己的局部利益考虑问题，不站在公司和集体角度考虑问题，这些人属于典型的缺少大局观。

2. 对目标执着

对目标执着是指“**在目标不清晰时会本能地明确目标，分解和传递目标给团队，并始终围绕目标开展所有工作**”。唐僧最大的优点就是对“取经”这个目标特别执着，即使一开始找不到路，即使开始时没有伙伴，即使会遇到各种妖魔鬼怪，即使自己的伙伴经常会打退堂鼓，但唐僧始终很坚持这个目标，从来都没有动摇过，因此唐僧一定是个合格的项目经理。作为一种典型的以目标为导向的管理模式，作为项目运转核心的项目经理必须具备目标导向很强的特质，要发自内心地对目标很执着。

有些项目经理从一开始就搞不清自己的项目目标是什么，又不愿意花费力气去搞清楚，从而导致项目从一开始方向就是错的，或者在项目执行过程中走了很多弯路。合格的项目经理必须把目标分解变成一种本能，习惯性地先明确项目的目标，再把整体目标分解为各个项目成员能够理解的目标，之后和项目成员共同制定其能实现的目标，这样才能帮助团队统一方向和目标，为项目团队的协同建立基础。

因此，项目经理不论接到什么样的任务，要本能地先明确项目的目标，然后习惯性地进行目标的分解和分派，制定对目标实现程度的评价方式，在项目过程中带领团队坚定不移地向目标迈进。

3．换位思考

换位思考是指“**可以站在不同角色的角度来思考问题**”。通常，大家认为项目过程中沟通不好是一切问题的根源，其实沟通不好只是表象。很多时候沟通不好的原因是大家的定位不一样，目标不一致，导致大家没有办法进行坦诚的沟通。如果大家回到自己的群体里，沟通能力都是很好的，但是为什么到了项目组里，沟通能力就不好了呢？是因为大家没有站在对方的角度思考。通常要想提升沟通效果的话，至少得有一个人能站在对方的角度思考问题，这时候双方才知道分歧点在哪儿，解决的方式是什么。

因此，作为维系项目内一切沟通的核心枢纽，换位思考的能力对项目经理来说就非常重要了。原本项目中来自不同领域的利益相关方各自的目标和工作方式就不一致，导致很多问题需要有人帮助他们进行沟通和协调。如果项目经理的换位思考能力不好，就很难明白他们各自的动机和期望是什么，大家诉求点的差异是什么，就没办法通过恰当的沟通方式帮助不同的利益相关方达成共识。因此，项目经理一定要擅长换位思考，这样才能帮助项目团队化解矛盾，形成合力。

4．应变能力

应变能力是指“**在遇到突发和意外事件时，可以迅速地评估各种相关状况，做出最适合的应对行动**”。如在前文中所讲，项目是创新和变革的载体，典型特点之一就是不确定性，所以项目中不确定的事儿比一般类型的工作会多很多。因此，项目经理必须具备在不确定性的环境下工作的能力，这一点西方很多项目管理成熟度比较高的企业在招聘项目经理时会明确要求，即对项目管理相关职位的潜在候选人能力要求之一是“可以承受压力，并在不确定的环境下工作”。事实证明，有很多优秀的管理人才，曾经在常态化环境下取得过无数优秀的成绩，但是应对突发状况的能力比较差，在充斥着各种不确定的项目环境下，会变得手足无措。反而一些本来在常态化环境下并不突出的人，一旦到了不确定性强的项目环境下却发挥出了过人的应变能力，从而更容易成功地实现项目的目标。

5. 平衡能力

平衡能力是指“**能准确地识别各个不同利益相关方的动机和分歧点，并帮助他们达成共识的能力**”。我很赞同管理大师彼得·德鲁克对管理的阐述，即管理的本质是“平衡”。而项目管理又是各类管理方式中对平衡能力要求最高的一种，因为项目中的不同利益相关方太多，大家目标和利益又不一致，所以项目经理就会变成各方利益能否平衡的关键。因此，项目经理一定要擅长各方面的平衡，如平衡各种不同的利益相关方各自目标之间的矛盾，平衡长期目标和短期目标之间的矛盾，平衡业务目标和运营目标之间的矛盾，平衡领导和员工之间的矛盾，平衡各种不同习惯和文化之间的矛盾，平衡各种不同性格之间的矛盾，平衡自己的家庭生活与工作之间的矛盾……在项目中，有太多太多需要平衡的东西，因此项目经理不但要善于平衡好自己，还要帮助团队建立平衡和维持团队的平衡。

6. 仆人式领导

仆人式领导的能力是指“**具备通过服务的方式，领导团队执行和影响项目高层领导决策的能力**”。“仆人式领导”的理论来源于美国管理学家罗伯特·K.格林里夫（Robert K. Greenleaf，1904—1990）的无私的领导哲学，此类领导者以身作则，乐意成为仆人，以服务来领导团队。仆人式领导鼓励合作、信任、聆听及有道德地使用权力，有的时候仆人式领导不一定拥有正式的领导职位，但是也可以领导其他人。

在项目工作中，仆人式领导强调项目经理要放低姿态，采用服务他人的态度和方式来管理团队成员和影响领导决策。因为在中国，绝大多数项目经理都是有责无权的，不能简单地依靠权力去要求别人做他们不愿意做的事情，只能通过以德服人的方式促成大家达成共识，解决问题。除了通过服务的方式来领导团队，仆人式领导也可以影响领导决策。

最佳实践

很多时候高层领导缺少信息来源，项目经理有一个重要的职责是提供信息给领导做决策，因此项目经理可以名正言顺地通过汇报的方式来影响领导的认知和决策。为了能更有效地说服领导支持自己的工作和帮助自己解决有挑战的问题，项目经理绝不能在汇报时对领导提出未经全面思考的要求或仅仅抛出自己解决不了的问题，正确的方式应该是“**在找领导之前要站在领导的角度全面思考自己的问题所带来的影响并设计几个不同的候选解决方案，然后找合适的时机给领导讲清楚问题的来龙去脉，并给领导提供至少三个自己建议的方案**”。让领导做选择题，不要让领导做问答题，更不能连自己都没想清楚问题的根源是什么就轻易地把问题抛给领导。除非你的领导超级优秀，否则他怎么能解决连提问题的人都讲不清楚的问题呢？如果我们通过自己多花时间、多动脑筋把问题讲清楚，提前思考可行的方案，降低领导帮我们做决策的难度，就更容易获得领导的支持，也更容易影响领导的认知。

这六个能力指标是我在多年的项目管理工作中体会颇深的，也是大家从事项目管理工作时要重点修炼的关键。

3.5 学会用正确的方式与领导沟通

绝大多数项目经理特别是技术出身的项目经理很不擅长与领导沟通，不擅长向领导借力，不擅长影响领导做出有利于自己的决策，因此经常会陷于独自在项目中苦苦支撑的困境。为了能够让更多项目经理学会用正确的方式与领导沟通，获得领导对于自己项目的有力支持，我把自己的一些心得体会和大家做一下分享。

1. 沟通前弄清楚领导关心的事情

中国有句古话叫作“知己知彼，百战不殆”，意思是说，打仗或博弈的时候，只有充分了解自己的对手，充分了解自己，才能每次都战胜对手。那么，当我们想去影响自己的领导时，也得先充分熟悉自己的领导，了解自己的领导的思考逻辑，学会站在领导的角度思考问题，才有可能影响自己的领导。

很多做技术出身的项目经理，很不擅长换位思考，尤其是不擅长揣摩领导的意图。虽然也经常很努力地和领导沟通，但是得不到领导的响应和支持。常见的现象是，当这些不擅长沟通的技术型项目经理在和领导沟通时，根本不关注领导关心什么，只是滔滔不绝地在讲自己关心的事情，包括很多与领导完全无关的技术细节问题。讲得时间还特别长，直到领导已经很不耐烦了，自己还看不出来。除非领导本身也是技术型的领导，否则很难得到领导的支持。

如果我们想获得领导的支持的话，首先要学会通过前期的调研或情报收集，搞清楚自己想要影响的那位领导对自己的项目的态度是什么，自己做项目的动机是什么，以及期望是什么。搞清楚领导对自己的项目这件事心中的意图和目标大概是什么。这样我们才能在和领导沟通前做到心中有数，提前判断自己想做的事情是否和领导所期望的方向保持一致；预先想清楚自己想请领导支持的事情是否也能支撑领导关心的目标，才能提前判断领导是否会发自内心地愿意支持自己的想法和诉求。

2. 从领导关心的话题开始沟通

当我们想明白了领导对项目的目标和意图后，接下来要思考的是，我们到底要和领导讲什么，人家才有兴趣和我们沟通。如果这个问题没想清楚的话，可能连预约领导的沟通时间都不一定能约得到。因此，提前先想出一个领导也关心和感兴趣的话题，再去预约领导的时间。

在和领导沟通时，切忌一上来就只谈自己关心的话题，而忽略了领导关心的话题。我觉得比较好的方式是先谈领导关心的话题，逐渐地引导到我们关心的话题上，让领导感觉，其实领导关心的事和我们关心的事是同样一件事，有着密切的关联关系，这样，我们关心的事就变成了领导关心的事。当然，想达到这样的效果并不容易，得提前下功夫，想明白我们关心的事情和领导关心的事情之间的潜在关联关系，在我们的利益诉求点和领导的利益诉求点之间找到共识点，这样才能做到在和领导沟通时可以在较短的时间内产生共鸣。

3. 学会用令人容易接受的方式来降低领导的期望

在和领导沟通时，单纯地附和领导的期望和兴趣而做出过度承诺也是很不可取的。作为项目经理，在接受领导所分派的任务时，如果明知道做不到却也要拍着胸脯表达一定能做到的承诺，给予领导很高的期望，但是在实际开展工作中又做不到，甚至让领导感觉实际达成的成果与领导的期望相差甚远的话，就会让领导感到非常失落乃至愤怒，其结果就是很可能导致项目经理在领导心中永远地失去信任。

在和领导沟通时，一定要尝试用领导能够接受的方式来降低领导的期望值。当然，在降低领导期望值时一定不能很直接地否定领导的期望和观点，一定要首先认同领导的观点，然后把自己的担忧提出来，我们也可以把这种对项目的担忧称为项目的风险。当我们提出可能导致领导的期望不能达成的风险时，一定要确保可信度。通常要引用大家熟知的历史经验或大家公认的专业理论方法加强项目风险的可信度，或者作为风险判断的依据，以证明自己不是凭空猜测风险或为自己不想为项目努力付出而找借口。因此，优秀的项目经理一定是爱学习的项目经理，在平时就要不断地积累自己的项目经验教训或收集他人项目的经验教训，同时也要不断地进行相关管理或技术理论的学习。通过理论与实践结合的方式，来提升自己的认知和实操能力。当自己掌握的经验和知识越多，在和别人沟通时越容易通过引用经验和知识的方式来说服或影响别人的观点。

在和领导沟通时更是如此，向上管理的关键是要在与领导建立信任关系之后，通过自己的专业知识或自己在专业领域的经验来影响领导接受自己对当下的判断或对未来的预测。

4. 描绘项目即将带来的改变

当我们希望去影响别人的时候，非常重要的一点是一定要讲清楚即将发生的改变是什么。众所周知，项目管理承载的内容都是变化的内容，不管叫创新也好，还是叫变革也好，都是对改变的一种描述。其实，对任何人来说，未来会如何改变都是非常重要和值得关心的。对于拥抱变化的人来说，未知的改变令人期待；对于厌恶变化的人来说，未知的改变令人恐惧。因此，能够给他人讲明白即将到来的改变或可信的预估结果，是获取他人的信任和支持过程中非常重要的一步。当项目经理希望得到领导支持的时候，一定要给领导讲明白，如果领导支持了自己的提议，那么会给整个项目、给自己及给领导带来什么样的改变。如果项目经理没有把这件事讲清楚的话，那么领导就可能觉得这件事有风险或误会地认为这件事可能导致的结果不一定是符合自己期望的，就可能不会发自内心地愿意支持这个提议。

对于项目经理来说，想明白未来的变化，尤其是自己的提议对项目及各个不同利益相关方带来的各种可能的改变是很烧脑的一件事，因此很多人就不愿意费脑筋去想这件事，而是希望在得到领导支持之后，把这件事逐渐想明白。那么，在和领导沟通时，项目经理就没办法给领导讲明白自己的提议给大家带来的各种可能的改变，就不容易获得领导的支持。

5. 给领导提供选择题

还有一点需要特别注意，就是当我们给领导做汇报的时候，一定不能只汇报问题，更要提出自己建议的解决方案。

其实，每个人都喜欢做选择题，而不喜欢做问答题。选择题也分难易。最容易的是单选题，最复杂的是不定项选择题，即选出所有你认为正确的选项。只要选错一个，整道题就都错。这种题往往是错误率比较高的题，也最费脑筋，也是大家不喜欢做的。当然，更加费脑筋的是论述题，即让我们抛出自己的观点并且要通过摆事实讲道理的方式说服其他人接受自己的观点。

当我们能和领导沟通时，如果汇报的都是问题，让领导去替我们想解决办法，就等于在让领导做一道论述题。如果是领导擅长的论述题还好，如果是领导不擅长的，而且前期情况又不如项目经理清楚，就很难在短时间内想出特别合理的解决方案，但是又不能和自己的下属说自己也想不出来，就会陷入尴尬的局面。又或者领导是能想出来解决方案的，只是也得需要花费一番工夫。如果是在领导很忙而且你这件事在领导看来并不是特别重要的一件事的话，那么就很可能会被领导忘到脑后。如果项目经理经常给领导创造这种令领导尴尬或提出一些在领导看来不是很重要却又很费功夫才能解决的问题的话，领导就只能躲着项目经理了！

如果项目经理希望能够更快地获得领导的支持，就一定要帮领导降低做决策的难度。最好的方式就是提前把能够解决自己的问题的所有可选解决方案都想清楚后，再让领导做选择题。选择题的形式最好是三选一，一个最偏左的方案，一个最偏右的方案，一个折中的方案，并且对比这三种方案的优缺点，以帮助领导更容易地决策。这样，才能更容易地获得领导的支持。

6. 学会旁征博引

在前文中我们还提到过一点，就是在尝试影响领导的决策时，要学会旁征博引，不能只谈自己的思考，要学会借力于客观事实或科学依据来影响别人，这是很重要的。而且我们现在讲的是向上管理，思考的是如何影响自己的领导，因此还必须考虑领导的面子问题。作为下属，我们一定不能总在领导面前显得自己的能力和水平比领导还高，否则领导的面子往哪儿放。就算很多领导有很好的包容性，也一定不能这么干。此外，用一个纯粹自己想出来的观点来影响别人不如借助大家公认的理论方法和经验教训更容易令人信服。

因此，项目经理一定要学会引经据典。在和领导沟通时，先不直接表达自己的观点。先和领导分享我们所学到或看到的外部最佳实践，让领导来帮忙判断一下，这些外部的最佳实践是否适用于自己的项目。如果领导判断之后觉得适合我们的项目，那么这也是领导的英明决策。这样做既有利于证明自己的提议的合理性，又不会让领导觉得自己没面子，是一种更容易让领导接受的建议方式。

7. 勤汇报，多请示

在获得了领导的决策支持后，项目经理一定要做到“勤汇报，多请示”！大家一定要明白，领导支持自己的提议是要承担风险的。因此项目经理在执行过程中各项工作对领导是透明的，以免在执行过程中出了差错，而领导却还不知道。如果是等到问题大到掩盖不住的时候才让领导知道的话，那么项目经理就会失去领导的信任，以后再想获得领导的支持就难了。

很多项目经理都会抱怨自己的领导不授权，导致项目的推行进度很慢。然而，如果我们站在领导的角度来看待授权这件事的话，往往首先会思考授权的风险。很多领导的心里会是这样想的：“如果我真的冒着风险授权给项目经理的话，项目经理能够保证执行的过程受控吗？能够保证不拿我授予的权力捅娄子吗？”只有项目经理在执行的过程中不断地通过汇报的方式让领导知晓进展，领导才能放心大胆地判断自己是否可以继续支持或授权。

因此，项目经理一定要做到对领导透明，让领导觉得自己的工作过程可控，不要让领导觉得自己的执行过程是黑匣子，不要让领导觉得项目经理不愿意给领导汇报真实情况。这样才能让领导放心大胆地支持项目经理提出的各种建议。

3.6 项目经理能力修炼的途径

项目经理如何修炼六个核心能力呢？这需要从知识、技能、能力和经验四个不同的方面来进行（见图 3.4）。

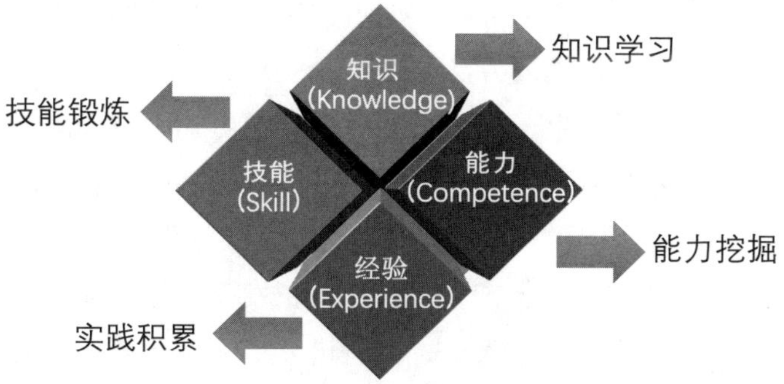

图 3.4　项目经理能力修炼的四个途径

1. 学习知识，提升“知行合一”中的知

成为一名合格的项目经理，需要学习的知识非常多。项目经理需要学习项目管理的专业知识，而项目管理本身涉及的范围就很大。考过 PMP 的项目经理都知道，在《项目知识管理体系指南》中包括十大知识领域和五大过程组，还有项目集管理、项目组合管理、项目管理办公室，以及各种不同流派的项目管理方法。项目经理还需要学习自己所在行业的知识。如金融行业、电子制造业、医药行业、IT 行业、互联网行业、航空服务业等各类行业，都有其独特的一面。只有充分了解自己行业的特点，才可能管理好自己行业的项目。项目经理还需要学习各种不同专业职能的知识，因为项目组的成员来自不同职能部门，而且项目一定会和很多不同的职能都有交集。项目经理必须了解各个职能的特点，才可以更有效地整合不同职能的资源，形成合力，实现项目目标。此外，优秀的项目经理还需要学习各种不同的文化、不同的工具和技术来应对各种不同类型的项目。大量地学习知识可以帮助项目经理扩展视野，建立大局观和战略思维，增加和不同利益相关方的共同语言，从而使其能更准确地判断形势、识别目标和开展组织协调工作。

2. 锻炼技能，掌握“知行合一”中的行，即实践的套路

我国大思想家王阳明曾说过：“知而不行，只是未知。”这一点我非常认同。我们只有通过实践，形成自己的套路，才能真正把知识运用起来，体会到知识的价值。如果我们没有进行过实践，知不是真的知道；只有我们实践过了之后，反过来重新思考自己的知识，才算真正知道，这就是知识和技能的差异。

例如，我们听老师讲过了制订项目计划的方法，觉得很有道理，也很容易，但其实并不一定真正懂了。如果可以在项目中按照这个套路去做一遍，真正体会之后，才能发现这个项目计划的方法到底能不能用，什么地方可以用，什么地方用不了。只有遇到了问题产生了困惑，然后再去学习知识或询问老师，彻底解决了自己的困惑之后，才是真正懂了。用得熟练以后，就变成了技能。在掌握技能方面，我有个体会：在真正把一个技能用熟练后，其实已经忘了这个技能的套路，但是总能自然而然地把它运用出来，这时才真正发挥出该技能的最大效力。就像金庸的武侠小说里所描绘的武林人士，只有进入“无招胜有招”的境界才能成为真正的高手。学知识也是一样的，靠记忆去背一个知识点的时候，其实这个知识是用不起来的。当我们即使忘记了，每次也可以本能地把它用出来的时候，这个知识才真正变成自己的东西。

3．挖掘自己的能力

我们这里所讲的能力偏向于天生的能力。有的人天生就外向，有的人天生内向；有的人专注，有的人善于发散性思考。每个人各自擅长的能力是不一样的，因此才有“天生我材必有用”的说法。作为项目经理，首先要了解自己，知道自己在能力上的长板和短板是什么，不断地挖掘自己的潜力。在能力发展上，我个人比较倾向于扬长避短，把宝贵的时间和资源都用在提升自己的长板上，突出自己独特的优势，达到事半功倍的效果，从而有机会在茫茫人海中脱颖而出。

4．积累经验

这一点上大家一定特别有体会，有经验的项目经理和没有经验的项目经理明显就不一样。之前阅历多的项目经理，在项目中会少犯错误。经验只能靠积累，不断地多做项目，经历得越多，积累的经验就越多，就越会本能地规避很多问题和风险。当然，我们也可以通过学习别人的经验教训来让自己少走弯路。有些人的悟性很好，能够根据别人的经验教训做到举一反三，直接用于指导自己的实际工作，少走很多弯路。但大多数人还是要依靠自己不断地实践去积累自己的经验，提升自己的项目管理水平。在各个领域的工作经验和项目的实战经验对项目经理来说非常重要，所以项目经理一定要乐于积累各种经验，形成丰富的储备，从而有效地应对项目中的各种挑战。

3.7 跨界：只懂技术不懂业务的项目经理永远不能成为最优秀的项目经理

技术骨干或技术专家转型做项目管理的时候，有几个转型的难点，需要特别注意（见图 3.5）。

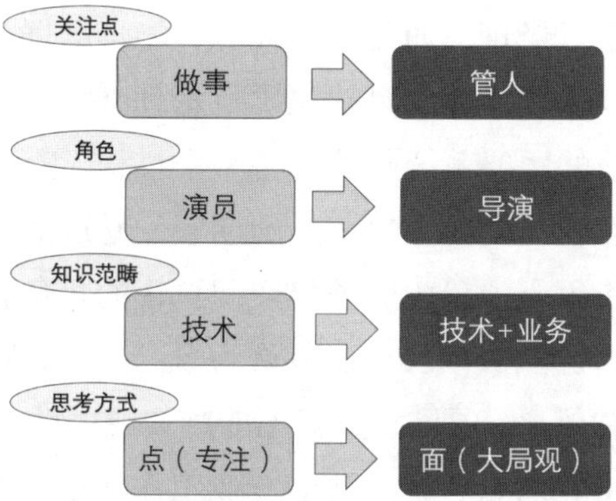

图 3.5　由技术到管理转变的四个关注点

1．工作的“关注点”需要调整，由做事转变为管人

做事和管人是有区别的。擅长“做事”的人接到一个任务时，首先思考自己如何把这件事做好，这是一种执行层面的思考方式。擅长“管人”的人接到一个任务时，首先思考能否找到一个合适的人把这件事做好，这是一种管理层面的思考方式。由“做事”转为“管人”最大的挑战是要忍住自己亲自去做这件事的冲动，尝试指导和鼓励别人把这件事做好。这个转变对很多做专业出身的项目经理是很大的挑战。我自己也曾经是做专业技术出身的，早期从事过设备工程师、开发工程师、现场服务工程师等专业技术工作，早年也是纯粹的技术思维方式。接到一个任务时，本能地开始先思考为了完成这个任务，需要完成哪些工作；这些工作之间是怎样相互关联的；如果自己干，大概用多长时间可以干完。这是一种典型的“做事”式的思考方式。

然而，当我们作为职业的项目经理来思考这个任务时，首先要思考我可以借助哪些人的力量，让他们把这些事干完；什么样的人适合在我这里干什么样的事情；我如何找到我需要的人；怎样通过合适的方式把他们组合在一起，激励他们把这件事做好。这个转变不容易，但是必须要转。否则，项目经理经常会把项目成员的工作给干了，导致项目成员没事情做，还把项目经理累得够呛，然后双方都很不满意。

2. 角色由演员到导演的转变

在前面曾提到，当演员其实是比较容易的，剧本是固定的，按照剧本去演就可以了。而当导演是比较难的，因为你得给别人搭台子，而项目经理恰恰是干这种事的。如果你不是项目经理，而是项目成员，能自己埋头干活就够了。但当导演的，得去想这个台子怎么搭，就是建立项目管理必需的计划、授权、监督、控制机制。因此，做导演的，要系统化地思考整个过程。最大的挑战是，如何有效地整合投资方的期望、观众的期望、演员的期望，通过搭建的舞台实现自己想要的效果，创造价值。在每个项目中，项目经理真正的角色就是导演。但很多新任的项目经理很容易把自己当成演员，而且认为自己应当是演员中的主角。这就与其他演员形成了竞争和矛盾，项目成员就不能凝聚成团队，项目过程就会很坎坷。只有当项目经理甘愿走到后台，把表演的专业工作让给专业的演员，以帮助每个演员在项目过程中成为令人瞩目的亮点为目的，项目管理才能真正发挥出应有的效力。

3. 知识范畴由专业技术领域扩展到业务领域

很多做技术或专业出身的专业人士会习惯性地只关注技术或自己的专业，认为自己一直以来在修炼的技术或专业领域才是最有价值的工作。但是，当专业人士需要转型为项目经理的时候必须进行跨界学习，特别要学习以客户为导向的相关内容，因为项目是典型的以客户为导向的工作模式，而客户又来源于业务。即使我们管理的是一个技术类的项目，如 IT 开发的项目，作为一名真正优秀的 IT 开发项目经理，只有比业务部门还熟悉他的业务，才有可能给业务部门的客户提供真正专业的解决方案，帮助他们解决他们自己解决不了的问题。貌似听起来不太合理，但其实不然。因为业务人员往往只懂得他自己岗位的相关业务知识，只有很少的人才有机会了解这个业务链条的知识，而 IT 项目经理是可以通过 IT 系统了解到整个业务的全貌的，甚至覆盖不同的层级。如果自己企业的 IT 系统不足以了解全貌，IT 项目经理还可以通过对业务部门的访谈去充分了解业务的全貌，而除了分管业务的副总，任何一个其他岗位的业务人员都是不可以这样做的。

案例 当我在智联招聘集团信息技术部分管IT需求管理部时，一直要求我的IT项目经理和需求分析师团队要与自己负责的业务条线一起工作，甚至要搬到他们的工作区域一段时间，就是为了能够更好地了解他们各种不同岗位的工作，争取做到比业务人员还熟悉他们的流程和制度，这样才能更好地理解他们的业务需求，才能提供更好的信息化解决方案。我一直觉得，业务部门找IT部门提供信息化解决方案，大致相当于一个病人去找一个大夫看病。病人去医院找大夫看病的时候，如果大夫还不如病人了解这类疾病的特点的时候，这个病他可以看得好吗？让我们假想一下，一个病人去医院挂号就诊，见到大夫后主动告诉大夫他自己认为自己得的是什么病，需要吃哪些药。如果大夫未经自己的诊断就开了这些药给病人，是有很大风险的，万一没治好或吃了不该吃的药导致更糟糕的问题，病人肯定会回来埋怨医生："这不是你给我开的药吗？作为医生，为什么你不阻止我吃不该吃的呢？为什么你没有告诉我该吃什么药呢？"因为在病人的潜意识里，医生必须比病人水平高，否则干吗花钱来找医生看病，直接去药店买药不就好了吗？虽然病人提出了自己的看法，但作为医生必须要从自己专业的角度给病人更合理的建议。其实，项目经理就是客户的专业医生，必须比客户还要了解客户的业务流程，才能为客户提供专业、全面的解决方案，帮助客户解决问题。

为了给客户提供药到病除的解决方案，项目经理不能只收集客户提出的需求，还要关心客户的痛点是什么，思考客户为什么提出这个需求，他的问题的根源是什么，他自己提出的需求能解决他的痛点或问题吗。因此，项目经理不好当，不能只懂自己的专业，还要非常熟悉自己客户的特点和他的业务，当这两个跨界的领域都熟悉的时候，才能成为合格的项目经理。

4. 思考方式由点到面的转变

很多做技术或专业领域出身的人会习惯性地专注在一个点上，这种做法是对的，尤其是做技术工作的，就是要专注。如大家经常提工匠精神，工匠精神其实就是一件事做一辈子。以前我在奥地利工作的时候，和我同部门的都是奥地利土生土长的本地工程师，有专注于机械方面的，有专注于电路方面的，有专注于软件方面的，他们绝大多数都没有上过大学，按中国的定义属于技校毕业。他们从一开始上技校学的就是自己的专业领域，毕业后从事自己的本专业工作，准备把这一件事一直干到退休，熟能生巧。因为专注的领域较窄，更容易制造出精品，所以不需要学太广泛的知识，避免分散精力。但是，做项目经理的思路刚好相反，需要不断地扩大自己的知识面，但不求精。这意味着我们必须把自己的知识领域由点扩展到线，由线扩展到面。每当项目经理遇到一个点的问题时，应该本能地从一个点联想到端到端的整条线，再联想到与事件相关的覆盖面有多大，然后再反过来思考如何解决这个点的问题。这个事儿与当医生有点像。优秀的医生得先成为全科医生，然后才成为专科医生。因为，人体是个整体，症状都是表象，有时症状出在皮肤上，但疾病的根源可能在内脏。因此当医生必须对人体有一个整体的了解，之后才去解决一个点上的问题。

当项目经理也是同理。项目涉及许多不同的方面，当项目出现一个小问题，如大家经常提到的时间不够，项目经理得把所有影响时间不够的可能性全都想一遍，之后才能反过来判断到底问题的根源在哪儿，才知道如何解决时间不够这个问题。这就是为什么我们在前文提到项目经理必须要有大局观，因为如果没有大局观就很难解决跨界的问题，即使只是一个点的问题。

其实，做企业管理咨询顾问也是这样的，我一直认为企业管理咨询顾问应当是企业的医生。如果一个企业管理咨询顾问，知识领域和从业经历比较单一，跨界工作的经验较少，即使理论丰富，能实际解决企业问题的能力也不会很强。因为企业也像人一样，是个整体。作为企业的医生，咨询顾问的知识体系必须是一个系统、全面的球体，必须先做过企业的全科医生。不仅要懂得一个专业领域，而且要从企业战略到运营，从运营到各个业务部门和职能部门，到各个层级的岗位，再到各种业务模式、各种流程体系、各种企业文化、企业的各个发展阶段、各种流派的方法和工具，甚至各种类型的领导风格和员工特点都要熟悉。仅仅看到过还不够，最好还要亲自实践过，才可以成为在某一特定领域的企业管理咨询顾问。

3.8 路径：从项目经理到企业 CEO 之路

项目经理的发展路径其实有很多条。很多时候大家都是从技术层面开始做的，走向项目经理，再分化到不同的方向，常见的有三个方向（见图 3.6）。

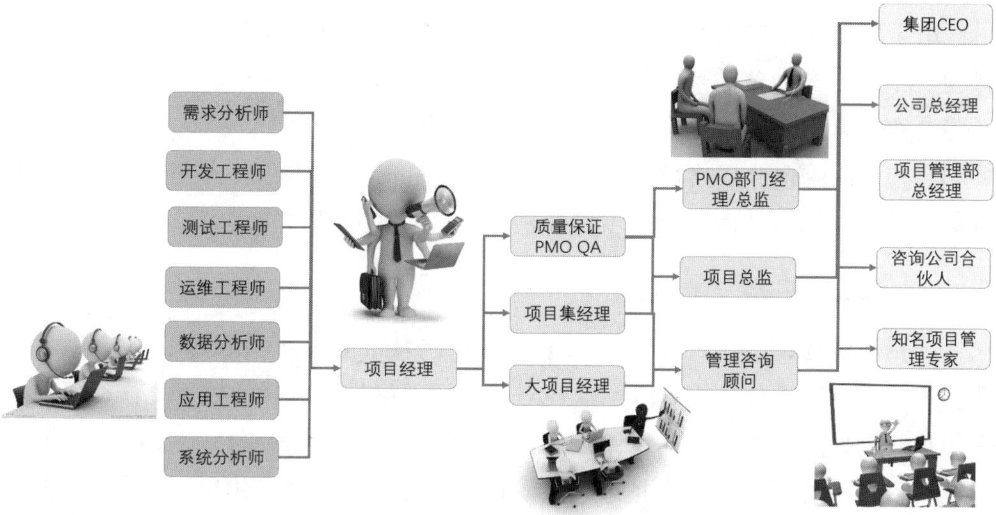

图 3.6　从项目经理到企业 CEO 的道路

1．管理大项目的大项目经理

在这个方向上，要求不断修炼管理单个项目的技能，逐步承接规模更大、更复杂的项目。在我的职业发展历程中，早期担任一个设备改造的项目经理，后来担任设备研发的项目经理，再担任从研发、到组装调试、到现场安装和试运行的产品项目经理，最后担任在不同国家建设新工厂的项目经理，随着经验的积累和阅历的丰富，承接的项目越来越大，逐渐成为大项目的项目经理。

2．管理项目集（群）的项目集（群）经理

我们这里所说的项目集（群）是指那些在企业里被称作以愿景为导向的战略项目，这类项目的成果可预测性很低，以实现某些特定的成果和收益为目标，具有明显的变革意义，因此在企业里开展时有一定的阻力。在项目管理的领域里，采用项目集（群）管理的模式来确保战略项目的实施被证明是无数先进企业的最佳实践。这类战略项目往往是企业高层领导最重视的项目，因为它们是企业战略规划能否落地的关键，是提升企业核心竞争力的关键，关系着企业的未来。这类项目也是挑战性最大的项目，因为需要从根据愿景组织大家明确目标开始，花费大量的时间勾画战略项目的蓝图和探索走向愿景的路径。大型的信息系统建设项目、以客户为导向的组织转型项目、供应链集成项目、组织级项目管理体系建设的项目、拓展新业务模式的项目等诸多大家经常听说的战略项目都属于这类项

目。由于项目集（群）具有决策视角高、过程复杂、目标模糊、管理幅度大、项目利益相关方多种多样等特点，因此对项目集（群）经理的知识、技能、能力和经验这四个方面的要求远高于对普通项目经理的要求。为了保障这类战略项目的顺利实施，达成企业战略目标，企业会投入大量资源和精力来选拔和定向培养项目集（群）经理，从而造就了项目经理快速进阶的路径之一。

3. 多项目日常运营岗位

项目质量保证、项目管理办公室（Project Management Office，PMO）专员或负责人、项目管理部负责人等，这些岗位已经不仅是临时性的项目工作，而是把多项目管理作为一项日常运营管理工作来开展，成为长期性的岗位。随着我国组织级项目管理的不断成熟，越来越多的行业领先企业已经搭建出以 PMO 为核心的组织级项目管理体系，涌现出越来越多的多项目运营管理相关岗位，成为项目经理进阶的一条重要路径。

随着经验和能力的提升，有一部分项目管理精英会进阶，成为**企业的高层**，如事业部总经理、集团项目管理部总经理、CTO、CIO、CEO 等，甚至成立自己的公司；一部分项目管理精英会成为知名的管理咨询顾问、企业教练、咨询公司合伙人和知名讲师等。在项目管理这条路上涌现的精英非常多，百万元年薪甚至几百万元年薪的人绝不在少数。我预计，从现在到未来的 10 年，中国企业包括政府，在项目管理方面优秀人才的缺口会非常大，只要大家方向正确且肯付出努力，一定有很多机会成为社会所需的精英。

本章小结

项目经理的选拔标准和修炼途径与企业内普通的专业岗位有较大的区别。普通的职能部门管理模式属于典型的基于权力的管理模式，而项目管理模式属于典型的基于微权力的管理模式，是介于领导和管理模式之间的一种特殊的管理模式，因此对项目经理的个人能力会提出更高的要求。为了能够承担起这项艰巨的任务，在微权力的环境下让项目顺利运转，项目经理必须具备很好的大局观，来确保项目的全局和方向；要具备目标管理能力，确保项目的执行力；要具备换位思考的能力，确保与不同利益相关方之间顺畅地沟通；要具备应变能力，确保各种突发问题的快速解决；要具备平衡能力，确保项目团队的和谐和凝聚力；要具备仆人式领导的风格，确保可以顺利地影响领导层的决策。

为了能够快速地提升项目经理的能力，必须要从知识、技能、能力和经验这四个不同的方面同时来修炼，还要经历各种不同角度的思维转变，才有可能成为一名合格的项目经理，并沿着项目管理的职业发展路径走向成功。

第 4 章

六步法第一步：认清领导的意图，确保项目的价值

Project Management With Limited Authority, 2nd Edition

在工作中有个很常见的现象，就是很多领导在分派项目任务时，并没有讲得特别明白，甚至分派了“只能意会，不能言传”的项目任务。这样就导致很多项目经理从项目一开始就没搞清楚领导发起项目的真正意图是什么，或者只知道个大概，并不清楚该项目对企业和项目发起人真正的价值是什么，也搞不清楚企业领导对项目真实的期望。这个状况很可能造成项目出现方向性错误或方向反复不定、范围模糊且经常被改变，而且还很可能得不到企业高层领导的大力支持。换句话说，项目经理一直和发起项目的领导的思路不一致。

项目是一种典型的由战略驱动或高层领导驱动的工作模式，只有与项目高层领导的意图保持一致，才能获得领导对项目的大力支持。因此合格的项目经理必须要有很好的大局观，善于洞察领导的意图，与领导思路保持一致，可以站在企业的高度看待项目，从而确保项目对企业的收益和战略目标的支撑。尤其是当项目的发起领导在分派项目任务时没有把项目的目标和价值讲得特别清楚的时候，项目经理要有能力去澄清领导心目中的对项目模糊的期望，站在企业的高度论证项目的价值和收益，确保项目的方向不会错。

4.1 论证项目是否具备投资价值的三个维度

当我们接到一个项目任务的时候，首先要思考的是：“为什么会产生这样一个项目？这个项目对发起人的价值是什么？对公司的价值是什么？”发起任何一个项目一定有一个非常合理的理由，如果我们搞不清这个合理的理由，很可能从一开始就走错了方向。

项目对企业来说，是一种投资行为，因为项目的前期是有大量的成本投入的，因此企业的任何一个项目都必须能给企业带来回报，我们把这种企业期望的回报称为“期望的业务价值”。项目负责人或项目经理只有搞清楚自己承接的项目的业务价值是什么，才能明确项目的方向。

如何论证这个项目是否值得投入？通常，可以从三个不同的维度来论证，以确保项目是经过全面考虑才确定投资的，而且需要建立一个长期的业务论证机制对项目进行持续论证，以确保发起项目的理由一直存在。

论证项目价值的三个维度分别是项目是值得做的、有能力交付和有能力实现收益。

1. 项目是值得做的

作为一种大规模投入行为，项目必须是有收益的。这一点应该由掌控资源的出资方代表或项目发起人（Project Sponsor）来判断。如果是在企业内，他们往往是掌握权力和资源的高层领导。当他们决定发起一个项目时，一定已经想到了项目的收益。作为承接项目的负责人或项目经理，必须思考发起人心中的项目收益是什么，而且要协助项目发起人明确和量化他们心中的收益，因为很可能从项目发起人那儿传递过来的项目预期收益都是一些听起来比较虚幻的或无形的收益名称且无法衡量。我们要做的就是想办法把收益进一步明确为可衡量的指标，来确认这个收益是否真的对企业有价值。应该由谁来判断项目的收益是否真的是企业所需要的价值呢？还得是项目发起人或项目发起人代表。因为这是个投资行为，谁出钱就由谁来判断，哪个部门出钱哪个部门话语权就大。

2. 有能力交付

项目有收益、有价值是前提条件，但还得有能力交付才行。一些企业高层很重视不断地发现有价值的商业机会或内部优化提升的机会，但是企业的资源和能力有限，还有很多日常运营的工作要做，因此必须认真考虑企业的能力有多大，是否真的在期望的时间和资源要求内交付得了这个项目。这个问题，必须由负责承担具体交付任务的人来回答，准确地说谁负责干活就由谁来回答。而且，要确保负责交付的人对自己的能力可以准确地判断，如果贸然地启动一个超出自己能力范畴的项目往往会失败，甚至可能让企业遭受致命的打击。华为的创始人任正非有一句名言："领先一步叫先进，领先三步叫先烈，因此华为每次只走半步。"

3. 有能力实现收益

近些年来，越来越多的企业高层领导最大的痛，并不是项目不能按时完成，而是项目成果不能转化。如果项目成果不能转化，就无法实现收益，项目投入就成了沉没成本，项目仍属于"失败"。如果前期规划项目的时候，没有充分考虑收益实现的难度，没有邀请未来负责实现收益的部门或团队参与项目的论证，等项目产品出来后，负责实现收益的部门不愿意去推动成果转化或没有能力推动成果转化，就永远看不到期望的收益。因此，收益能否实现的判断，应该由代表客户或用户的部门或团队来论证，必须征求他们的意见，并邀请他们在前期就参与项目工作。

这时候我们会发现项目里有三个关键的利益相关方，即代表项目投资人的项目发起方、代表项目交付能力的项目实施方和代表项目收益实现的项目成果使用方。项目的收益和价值不是他们中的任何一方能单独判断的，必须由三个代表站在各自的角度来共同判断，并达成共识后，这个项目才是一个真正值得企业投入的项目。我们把这个过程叫作项目投资的决策支持手段。项目业务价值的论证是所有项目的出发点，而且不能仅仅在项目开始时或项目前期判断一次，必须要在项目过程中每隔一段时间论证一次，通常会在项目阶段评审时进行再次论证。如果项目的价值已经不在了或改变了，代表企业高层的项目管理委员会必须决定项目是否还要继续。

4.2 梳理从项目产出到成果到收益的路线图

论证了项目是否具备投资理由的三个方面后，接下来要思考的问题是“如果我们已经有了预期的项目产品，如何才能实现项目预期的收益呢？”

为了回答这个问题，我们需要梳理并打通从“**项目产出**”到“**项目成果**”到“**项目收益**”再到“**组织战略目标**”之间的关系（见图 4.1）。它共分五个步骤。

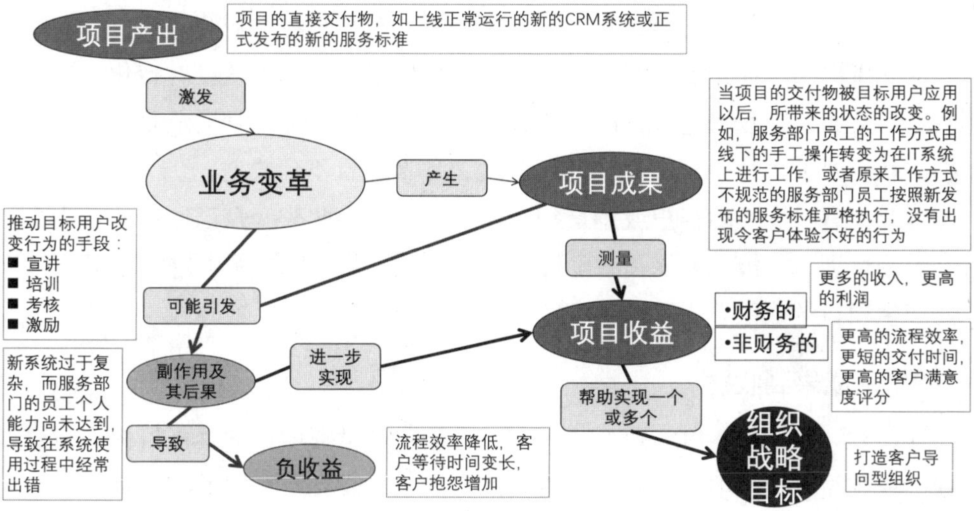

图 4.1　项目产出到成果到收益到组织战略目标路线图示例

1．明确项目的产出

“**产出**”的英文为“Output”。通常，我们把项目的直接交付物叫作“产出”。产出一定是有形的，看得见、摸得着。例如，对于一个信息系统的项目来说，产出就是一个上线后正式运行的系统；对于一个流程优化的项目来说，产出就是一套经过管理层审批通过的流程文档；对于一个新款手机的项目来说，产出就是一个经过各类测试达到市场发布和量产质量标准的新款手机设计和生产方案，这也是我们通常意义上说的项目产品。大多数时候，产出通常是项目组最直接的项目目标。因为这个目标很明确，质量标准和验收标准也就比较确定。

2．从产出到成果

“**成果**”的英文为“Outcome”。它是“**产出**”经过转化的结果。如上文提到，产出其实只是符合质量要求的交付物，本身并不会为企业带来收益。只有产出在获得客户或用户的认可，被客户或用户使用，导致客户或用户改变了以前的使用习惯时，才实现了通常意义上的“成果转化”。但是，这个推动客户或用户去使用项目产出的过程并不容易，因为大家需要一个熟悉新鲜事物的过程，且很多人不太愿意改变以前的习惯，因此成果转化往往成为项目能否实现收益的关键。如果用户不使用项目的产出，用户行为就不会发生改变，预期的收益就实现不了。例如，当我们上线了新的信息化系统，如果用户不愿意使用新的系统，而坚持按以前的手工操作或使用旧的系统，那么上信息化系统的成果就没有转化，就看不到收益。又如，流程优化项目产出的流程文档即使发布了，但是企业的员工不按文档中新的要求执行，新的文档落不了地，那么也看不到收益。

因此，为了能推动客户或用户把产出用起来并为此改变自己原有的行为，通常会采用培训、宣传、考核和激励等方式，这就是图 4.1 中的“**业务变革**”，这样才能产生项目的成果。

3．从成果到收益

“**收益**”的英文为“Benefit”。其实，收益才是投资项目的真正目标。但很多时候，企业并不知道项目的收益是否真的产生了，或者并不知道收益是否真的与立项时描绘的一致。因此对企业来说，找到一种科学的方式测量收益的多少是非常必要的，否则企业就不知道把宝贵的资源投到哪些项目上对企业来说才是最有价值的。如果，我们做的是一个市场销售类的项目或降成本类的项目，项目的收益还相对容易测量一些，因为项目如果成功就会带来直接的财务收益。但如果我们做的项目偏向于基础技术研究、战略规划、企业内部流程优化或系统建设等项目，收益就不好测量了。因为这些项目不会带来直接的收益，需要经过几次内部和外部的应用和推广才能转化成容易测量的财务收益。

例如，很多企业的信息化系统部门一直最困惑的事情就是“如何证明一个新的信息系统项目可以给企业带来收益”，因为信息化项目的直接产出就是一个上线正常运行的系统。信息系统本身不是收益，需要被企业内部的用户使用起来，用熟了，熟能生巧了，才能提升日常运营或流程的效率和质量，才能让企业的客户感受到更好的服务，才能带来更多的客户或让客户花更多的钱来购买企业的产品和服务，最后为企业带来更多的财务收益（见图 4.2）。因此，能够准确地识别和测量项目为企业带来的直接收益，以及识别从项目直接收益到财务收益之间的逻辑关系是很有意义的，但也是很不容易的。

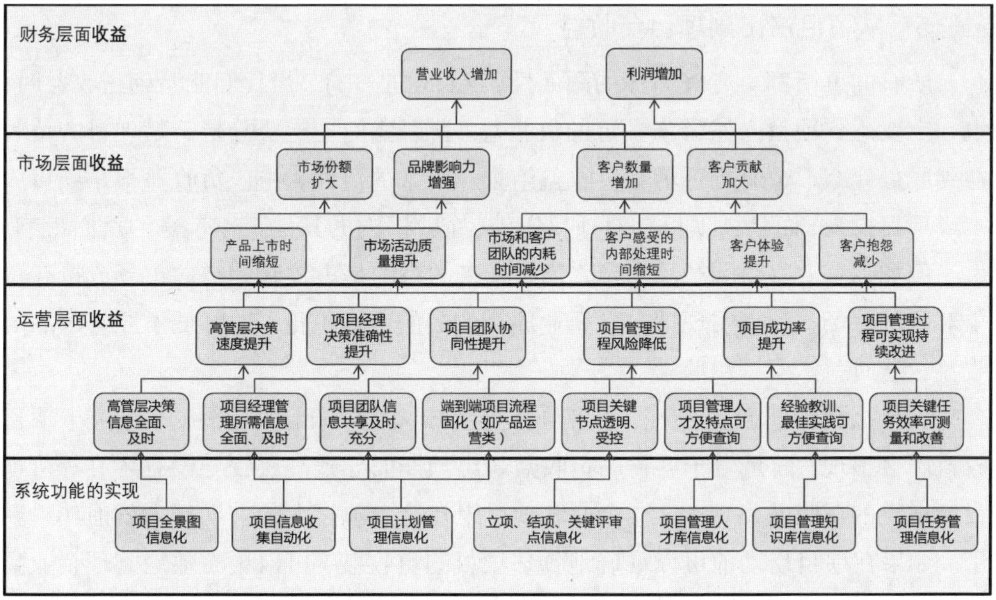

图 4.2　企业项目管理信息系统建设收益

4．从收益到战略目标

当项目收益被识别后，需要认真思考收益到底和战略目标有没有关系，或者收益到底支撑哪个战略目标，这就是我们所说的战略一致性问题，这也是需要被证明的。因为企业通常有几个不同的战略目标，而且并不是一成不变的，理论上应该每隔几年就要调整一下。站在企业的高度，必须保证项目所产生的收益能支撑当前的战略目标，不能与当前任何一个战略目标都无关，更不能与当前战略目标背道而驰。

因此，作为项目负责人必须明确企业当前的战略规划及主要的战略目标，并明确自己的项目目标和收益与企业战略目标之间的关系，最好还能明确自己的项目目标对战略目标的影响程度，这样才不至于把项目的方向搞错，并有利于争取高层领导的支持。有些项目组认为自己的项目会同时产生很多种不同的收益，可以支撑企业的所有战略目标，这是不可取的。通常一个项目可以被立项通过，一定是看到了这个项目可以有力地支撑某一个特定的战略目标，而不是所有的战略目标。当项目组认为自己的项目可以支撑所有战略目标时，恰好说明项目组很可能并没有认清自己项目的真正价值和主要目标是什么。

5. 从项目产出到项目负收益

所有的事情都会有好与坏的两面性，项目也是一样。当我们能看到正收益时，也一定要想到项目必然带来一定的负收益。所以我们一定要分析清楚项目的负收益到底是什么，企业能否承受负收益给企业带来的负面影响。负收益不是项目成本或项目投入，而是指项目会对项目以外、企业以内的其他工作带来的负面影响。

例如，有一些新的产品上市之后，本来的目的是占领新的空白市场或抢夺竞争对手的市场，后来发现把自己企业原有产品的市场也抢了，降低了原有产品的收益，这时就产生了负收益。

为什么要分析负收益呢？因为我们会看到很多项目的失败并不是由于项目收益不会出现，而是由于项目的负收益超出预期而导致高层领导没有耐心等待项目所描绘的正收益出现，这样企业和项目组在这个项目上的前期努力就前功尽弃了。如果在项目启动前可以准确地预估项目的负收益，可以更有效地管理企业高层领导和企业员工对项目的期望，确保大家一直支持项目组渡过难关，见到预期的正收益。例如，业务流程再造类的项目是公认失败率比较高的项目的一种。因为这类项目属于企业的结构性调整，变革的范围太大，往往会覆盖全体员工，而且涉及对大家的责权利、日常工作目标和工作方式的改变，所以挑战非常大，需要很长的磨合期，之后企业员工才会逐步消化新的工作目标和工作方式，并在新的工作模式下创造出收益。在企业员工度过磨合期之前，企业内往往呈现一片混乱。大家不知所措，怨声载道。这也是最考验企业领导的时候，企业的高层领导能否在企业的混乱中保持大家对自己的信任和支持，以及因此带来的对变革方向的坚持将成为企业级流程再造能否成功的关键。因此，在项目立项初期帮助企业的高层领导准确地预估项目即将带来的负收益，可以让企业的高层领导提前做好应对准备，在项目过程中从容应对磨合期带来的各种困惑和疑虑，带领大家坚持下去，直到项目正收益的出现。

项目，尤其是创新和变革类项目，不同于企业日常的持续改进类工作。它需要实现的是由“**0 到 1**”的过程，而不仅仅是“**1.1 到 1.2**”或“**1.2 到 1.3**”的过程。因此首先要打通项目从产出到成果到收益再到组织战略目标的通路，才能证明项目的收益是可以实现的，证明项目是有价值的，这样才能帮助企业的决策团队做出正确的决策。

4.3 编写项目业务可行性分析报告

当我们编写项目业务可行性分析报告的时候，要涵盖图 4.3 所示的内容，特别要侧重以下几个方面。

图 4.3　项目业务可行性分析报告的要点示例

1. 报告内容提要

项目业务可行性分析报告是项目最重要的报告之一，因此一定要采用很正式的形式。由于报告通常会由几个不同部分的内容组成，因此一定要有个报告的内容提要或目录。

2．项目产生的原因

项目产生的原因是需要先讲清楚的。要让大家了解项目是为了解决哪些问题或为了获取哪些业务机会而产生的，尤其要重点介绍这个项目的发起人是谁，这有助于引起大家对该项目的重视。

3．备选业务方案及建议

上报给企业领导或展示给大家的业务方案，最好有多个供大家选择，因为通过比较大家才更容易判断不同业务方案各自的优缺点，才能更快地做出决策。通常三个方案比较常见，给大家三选一的机会，并对不同方案的优劣势进行分析和比较，再说明自己建议的方案及理由。这样大家就会知道，项目负责人在汇报之前已经考虑过所有可能的业务方案，并且进行了充分的比较，从而会比较愿意支持项目负责人建议的方案。

4．项目的约束和假设

当我们描绘收益和负收益时，需要注明项目的约束和假设。很多项目负责人分不清楚约束和假设的区别，所以在项目的可行性分析报告中会忽略这两部分内容。其实，我觉得项目的约束和假设还是有必要在报告中提及的。

项目假设是制定项目目标、收益和计划的前提条件，我们把假设放在报告中的目的是帮助项目负责人免责。因为我们要向所有人说明，一旦项目外界环境发生了变化，导致了项目目标的调整或收益不能实现的结果，这个结果不应该由项目负责人来承担责任，因为原有的项目假设条件已经不再适用了，如国家政策的突然改变、企业组织结构的调整或项目发起人改变了等。

项目的约束是指项目中有哪些事是不能做的，不是因为项目负责人或项目团队不愿意做，而是因为按组织的规定不可以做，是用来为项目团队划定项目范围边界提供依据的，是项目负责人对项目团队或客户提出约束性要求的依据，也是项目负责人拒绝不合理的项目需求的依据。例如，项目过程必须符合公司质量管理体系的要求，必须符合公司风险管理体系的要求或必须符合公司内控制度的要求并接受审计等。

5．项目的关键成功要素

在项目报告中提及项目的关键成功要素，可以更好地帮助企业的高层管理团队明确项目需要高层支持什么。例如，很多项目负责人认为，项目的最大挑战是项目资源不足或领导支持力度不够。如果希望在汇报时说服组织高层领导从资源或关注度上给予项目一些倾斜，就必须向他们讲明白项目的关键成功要素与项目在稀缺资源的获取方面和高层领导的关注度之间的密切关系。这样才有机会引起领导重视，便于领导为项目提供所需要的资源和支持。

4.4 项目业务价值论证的生命周期

对项目业务价值的论证，必须是持续的，不能仅仅在项目立项前论证一次，而应在整个项目生命周期的过程中，每隔一段时间就论证一次，以确保其有效性。在项目生命周期中的不同阶段，对项目业务价值论证的侧重点不同。通常，我们把整个项目业务价值论证的过程分为三个阶段，即开发业务价值论证阶段、维护业务价值论证阶段和收益评审阶段。在整个项目的生命周期过程中，项目的业务价值论证与收益实现的管理是并行且又相互影响的两个重要机制（见图 4.4）。

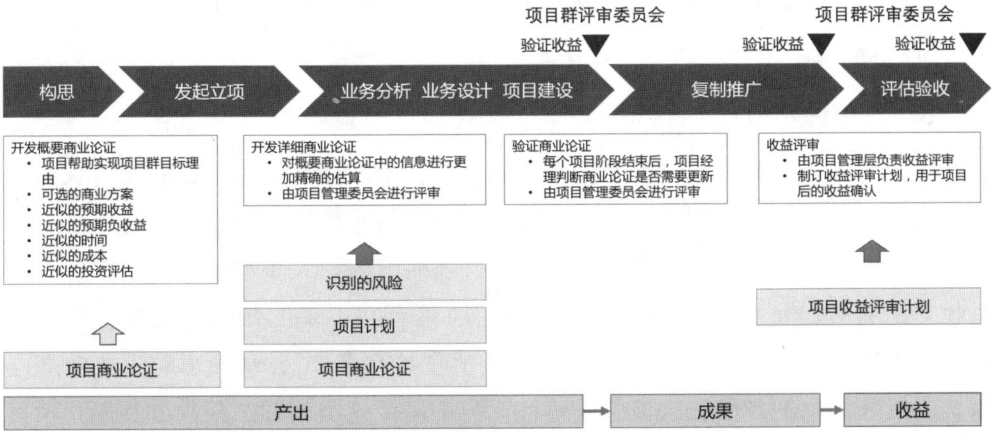

图 4.4　项目的业务价值论证与收益实现管理的模型

1．开发业务价值论证阶段

作为项目立项评审最重要的依据之一，开发业务价值论证的工作必须在项目的立项评审前完成，以确保项目立项决策团队可以拿到最真实和准确的项目价值分析报告，作为是否对项目进行大笔资源投入的依据。

这个开发的过程通常也会分为两个阶段来实现，首先是开发概要项目业务价值论证的阶段。这个阶段的工作通常由项目挂名的领导和被任命的项目经理共同完成，其根据自身的经验和可以收集到的信息对项目的业务价值进行初步分析和论证。这个阶段通常不建议项目经理召集其他部门参加，主要是为了避免出现由于项目想法不成熟就召集多个部门专家参与论证而导致专家资源浪费的现象。因此，企业高层通常会委派项目挂名的领导和项目经理先自行论证如何把项目产品（产出）经过业务变更的过程转化为预期收益，然后召集项目决策团队来共同评审。一旦评审通过，就名正言顺地召集各部门的精英来参与更详细的论证和对实现过程的策划，就是我们所说的开发项目业务价值论证的第二个阶段，即详细的业务价值论证过程。详细的业务价值论证报告一旦获得项目最高决策委员会的批准，就将成为项目的基准文件，成为项目开展过程中的指引和考核的依据。

2. 维护业务价值论证阶段

在项目执行的过程中，项目经理和项目中未来负责实现项目成果和收益的角色要共同收集与项目业务价值实现相关的信息，定期汇报给项目最高决策委员会，并根据委员会的指示开展后续的工作，这就是我们所说的维护项目业务价值论证的过程。

3. 收益评审阶段

前期的项目业务价值论证其实都是基于假设和预测的，大多数的项目收益都是在项目结束后逐步实现的。到那个时候，项目组早已解散多时，没有人真正关心项目是否真的实现了预期的收益。因此，当前国内绝大多数企业由于缺少对项目收益的有效验证机制而导致企业的高层决策者并不真的知道企业大量投入的项目是否真的**“产生了收益，收益是什么，收益有多少”**，从而影响了企业高层对企业发展方向的判断和决策的准确性。为了避免这类问题，企业需要建立项目收益后评估机制，来验证项目收益的实现情况，作为修正或完善企业项目选择和立项评审的依据。建立收益后评估机制，首先要求项目团队在立项阶段不仅制订项目实施的计划，还要根据对收益的预测制订收益评审计划，包括项目收益的类型、收益实现的时间、测量的方法和负责评审收益的人，并在项目结束前移交给负责日常运营的某一团队，由其负责后续的测量和评审工作并反馈给企业最高管理层，这样才有可能真正验证项目收益的实现情况。

在项目立项阶段根据对项目前景的预测制定和评审项目业务价值论证的文档并制订项目收益评审计划，在项目实施交付阶段根据项目所处内外环境的变化及时更新项目业务价值论证的文档，在项目结束前更新最终的项目业务价值论证文档并将项目收益评审计划移交给运营团队，由运营团队在项目产品的生命周期中进行项目收益的测量、评估和反馈给企业高层决策者，这样就建立了项目业务价值论证的完整闭环机制，确保项目对企业的发展是有价值的，避免失败的投资。

4.5 常用的投资评估技术

常用的投资评估技术以财务指标为主，毕竟，检验企业生命力最主要的方式还是企业的财务报表。因此，对项目价值的评估也最好能关联到财务指标上，能看到项目对企业财务报表的贡献，如项目整个生命周期成本、项目净收益、项目投资回报率（ROI）、项目净现值（NPV）、项目投资回收期、项目收益敏感性分析等。

然而，有很多项目的直接收益的体现并不是财务指标，很可能是与客户和市场相关的业务指标或与企业内部运营相关的过程指标。例如，有的评价指标是效率，有的是质量、交付周期、客户体验，甚至有的可能是品牌效应。这些评价指标需要再通过一定的逻辑进行推导，才能估算出项目直接收益对企业财务报表的影响和价值。但不论怎样，项目的直接收益都必须能测量，并且最好可以和企业高层最关注的财务指标产生关联性。

本章小结

项目是一种投资行为，企业投资项目的最终目的不在于产品，而在于收益。

作为项目运转的核心，合格的项目经理不仅要有很好的执行力，还要具备充分论证项目业务价值的能力，确保项目执行的方向与企业战略规划和领导的意图保持一致，帮助企业实现预期的项目收益。因此，当项目经理接到一个项目任务时，首先要思考的不是如何实现项目的预期产品，而是要思考什么样的项目产品能为企业带来什么样的收益，如何通过项目产品实现收益，收益将支撑企业的哪个战略目标。通过绘制项目产出到成果到收益再到战略目标的路线图，可以帮助项目经理和项目团队明确项目的产出、成果和收益，梳理在实现收益的路径中的关键任务、所需资源及主要风险，这是论证项目业务价值的重要步骤。

能够为高层领导提供一份清晰、完善的业务价值论证报告也是项目经理的必备技能。在梳理清楚项目从产出到成果到收益的路线图后，项目经理还需要组织项目团队收集更多详细的信息来编制项目的业务可行性分析报告。通过在报告中系统化地描述和分析项目收益及其实现路径、可选的业务方案及其各自的优缺点、实现收益所需的时间、资源及主要风险等关键信息，用最简单的语言，表述自己的意图，说服领导层支持自己的建议。经验证明，只有能站在领导层的角度讲清楚自己将如何实现其所期望的收益，并给出充分的证据，才能顺利地获得领导层的支持。

第 5 章

六步法第二步：以终为始，反推项目路径

Project Management With Limited Authority, 2nd Edition

如果说项目经理的时间只够学习和掌握三种与项目管理相关的技能，那么制订项目计划的技能一定是其中之一。因为项目管理是一种最典型的基于目标的管理模式，“以终为始”是项目管理的出发点。想明白了终点在哪儿，路怎么走，才能充满自信地出发。另两种项目经理必备的技能是论证项目业务价值的技能（六步法第一步）和组织项目阶段评审的技能。

在项目中有几个常见的现象是非常令人痛心的：

（1）哥伦布式管理。典型的哥伦布式管理是“走的时候不知道去哪儿，到了的时候不知道自己在哪儿，回来之后不知道自己去过哪儿”。作为探险家，这是没有问题的，但是作为以目标管理为导向的项目经理来说，这种做法会导致项目团队多走很多的冤枉路，还很可能根本就回不来了。

（2）三边法。所谓的“三边”就是在做项目的过程中“边计划、边实施、边修改”，这是一种典型的不计划先行动、随波逐流的工作方式。有人说“我这叫野蛮生长”，有人说“我这不叫不做计划，我这叫敏捷”，这些说法其实都是借口。因为预测未来是最辛苦和伤脑筋的，很多人只是不想在计划上费脑筋和花时间而已。事实证明，前期不多花时间做计划，在项目过程中就会遇到更多的意外和变数，就会不断地救火，就很难再回到正确的路上。

计划赶不上变化是项目工作的典型特征，因为项目是创新和变革的载体，干的都是跨界创新的事，实施道路上充满了不确定性，因此项目计划在执行中需要调整是必然的。然而，一些项目经理告诉我说“在我的项目里，总是计划赶不上变化，就不用做项目计划了，因为肯定会被调整”。这种做法是非常错误的，项目计划的产生就是由于项目中变数太多，因此要提前预测和推演项目的整个过程，才能搞清楚项目的实施过程中“什么是确定的、什么是不确定的”，才能提前选择最合适的路径，想好应对措施，做到胸有成竹地面对各种突发事件。因此越是变数多的项目越需要提前花更多的时间做好项目计划，并在项目过程中把项目计划作为自己前行的标尺，以确定自己走的路是否正确。没有计划的项目经理往往像在沙漠中找出路，由于缺少参照物，即使走偏了自己也难以察觉出来，经常原地打转而找不到终点。

5.1 项目任务书

公司高层下达的项目任务通常是项目的起点，项目任务书也是项目经理了解公司高层意图的重要依据。项目任务往往多种多样，幸运的时候，项目经理获得的项目任务书会来源于企业战略规划分解，有清晰的项目背景、目的、目标、期望成果及项目管理的相关要求。但是，有的时候项目任务却只是领导一个口头的要求，很让项目经理费解或摸不到头脑（见图 5.1）。

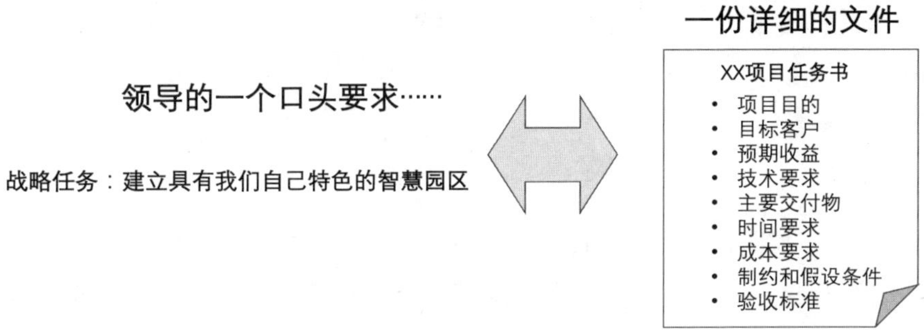

图 5.1　项目任务书示例

在这种项目任务不清晰的情况下，项目经理必须先想办法明确项目产生的原因、项目的真正发起人、项目的具体目标和领导对成果和收益的期望。澄清项目任务的过程会很不容易，有的时候，可能项目经理没有机会直接去问领导，只能通过和熟悉领导的人打听或揣摩领导的意图或根据公司的整体发展趋势来分析。不论采用何种方式，项目经理都一定要想办法澄清，否则的话，很有可能走错方向，导致不断返工和调整项目范围。

5.2 项目产品描述

为了能够充分了解项目客户的期望，项目经理必须与客户进行充分的沟通，并尽量采用客户的语言形成书面的文档，我们把这份文档称为“项目产品描述”（引用 PRINCE2 对这份文档的称呼）（见图 5.2）。通常，项目产品描述会成为项目目标和范围的依据。

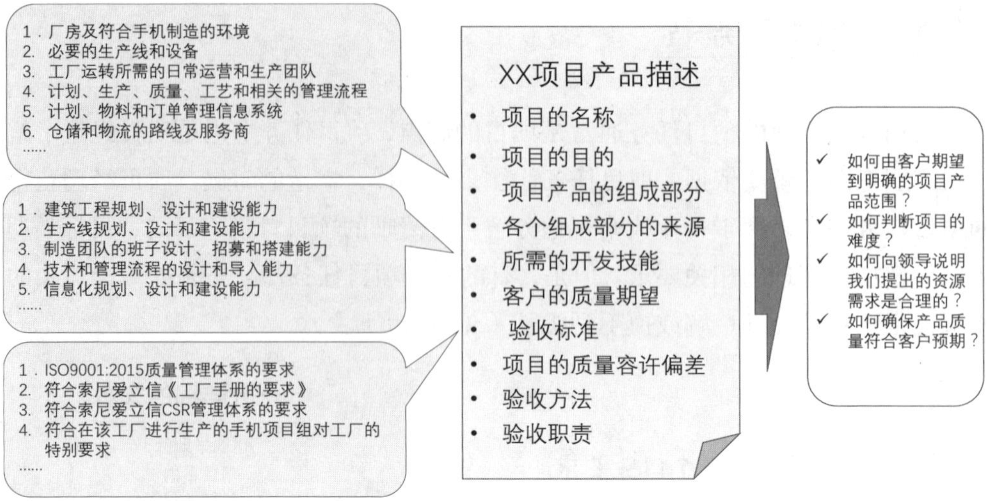

图 5.2　项目产品描述示例

制订项目计划是项目管理过程中最重要的环节之一，而且项目计划的最佳实践是“以终为始”。这里所说的终点是指“交付给客户约定的项目产品，满足客户的期望”。为了能够基于项目的终点进行以终为始式的项目计划制订，就必须先明确客户心目中的项目终点是什么。这就要求我们和客户充分交流并和客户达成共识，建立项目的初步目标。有的时候，客户也没想明白，讲不清楚到底要的是什么。这个时候，作为专业项目经理，就必须能够用专业的方法引导客户想明白其所期望的项目终点并与项目组达成共识。

这个时候，通常就会用到项目产品描述。在项目经理接到公司分派的项目任务后，必须尽快和项目客户就项目目标和交付物及验收标准达成共识，并形成书面文档。在项目产品描述中，最好用客户的语言或客户可以看得懂的语言重点描述如下几个要点，作为初期启动项目的重要依据。

1．项目的名称和目的

项目产品隶属于哪个项目？为什么会产生这样的项目？这两个问题需要在项目产品描述的开始进行阐述，确保该项目产品的必要性。

2．项目产品的组成部分和来源

为了确保客户和项目组对项目产品的内容没有歧义，项目经理需要对项目产品进行初步分解，明确项目产品的几个主要的组成部分及其来源（例如，有的产品组成部分在原有产品模块基础上进行升级，有的基于原有系统平台进行二次开发，有的在原有制度文件基础上进行优化，有的必须外购等），并和客户达成共识。

3．所需的开发技能

项目一定会跨职能和专业领域，因此项目组内一定会有来自不同专业领域的项目成员或专家。应该挑选什么样的人进入项目组必须有合理的依据，这个依据应该也来源于项目产品描述，因为项目产品描述是客户需求和客户期望的体现。因此，项目经理在与客户沟通项目需求、定义项目产品的组成部分之后，需要进一步定义为完成项目产品的不同组成部分，项目组需要具备哪些开发技能的专业人士，并将此作为向管理层请求相关人员加入项目组的有力依据。

4．客户的质量期望、验收标准、容许偏差、验收方法和验收职责

在领取了项目任务书后，项目经理一定要与最终使用者的客户代表（包括内部客户代表）进行直接和详细的沟通，确保正确定义项目产品的组成和客户的质量期望。客户的质量期望很多时候来源于客户的描述性语句或词汇，不同的人可能会有不同的理解。为了避免项目经理与客户代表对质量期望因理解不同而在项目验收阶段产生分歧，需要进一步与客户就项目产品质量的验收标准达成共识。验收标准是用来进一步解释客户质量期望的，这个标准必须是可衡量的，最好是定量的（可通过数字量化的），这样验收起来比较容易，也不容易产生分歧。如果客户的质量期望有多个方面的体现，那么项目产品质量的验收标准也必须有多个，以确保每个客户的质量期望都有一个或多个明确的验收标准。

有了验收标准，项目经理还需要就验收标准的容许偏差与客户达成共识。通常，项目产品质量的验收结果很难与目标的验收标准 100%相符，那么，“偏差在多少以内是可以接受的，偏差在多少以外是不可以接受的”，这需要和客户在项目初期达成明确的共识，并写在项目产品描述中，以避免验收阶段产生分歧。

对于项目产品质量的验收方法和验收的职责（应由什么人用什么方法来进行验收）也需要在项目初期明确，因为不同的验收方法、不同的验收人会导致不同的验收结果。

在与客户达成共识这一点上，我的经验是，最好能用客户的语言来写项目产品描述中要求的内容，这样客户才容易理解，通常客户也不会推翻自己的原话。

5.3 项目中的管理阶段与技术阶段

为了确保项目的过程受控，制订项目计划时一定要划分项目阶段，并按项目阶段进行项目评审和控制。

项目阶段的划分方式在不同的行业和不同的企业会有不同，最常用的有两种，一种称为技术阶段，另一种称为管理阶段（见图 5.3）。

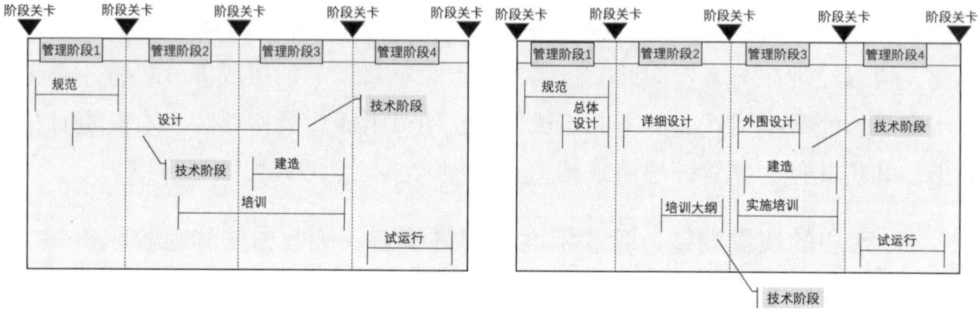

图 5.3　管理阶段与技术阶段示例

1. 技术阶段

在一个项目中通常会有多个技术或专业任务并行开展，每个技术或专业任务都会经历从启动到收尾的过程。例如，一个基于支持业务流程的 IT 开发类项目中一定会包含需求分析的任务、多个业务流程梳理和优化的任务、多个不同模块开发的任务等。这些不同的任务有时可以并行，有时必须串行，且各自都有独立的生命周期，但是相互之间又有联系。为了确保项目中的每个技术或专业任务有条理地开展，大家也会把它们进行阶段划分，通常会采用 Stage-Milestone 的模式，即“阶段—里程碑”模型。

工具

“里程碑”（Milestone）这个词大家都比较熟悉，也都经常在项目中使用，但是很多人并不了解项目里程碑在项目中真正的作用。里程碑本来的含义是马路旁边标识公里数的石碑，为了帮助在路上行走或开车的人确定自己走了多远。不论是开车还是走路，都很难做到完全匀速运动，因此走了一段时间之后就搞不清楚自己究竟走了多远了，必须通过一些固定的标识物才能确定实际走完的路程，推算还剩多少路没走完，因此里程碑是帮助行人判断自己走完路程的百分比的。“项目里程碑”在项目上的作用与之相同，也是用来衡量项目工作完成的百分比的。项目经理一定都有体会，在项目开展过程中，不管是技术类还是业务类的工作，想去衡量每个不同的任务完成了百分之多少是很困难的，因为项目中会有各种各样的技术或专业任务，在开展工作时也不是匀速的，所以不能完全按照时间的流逝来界定完成工作任务的比例。为了确定在项目过程中完成工作的比例，里程碑模式就产生了。

项目经理需要和项目组在制订项目计划时按照经验值在技术或专业任务的关键节点上定义几个里程碑，并定义该里程碑代表这一技术任务或专业任务已完成的百分比。例如，某项目的第一个里程碑节点代表完成了项目的30%，第二个里程碑节点代表完成了项目的 60%，第三个里程碑节点代表完成了项目的 80%，完成最终验收的里程碑代表项目已经被 100%完成。

和项目里程碑匹配的是技术阶段，在西方管理学中，通常用“Stage”这个词，因为它代表场景或舞台的含义，意味着从前一个技术阶段到下一个技术阶段，就好像在技术或专业任务的路径上从一个场景切换到另一个场景中。如方案设计的阶段、项目计划编制的阶段、项目开发阶段、测试的阶段、上线的阶段、试运行的阶段和推广阶段都是在同一项目中不同的场景，在这些场景中是可以考虑设置项目里程碑的。

2．管理阶段

管理阶段与技术阶段不同，它是企业管理层为了控制项目的资源投入，避免项目一旦启动就停不下来的现象而提前预先设定的项目关卡，以实现项目的分阶段评审和项目资源的分阶段投入，避免项目组一口气把所有的钱都花了，而没有机会在项目过程中确认项目的方向是否正确、项目价值是否还存在。

工具

管理阶段的常用模型叫作“Phase-Gate”模型，翻译过来叫“阶段–关卡”模型。Gate 本意是门或阀，它的特点是达到特定条件后才允许打开。这一点和项目里程碑是不一样的，里程碑就像马路上的石碑，只要经过时看一下，知道在哪儿后，就可以接着往下走了，但关卡是一定要达到特定条件才可以放行的。被称为“Phase”的阶段和被称为“Stage”的阶段也是不一样的，Stage强调场景的切换，而 Phase 强调时间的跨度。在项目的整个生命周期过程中，项目管理层要为项目每隔一段时间设定一个关卡，以保证项目不会走错方向了大家还不知道，避免项目把很多冤枉的钱花出去了却达不到预期的目标。打个比方，其实关卡就好像我们开车时的刹车装置。开过车的朋友一定都有体会，想开车上路必须先学会刹车。不会刹车，一旦开起来却停不下来的话，就会出大事故。开展项目也是一样的，项目启动容易、停止难。有很多企业的项目被称为“黑匣子工程”，项目开展过程不透明，项目团队犯了错误自己没有意识到的时候，其他人也发现不了，往往会酿成更大的问题。

因此，通过建立阶段–关卡模型使项目过程受控是成熟企业开展项目管理工作的普遍做法。关于阶段–关卡模型的详细信息，如图 5.4 所示。

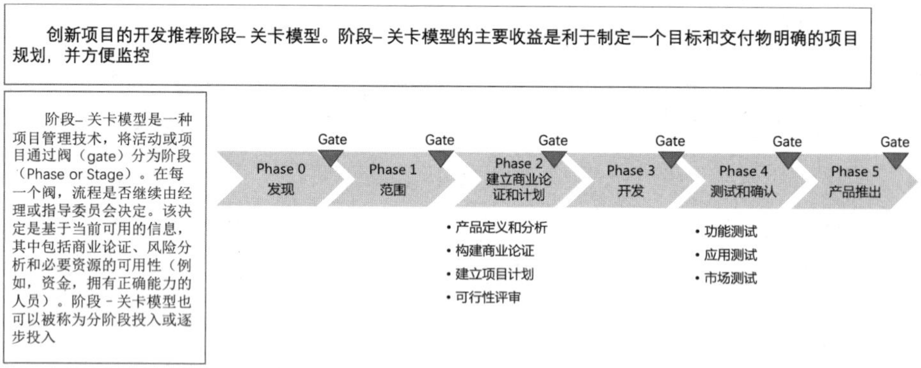

图 5.4　阶段–关卡模型

对于阶段–关卡模型中的每个关卡，不同的项目可以根据自己的特点制定评判项目是否值得继续投入的评价标准，作为代表组织整体利益的项目管理委员会评审的依据（见图 5.5）。

对于阶段–关卡模型中的每个管理阶段，项目管理委员会可以考虑从以下几个角度进行关注和控制：

- 阶段的目标和期望的结果。
- 承担的任务。
- 资源保证（人力、预算和设施）。

关卡Gate 评审的依据

必须满足（是/否）

■战略一致性
■技术可行性的理由
■满足EHS的政策
■回报与风险平衡后有一个积极的结果

应该满足（0～10分）

战略
项目与业务单元战略一致的程度
战略重要性
产品优势
独特收益
比现有产品或竞争产品更满足客户需求
财务价值
市场吸引力
市场规模
市场成长性
竞争态势

协同性（平衡核心能力）
市场协同性
技术协同性
制造/流程协同性
技术可行性
技术差距
复杂性
技术不确定性
风险与回报
期望收益（如NPV）
回报（如IRR）
回收期
回报的确定性

图 5.5　阶段-关卡模型中关卡的评审依据示例

- 要求的里程碑，包括开始和结束的日期。
- 正式的检查，为一个项目阶段到下一个项目阶段或项目结束所取得的进展打分，为未来的项目获取相应的知识。
- 风险降低策略。
- 促进创新的工具和技术（创造性、战略情报、知识产权管理等）。

大家通常所说的项目立项评审，就是在项目管理过程中最重要的项目关卡之一，因此立项之前和之后分属于不同的管理阶段。

5.4 最佳实践：三层次项目阶段评审模式

项目管理成熟度比较高的企业通常会采用三层次项目阶段评审模式（见图 5.6）。在这种模式下，项目团队在结束当前管理阶段、进入下一个管理阶段前，必须经过三次管理评审才可以通过关卡。

1. 第一层评审

也就是底层的项目评审，由项目经理组织所有项目成员共同评估项目的进展和项目阶段目标的达成情况，确定项目当前阶段该完成的工作是否完成，这是对任务完成程度的评审。

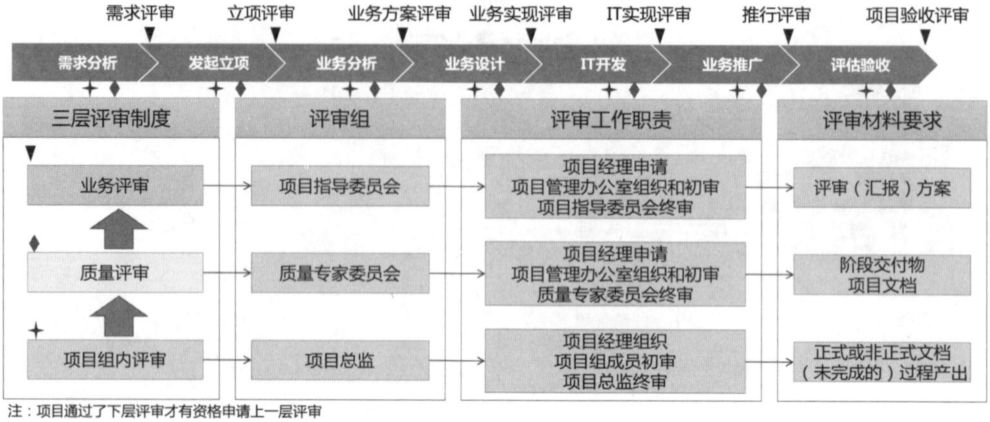

图 5.6　三层次项目阶段评审框架示例

2．第二层评审

当项目团队内部评审通过后，由项目经理申请质量管理委员会或技术管理委员会进行项目阶段交付物的质量评审，这次要评审项目交付物有没有达到预期的质量标准和技术标准，这个评审必须由组织指派的质量专家组或技术专家组来进行。

3．第三层评审

当项目团队通过了质量评审后，就可以申请代表组织管理层的项目管理委员会（代表组织内各个利益相关部门进行集体决策的领导小组）站在组织战略的高度和业务价值的角度，根据项目团队的目标达成情况、项目阶段交付物的质量水平和当前组织的状况，评估当前的项目进展是否可接受，并决定是否同意给项目团队提供开展下一个管理阶段所需的资源。

在评审过程中，一定要避免一个操作误区。为了节约时间，有些企业就把项目的质量评审和业务评审合并成一个评审会议。这个时候，就会出现一些问题，一些业务部门的专家或领导明明不是很懂技术，却偏要评判项目的技术和质量，有时还会提出一些额外的要求，造成了项目范围的蔓延；有些技术专家明明不对项目的业务价值或项目收益实现的结果负责，却非要参与项目业务价值的评审，并且提出一些不以客户为导向的建议，导致很多错位的出现，造成了项目团队的目标和范围的混乱。在项目阶段评审时，项目的质量要求与项目上线的进度要求时常会出现冲突。由于项目团队资源有限，无法同时达到两方面的要求，只能要么保质量，要么保进度，代表不同职能的领导就会因此而产生分歧，达不成共识，造成阶段评审会议的混乱。因此，为了避免这些情况的出现，最好把基于技术的质量评审和基于业务价值的业务评审分开进行。

5.5 产品项目管理模式端到端流程框架

图 5.7 是**某知名欧洲移动通信行业产品项目管理模式的阶段划分模型示例**。我们可以看到，顶层是项目的管理阶段划分，有概念研究、预研和可行性研究、实施和大批量制造阶段。与项目的管理阶段相匹配，项目过程中预设了不同的**业务关卡**，用来控制项目资源的投入。在管理阶段之下，是**项目质量关卡**，它是基于项目端到端流程各个环节的关键质量控制点的。

制订项目计划时，一定要关注项目的端到端流程，因为项目的问题经常出现在职能部门衔接的地方。通常一个部门自己干自己的活都不太会出问题，一旦涉及不同职能部门的交接，就容易出现双方都不管的灰色地带，产生问题。因此项目端到端流程梳理的目的，是帮助项目团队打通项目从初始到目标达成的整条路径，识别项目的关键路径和核心价值链，在项目初期就识别出容易出现问题的跨职能工作的交汇点，提前设置项目里程碑或项目关卡，降低项目过程中出现问题的概率。

5.6 基于产品的规划技术

基于产品的规划技术来源于 PRINCE2，侧重于以客户为导向和以结果为导向制订项目计划来促进项目中的沟通与控制，很适合在项目不确定性情况较多的环境下使用。

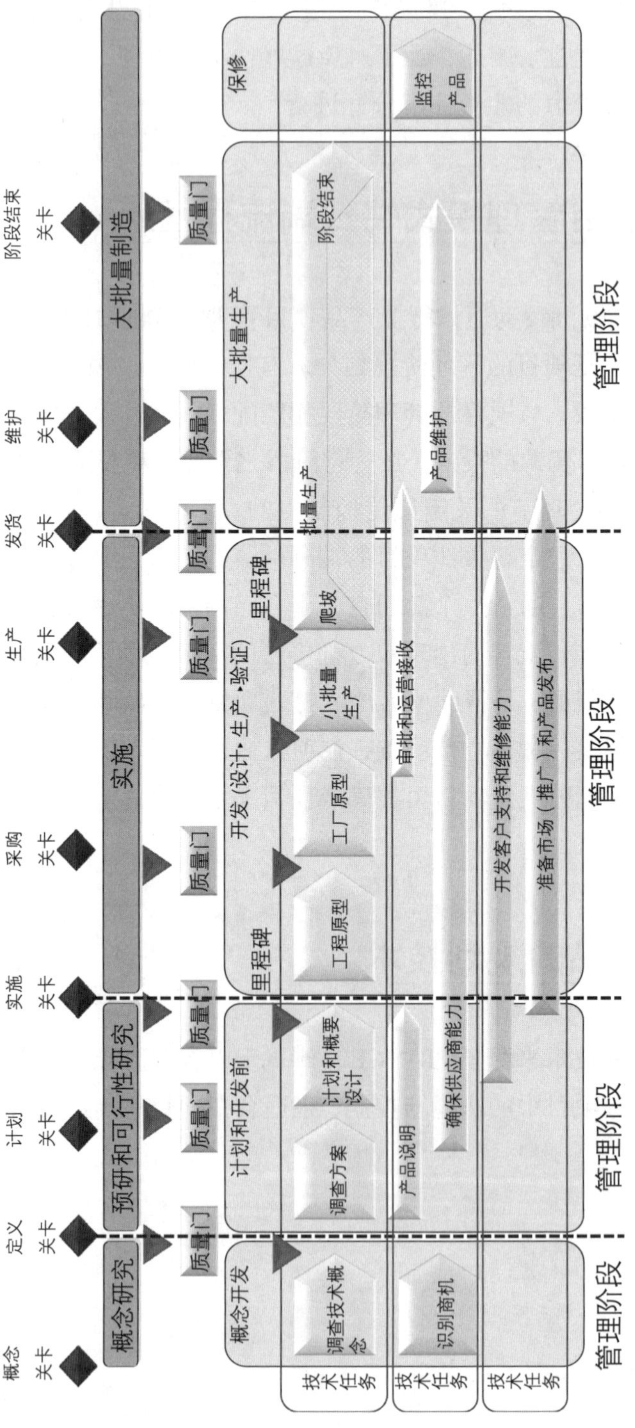

图 5.7　某知名欧洲移动通信行业产品项目管理模式的阶段划分模型示例

1. 制订项目计划的目的

在基于产品的规划技术模式下，需要重新定义制订项目计划的目的，即“通过定义交付产品的方式来促进沟通与控制”（源自 PRINCE2）。这句话听起来有些拗口，但仔细想想，会觉得很有道理，因为它讲出了制订项目计划的真正意义。

根据这样的定义，我们首先看到，制订计划的目的其实是促进项目中的沟通与控制。项目中沟通不畅和项目过程不受控一直都是所有项目经理最头疼的问题，也是对项目经理能力最大的考验，但是往往被大多数项目经理所忽略。项目计划其实就是帮助项目经理应对上述两大难题而诞生的最有力的工具。中国有句谚语：“好的开始是成功的一半。”我认为当项目经理和项目团队可以共同制订出一份科学的项目计划的时候，就是一个项目好的开始，也代表着项目至少成功了一半。因为，这时候项目经理和所有的利益相关方已经就未来如何开展项目和如何对项目产品进行验收进行了充分的沟通并达成了共识，大家对在未来工作中各自的分工及不同利益相关方之间的依赖关系和配合方式已经心中有数，这为项目后续开展过程中不同项目相关方之间的沟通和协同打下了坚实的基础，确保大家愿意遵守共同的秩序和规则。所以，一份好的项目计划可以非常有效地提升项目中的沟通与控制。

从计划的这个目的中，我们还可以看到，在基于产品的规划技术中，我们倾向于通过定义产品的方式来达成促进项目沟通与控制的目的。定义产品是干什么呢？其实就是要求项目团队从项目初始就搞清楚项目的客户到底期望什么样的产品。但很多时候，客户自己也讲不清楚，这就要求项目经理和项目团队必须要与客户共同分析和定义双方都能接受的项目产品到底是什么样的，否则的话，很有可能由于项目团队与客户在初始阶段对项目产品的理解相差很远，而导致项目范围在项目过程中被一再改变，造成资源的浪费。按照以终为始的原则，客户可以满意地验收项目产品是项目团队所期望的项目重要成果之一。因此，项目团队在项目初始阶段与客户共同定义出双方都不会产生误解的项目产品，制订一份科学的项目计划是前提条件。

然而，定义产品很不容易！当定义一个产品的时候，定义的一定不仅是客户期望的产品性能，还要考虑我们的开发和交付能力，考虑我们为客户做出这个项目产品对项目发起方的价值和意义到底是什么。当我们把项目的发起方、项目客户和项目建设方（内外部供应商）的需求都了解清楚了、想明白了，而且在他们之间找到了最佳平衡点，我们才有可能定义出一个优秀的项目产品。因此，定义项目产品的过程其实也是项目经理带领项目团队寻找如何有效整合客户需求与自身供给能力的最佳解决方案的过程。

很多企业都有标准的项目模板，规定了项目的结构和关键节点的交付物，貌似很科学，但是使用的效果并不好。究其原因，就是因为一些项目经理只注重制订计划的过程步骤而忽略了对项目产品的定义。例如，绝大部分信息化类的项目基本上都可以分为方案、计划、开发、测试、上线、试运行、推广等几个阶段，不但项目阶段差不多，而且每个阶段内干的事也都差不多。但是不同类别的信息化项目，由于支持的业务类型不一样，客户所期望的项目产品可是千差万别的。如果项目经理从一开始就没有特别关注客户个性化的期望，而按照自己熟悉的套路直接开始项目的开发和交付工作，就很可能出现项目团队虽然加班加点干得很辛苦但客户仍然对项目的最终产品不认可的现象。

2. 基于产品的规划技术六步法

参照 PRINCE2 的规划技术框架，结合我自己的实践经验，我把基于产品的规划技术分解为六个关键步骤（见图 5.8）。

第一步：项目产品描述的编制。

首先要制定一个项目产品描述。项目产品描述反映了客户对整个项目结果的质量期望和客户对产品的要求，是把项目的所有产品看作一个整体产品的描述（详细请见 5.2）。

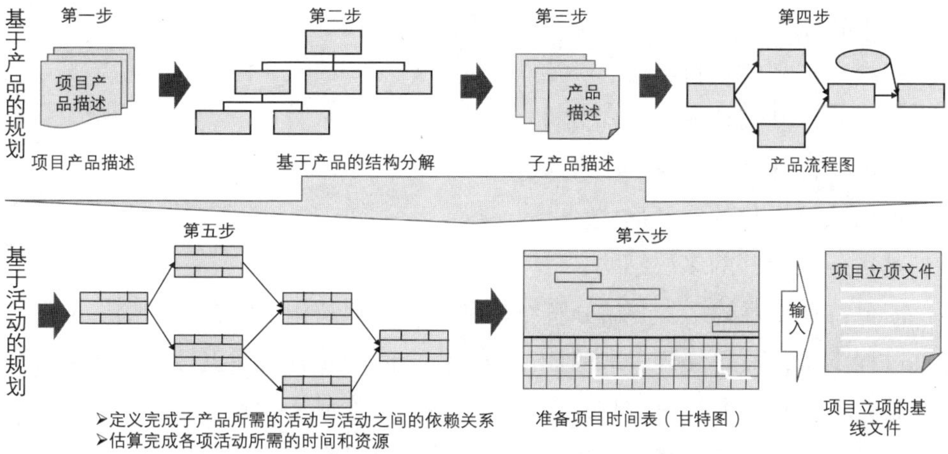

图 5.8　基于产品的规划技术过程

第二步：产品的结构化分解。

有了项目产品描述后，项目经理要组织项目团队对它进行结构化分解。这一步很重要，因为通常客户只关心项目的最终产品，并且关心的是整体效果。然而对于项目团队来说，必须要把客户心目中的最终产品进行拆分，一件一件地开发出来，再整合到一起，以达到客户期望的整体效果。为了避免在对项目产品进行拆分的过程中遗漏一些部分，拆分时必须采用结构化的方式按不同的层次和类别逐层进行拆分，确保项目范围的完整性。这个把项目整体产品拆分成项目不同子产品的过程，称为产品分解的过程（见图 5.9）。

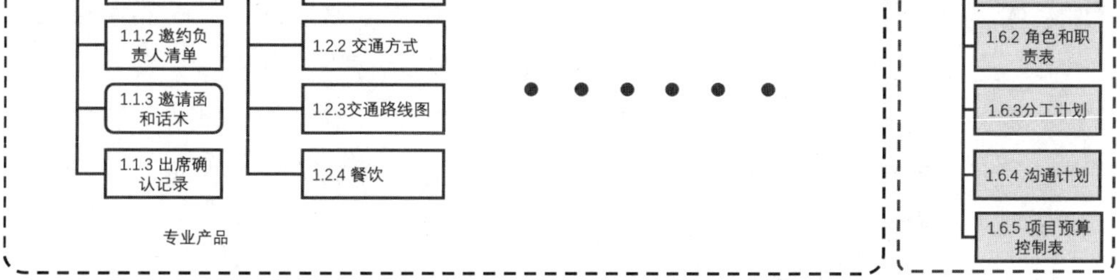

图 5.9　大型会议的产品分解结构（含管理产品和专业产品）示例

在产品分解的过程中，要考虑以下几个方面：

- 描述产品的物料组成。
- 反映产品的功能和结构划分。
- 由部件和文档组成。
- 树状结构化的展开形式。
- 可逐级展开的多层结构。

需要特别注意的是，产品分解结构和工作分解结构是完全不同的。工作分解注重过程步骤，因此分解出来的往往是工作，而产品分解注重结果，分解出来的必须是具备验收标准的交付物或产品（包括阶段产品）。

产品分解可以帮助项目经理和项目团队更清晰地定义项目的范围边界，而且不容易与客户产生分歧。因为产品的验收标准更容易界定，而动作的验收标准很难界定。而且，现在大多数项目都追求以客户或市场为导向，当站在客户的角度时，项目的范围不取决于项目团队干的活的多少，而取决于客户期望的所有子产品是否齐全。因此，如果我们倾向于在项目中做到客户导向，那么在项目管理的过程中就应该侧重于产品而不仅是过程，所定义的项目范围最好可以通过项目产品的集合来描述。例如，一个项目子产品的核查清单包括每个子产品的质量标准和验收标准。那么，当客户验收产品时，只要通过产品核查清单核对项目子产品数量及每个项目子产品符合质量标准的证据就可以了。这一份项目子产品的核查清单同时也是核实项目范围的依据。如果发现项目中的工作并不会贡献于项目产品核查清单中的产品，我们正在干的活很可能是项目范围以外的了，就应该考虑是否需要申请调用项目范围变更流程了。

特别提示

在进行项目产品分解的时候，一定不要遗漏项目的管理产品。在项目管理领域，通常会把项目的产品分成两大类，一类是专业产品，另一类是管理产品。专业产品是指项目的实际交付物或实际交付物的阶段产品，就是最终客户要进行验收的东西；管理产品通常并不是客户所需要的，是为了保障项目过程顺畅和受控而产生的管理文档，如项目计划之类的项目基准类文档、项目过程中产生的各种记录类文档和项目过程中的各种报告等。站在项目管理的角度来看，这些管理产品也是项目过程中非常重要的产品，因为项目经理的主要工作就是保障项目过程顺畅、受控，成功达成项目目标，因此项目的管理产品也是项目经理的主要工作交付物。然而，在实际项目工作过程中，尤其是在统计项目工作量时，项目经理很少会遗漏项目的专业产品，却经常会忘记统计交付的管理产品的工作量。尤其是很多技术出身的项目经理，规划项目工作时，脑子里充斥的都是项目中的技术工作或专业工作，总觉得开会、汇报、记录这些工作不能算正经活儿。然而，事实证明，在项目管理实践中，耽误时间的很可能就是这些不算正经活儿的工作：开会太多、写文档的工作量太大导致大家没时间从事专业的交付工作，等审批的时间太长导致项目延期……无数经验教训告诉我们，在制订项目计划时，交付诸如项目计划、报告、记录之类的管理产品的工作量和时间一定不能忽略。

产品分解和工作分解各有利弊，综合使用效果最好。为了做到在项目中以客户为导向，我建议基于产品的规划技术方式：先采用产品分解来明确客户具体需求及为项目成员分派工作，后采用工作分解估算为了完成各个子产品及整体项目产品所需的时间和资源。

第三步：编写项目子产品描述。

我们需要对分解出来的每个子产品用文档进行详细的描述，这些文档称为项目子产品描述。项目的产品分解用来帮助项目经理划清项目边界，而项目的子产品描述是帮助项目经理与承接项目中不同任务的负责人进行正式沟通和控制的重要管理产品。在开展项目的过程中，项目经理和承接项目具体任务的负责人经常会因为任务的分配和完成情况产生分歧和矛盾，这也是项目沟通不好的一种表现。为了避免这个问题，需要在项目一开始就把任务讲清楚，落在白纸黑字上，并和承接任务的人达成书面共识，避免双方因为交代不清或理解不同造成不必要的问题。那么，分配任务的依据从哪里来？应该来自项目产品分解，就是我们所说的项目子产品描述。

当我们描述项目子产品时要特别注意明确以下信息：

- 子产品的目的和组成。
- 质量标准和容许偏差。
- 必须应用的质量方法和技术。
- 负责质量管理、评审和验收的角色和职责。

很多项目经理会对把项目产品分解到什么程度感到困惑。在以制订计划为目的进行项目分解时，世界上有两种不同的主流思路，一种来源于美国，另一种来源于英国，各有利弊。美国人比较喜欢把项目分解做到极致，即把项目分解到最小单元。因为美国人觉得分解的颗粒度越小，量化越容易，估算的时候精确度越高，估算结果越准确，管控起来也就越容易。但是分解的过程很痛苦，因为在管理成熟度较低的企业里很多活都是混在一起干的，想在短时间内把混成一团的活都梳理清楚还真是不容易。而英国人则比较倾向于把工作分解到可以落实到个人身上就可以了。不论项目产品包含了多么复杂和大量的工作，只要能找出一个合适的人来负责，产品分解就可以停止了。我们可以把这个合适的人任命为项目中这个子产品的负责人，授权他全权负责这个子产品的组织、交付和协调，为他提供项目子产品描述作为重要的交付物验收标准，并依据为这个负责人设定的目标来对他进行考核。

由此可见，在进行产品分解工作的背后，其实是在努力寻找适合承担项目中不同子产品的负责人。只要能找到一个合适的人来承担项目的子产品，就可以通过目标管理和控制的方式来确保该子产品的交付和验收。而且参照英国管理的特点，项目经理尽量不插手项目具体任务的工作细节，给予承担项目子产品的负责人明确的目标、底线和充分的灵活度。

特别提示

当编写项目子产品描述的时候，需要特别注意的一点是，尽量要用项目任务负责人能看得懂的专业语言来进行编写，确保双方不会产生理解上的分歧。所以项目经理不好当，得熟悉各种不同背景和担任不同角色的人的语言。例如，对于IT 类的项目，我们在编写项目产品描述的时候，相当于对客户的需求进行分析，就得用业务的语言去表述，这样客户才看得懂；当我们与项目组中承担具体开发任务的负责人沟通的时候，就得用开发的语言进行描述，告诉他要完成什么工作；当我们与项目组中承接运维的负责人沟通的时候，就得用运维的语言对要完成的工作进行描述。这时候我们就发现，项目经理如果不懂这三种不同性质的工作语言的话，就没法和相关的负责人进行有效的沟通，因此项目经理为了完成项目就得跨界学习。

第四步：绘制项目产品流程图。

绘制项目产品流程图的目的是识别项目端到端交付的路径和明确项目中的子产品与子产品之间的依赖关系。识别项目端到端的交付路径可以帮助项目团队找到达成项目目标的最短路径，有助于节省时间和资源。那为什么还要明确产品与产品之间的依赖关系呢？因为每个产品背后都有负责该子产品的负责人，他们之间不会自然而然地产生协同性。如果没有专人帮助他们梳理工作之间的依赖关系，帮助他们协调工作的先后顺序和他们之间的沟通的话，就会出现很多问题，导致项目延期和成本超支。这个专人显然就是项目经理了。为了能帮助他们搞清楚相互之间的依赖关系，得首先帮助他们梳理他们各自负责的子产品之间的关系，而这其中所使用的就是产品流程图（见图 5.10）。

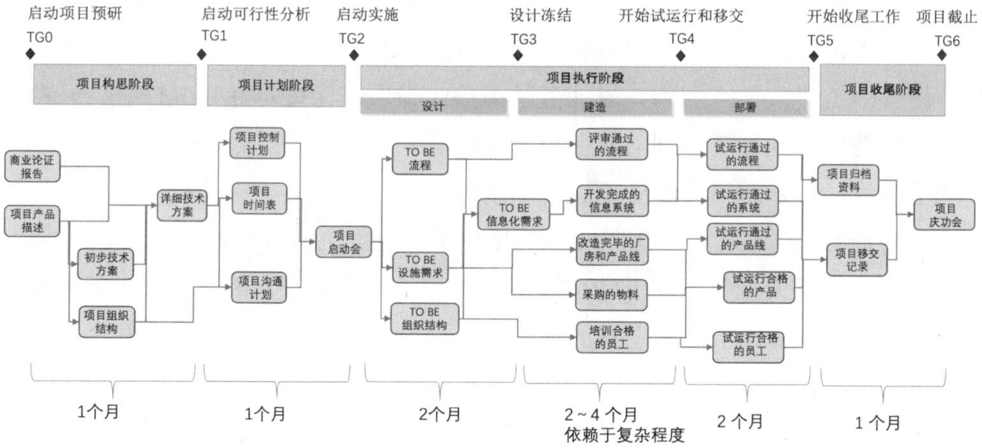

图 5.10　手机工厂流程再造项目产品流程图示例

在绘制产品流程图时，项目经理需要重点思考负责某个子产品的任务负责人应该要等到负责哪个子产品的任务负责人给到他什么东西才可以开始自己的工作，同时他要在不晚于什么时候把他的什么输出物给到负责另一个子产品的任务负责人才可以保证项目的整体进度。虽然表面上是在定义子产品与子产品之间的关系，但是实际上定义的是负责不同工作的任务负责人之间的关系。只有他们之间的依赖关系清晰了，才能找到项目的关键路径，这有助于项目经理合理地分配项目的稀缺资源。项目经理在后期估算时间和资源时才能够挤出子产品任务负责人估算中的水分，并合理地压缩项目周期。

第五步：估算项目资源和时间。

当通过产品分解明确了项目的范围和不同的项目子产品，并通过产品流程图明确了项目端到端交付的路径及不同子产品之间的依赖关系之后，我们才可以进行项目资源和时间的估算。

通常估算有两种最常用的方式，一种是自上而下的估算方式，另一种是自下而上的估算方式。许多企业，自上而下的估算很多时候就是拍脑袋估计一个数字出来，但其实拍脑袋也是基于个人的历史经验，我们也称为专家判断法。通常企业的领导会采用拍脑袋的方式估算一个项目整体时间和资源的经验值，但这个数值往往是一个假设项目中所有工作进行得都很顺利的理想值，估算的时间和资源都较少。项目中采用自下而上的估算方式也比较普遍，就是让项目团队中负责各个子产品的任务负责人分别估算完成各自子产品所需要的资源和时间，然后再由项目经理进行累加，最终得到完成项目所有工作所需要的时间和资源。由于承担具体任务的负责人会考虑到完成任务的风险，为了确保按目标完成任务，通常都会放一些缓冲时间和资源到估算值里，因此自下而上的估算值往往远大于自上而下的估算值。一方面项目成员不愿挤出水分，另一方面领导要压缩项目工期还不给额外的资源，双方互相不认同对方的估算值，这就让项目经理非常难做。当然，最常见的解决方式就是把双方的估算值折中后，再说服双方接受。从西方的项目管理最佳实践来看，不论是企业的项目还是政府或军队的项目，通常都会采用三点估算的方式来进行估算。

工具

项目管理必备工具：三点估算法

三点估算法起源于项目计划评审技术（Project Evaluation and Review Technique，PERT），最早是由美国海军在计划和控制北极星导弹的研制时发展起来的。计划评审技术成功地使原先估计的研制北极星潜艇的时间缩短了两年。

三点估算法的特点是通过考虑估算中的不确定性和风险，提高活动持续时间估算的准确性，使用三种估算值来界定活动持续时间的近似区间：

（1）最可能时间（t_m）。基于最可能获得的资源、最可能取得的资源生产率、对资源可用时间的现实预计、资源对其他参与者的可能依赖及可能发生的各种干扰等，所得到的活动持续时间。最可能时间通常需要从相关类型项目的历史数据中获得，找到最常出现的情况。

（2）最乐观时间（t_{σ}）。基于活动的最好情况（最理想状况，所有风险都未发生），所得到的活动持续时间。

（3）最悲观时间（t_{p}）。基于活动的最差情况（所有风险都发生了），所得到的活动持续时间。

PERT 分析方法对以上三种估算进行加权平均，来计算预期活动持续时间（t_{E}）：

$$t_{E}=\frac{t_{\sigma}+4t_{m}+t_{p}}{6}$$

事实证明，用以上公式（甚至用这三种估算值的简单平均公式）计算出来的估算时间更加准确。所以，绝大部分管理成熟度高的企业基本上都采用这种估算方式来估算项目中各个任务所需的时间和资源。

第六步：绘制可视化的项目计划（甘特图）。

完成项目时间和资源的估算后，项目经理要综合之前获得的所有信息制订一份科学的项目计划（含时间表）来反映项目的整个过程，以此作为开展项目时控制项目时间和资源的标尺，并作为测量时间和资源偏差的依据。谈到时间表时，不得不提及项目管理发展史上一个非常伟大的发明——甘特图，它通过一个不同的视角可以更直观地展示时间表，方便大家对偏差的识别和控制。以前的项目时间表都是一堆数据摆在那儿，很难一眼看出到底有没有发生偏差，以及哪部分的偏差比较严重。应用甘特图将时间表的数据进行图形化处理后，一下子就可以看到时间的偏差及偏差的程度。

工具

项目管理必备工具：甘特图

甘特图（Gantt Chart）由著名的美国工程师亨利·甘特于 1910 年开发，通过条状图来显示项目进度和其他内在关系随着时间进展的情况（见图 5.11）。

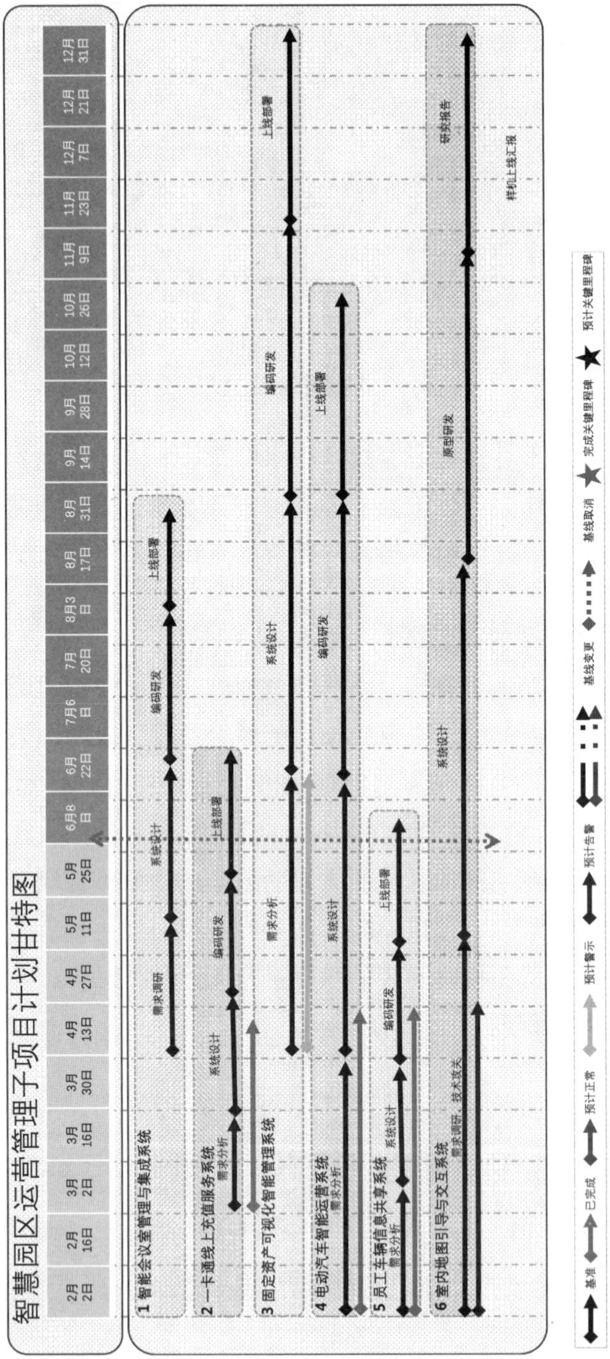

图 5.11　××公司智慧园区项目的园区运营管理子项的基于甘特图的项目计划示例

甘特图以图形或表格的形式显示活动和进度，它应包括实际日历日和持续时间（除非加班，否则不要将周末和节假日算在进度之内）。

甘特图的优点：

- 图形化，易于理解。
- 中小型项目一般不超过 30 项活动。
- 有专业软件支持，无须担心复杂计算和分析。

甘特图的局限：

- 甘特图事实上仅仅部分地反映了项目管理的三重约束（时间、成本和范围），因为它主要用于进程管理（时间）。
- 软件的不足。尽管能够通过项目管理软件描绘项目活动的内在关系，但是如果关系过多，纷繁芜杂的线图必将增加甘特图的阅读难度。
- 为了不至于转移阅读者的注意力，最好避免使用栅格。

另外，甘特图与我们平常使用的时间表是两种不同的任务表达方式。甘特图可以令人直观地知道有哪些任务在什么时间段要做，而时间表则提供更精确的时间段数据。两种方式各有利弊，在项目中配合使用效果最好。制作甘特图的工具，有专门的软件如 Gantt project、Gantt Designer 和 Microsoft Project 等，当然你也可以在 Microsoft Excel 中手动绘制（见图 5.12）。

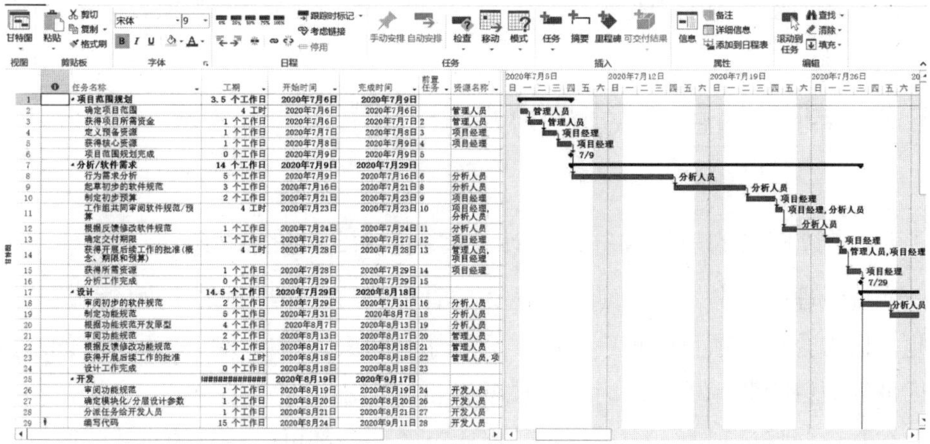

图 5.12　含工作分解、活动工期、活动依赖关系和资源名称的甘特图示例（MS Project 版）

5.7 制订项目计划的两个阶段

通过基于产品的规划技术制订项目计划的过程可以被分为两个阶段，这两个阶段的视角不同。第一个阶段叫作基于产品的规划阶段，是站在客户的视角来看待项目计划的；第二个阶段叫作基于活动的规划阶段，是站在企业和项目组的视角来看待项目计划的。

（1）在基于产品的规划阶段，项目经理和项目团队主要关注如何把客户的期望转变成一个文档，通过对这个文档进行科学的分解细化这个项目的范围，然后再把分解后的各个任务以子产品描述的形式派给不同的任务负责人，最后再定义负责不同子产品的任务负责人之间的关系以确保他们可以在项目中协同工作。

（2）在基于活动的规划阶段，项目经理要和每个负责不同子产品的任务负责人共同分解为了完成每个子产品所需要的活动、不同活动之间的依赖关系及完成这些子产品及相关活动所需要的时间和资源。这里需要项目经理注意的是，对于每个子产品的活动分解、定义这些活动之间的关系及估算相关的时间和资源的工作应主要由负责该子产品的任务负责人来完成，并将结果与项目经理共同进行评审和确认。从项目管理的角度，不建议项目经理过多参与或干涉任务负责人应当自己完成的工作。在此之后，项目经理应整合所有相关的信息，形成含时间表的项目计划，并把这个项目计划作为项目立项报告的一部分，成为项目的基准文件。

5.8 制订项目计划时的几个心得

1．通过任务的串行和并行设计，实现项目工期的调整

项目经理的使命之一就是通过优秀的管理技巧缩短项目的工期，节约资源。因此，作为合格的项目经理一定要学会压缩时间表，挤出项目中不必要的水分，尝试带领项目团队用更短的时间完成项目目标。

在制订项目计划时一定要记得，当所有的任务都可以并行的时候，项目的时间一定是最短的，但资源在同一时间的使用量是最大的；当所有的任务都只能串行的时候，资源在同一时间的使用量是最小的，但项目的时间一定是最长的。因此，当我们希望缩短项目时间时，在资源许可的情况下，一定要尝试让更多的任

务在同一时间并行开展。然而，我们同时又要考虑到，承担子产品的任务负责人其实并不一定能确保在同一时间把所有的资源都 100%地投入我们的项目中，尤其在矩阵型的组织结构下。当每个任务负责人在同一时期要参与多个项目的工作，甚至还要承担很多职能部门自己的工作时，他们一定希望拉长项目周期以确保自己可以拥有更多的缓冲和调整工作时间的灵活度。这样势必造成项目经理和承担子产品的任务负责人在估算完成任务所需时间这个问题上产生博弈。

站在项目经理的角度来思考时，为了确保项目目标的达成和客户满意，有时必须要缩短项目工期，因此要能识别出完成项目可能的最短时间。客户通常是不考虑项目中资源投入多少的，通常只期望在最短的时间内获得质量最好的产品。因此，当我们站在客户的角度制订项目计划时，暂时先忽略资源可用性的因素，在假设资源无限多、交付团队产能无限大且配合度相当高的情况下绘制项目产品流程图。这时候，能并行交付的产品肯定就并行规划了，但凡需要串行规划的往往是因为子产品之间存在互为输入输出的依赖关系导致不可以并行。这时候，如果我们可以获得足够的资源来支持项目中的所有并行产品或任务，那么项目周期一定是最短的了，因为我们已经把能并行的任务全都并行规划了。之后，再拿着这个最理想状态的时间表去同资源负责人或任务负责人的领导讨论这个时间表的可行性，根据他们可以做出的资源承诺再逐步拉长这个时间表，这样获得的时间表中的水分相对是较少的（见图 5.13）。

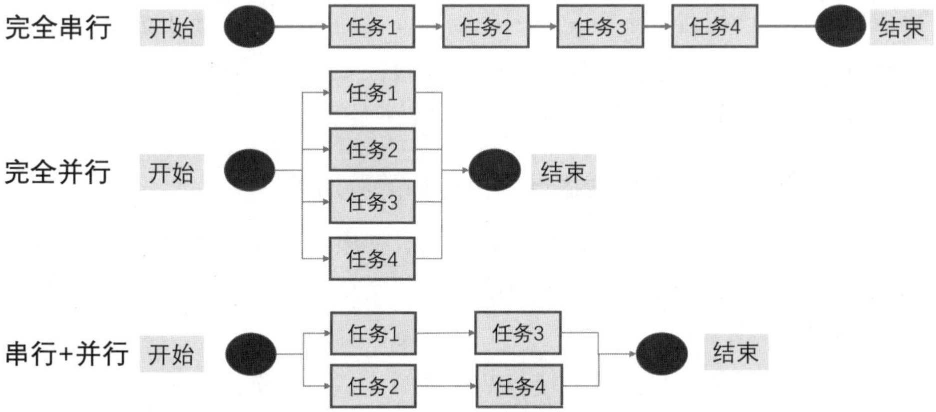

图 5.13　项目任务的串行与并行

特别提示

如果项目经理从一开始就让各个任务负责人在考虑了他们各自资源可用性及风险的情况下来估算项目周期，那么时间表中的水分一定会很多，因为他们会本能地为自己预留很多缓冲的时间。这时候，项目经理如果再想把这些缓冲挤出来是很困难的，除非项目经理比这些专业任务负责人更精通他们各自承担的任务，否则很难说服他们释放缓冲。如果项目经理从一开始就基于不考虑资源可用性的假设下把项目周期压缩到最短，再让承担专业任务的任务负责人来证明他们必须要串行哪些任务和增加缓冲的必要性，这样做对项目经理来说更加有利。通过对子产品或项目任务的并行及串行设计可以在很大程度上调节项目的周期和资源，这是项目经理在制订项目计划时必须掌握的技能。

2. 区分项目子产品是内部依赖还是外部依赖关系

当我们识别项目子产品的依赖关系时，内部和外部依赖是要分开标识的，尤其要标注外部依赖关系，如需要客户提供的信息或外部供应商承担的子产品或需要外部监管机构审批等。因为，通常内部的工作相对可控性较高，如果遇到了延期或质量的问题也相对比较好协调。但是，由于外部的合作机构或供应商的目标和利益与自己企业不同，而且可能会受到很多商业条款或政府法规的约束，导致沟通和协调的工作相对更不容易，因此要更谨慎地对待并充分考虑相关的风险。在制订项目计划时，根据相关项目的历史经验，为外部依赖的产品确定内部负责人并预留更多的缓冲是很有必要的。

3. 尝试采用滚动式规划提升项目计划的灵活性

滚动式规划是一种更加科学的规划方式，在项目过程中灵活性更好，调整起来更容易，可以有效地减少项目变更的数量，尤其对于复杂程度高、周期较长的项目更加适用。

滚动式规划的前提是需要把项目的计划分为三个层次，即项目整体计划、项目阶段计划和每个项目阶段内的子产品工作包计划。

（1）项目整体计划通常是高阶计划，属于宏观计划，更多地描述整个项目的周期和资源计划及项目需要被划分成几个不同的管理阶段，每个管理阶段的时间长度、所需的资源、交付的阶段产品、相关阶段产品的责任人、阶段的验收标准、评审方式等。项目整体计划通常用于给项目的领导团队、决策团队或项目管理委员会了解和管控项目，不需要太多细节，更多地是对时间和资源使用的整体控制，因此需要在项目正式实施前完全确定下来，并将此作为项目的基准。

（2）项目的阶段计划最好按管理阶段滚动规划。项目具有渐进明细的特点，导致我们对未来的预测不可能特别准确，所以项目计划永远是赶不上变化的。因此一定要提前为项目计划预留出可调整的空间，这个调整的灵活度通常放在阶段计划这个层面。通常的做法是，当我们每临近一个管理阶段结束的时候，再去细化下一个阶段的详细阶段计划，而不是在项目立项阶段就把每个管理阶段的详细计划都制订出来，因为预测准确性太低。然而，当我们临近当前管理阶段结束时，基于当前的项目进展，项目团队应该已经有足够的信息来预测下一个管理阶段的具体工作内容了。

（3）项目管理阶段内的子产品工作包的详细计划，最好在所属的管理阶段正式启动后由项目经理要求相关任务负责人进行详细计划会比较准确。

综上所述，项目滚动式规划的特点是在项目立项阶段确定项目的整体计划即高阶计划作为基线并制订下一个管理阶段的详细计划，然后在每次临近当前管理阶段结束时组织项目团队共同制订下一个管理阶段的详细计划并获得项目领导小组或项目管理委员会的评审批准。每个管理阶段内的子产品工作包的详细计划通常在所属管理阶段开始后由负责的任务负责人进行编制并获得项目经理的认可。

4. 在项目计划编制过程中一定要识别风险

项目风险管理的好坏是决定项目成败的关键之一。然而，在项目实施过程中，不确定性无所不在。为了找到真正需要项目经理和项目团队关心的风险并加以有效地控制，必须借助制订项目计划的过程来识别项目的目标及在项目实施路径中确定的因素和不确定的因素，然后针对不确定的因素进一步分析并制定可行的风险应对措施，从而有效地帮助项目团队规避风险，少走弯路。

本章小结

中国有句谚语："磨刀不误砍柴工。"在项目管理领域，制订项目计划的过程相当于砍柴前磨刀的过程。对于很多创新程度较大的项目来说，制订计划的过程比执行项目计划的过程更难，但这又是项目成败的关键。合理的项目计划可以让项目经理和项目团队少走很多弯路，规避很多问题和风险，更容易实现项目目标。

基于产品的规划技术比较符合中国现状，它遵循以终为始的原则，以客户认同的项目产品描述作为制订计划的起点和目标，通过产品分解的方式，细化项目整体产品的内容和边界；通过编写子产品描述，帮助负责子产品交付的任务负责人或小组经理更明确交付物的验收标准；通过制定产品流程图梳理不同子产品之间的依赖关系，帮助负责不同子产品的任务负责人或小组经理建立工作协同性，组织为了完成子产品所需的活动，明确活动与活动之间的依赖关系并估算完成这些活动所需的资源和时间。在此之后，由项目经理整合所有的相关信息，绘制直观可视化的项目计划（甘特图），并将其固化为项目基线，成为指导后续项目交付和测量项目偏差的依据。在整个制订计划的过程中，需要重点识别和评估项目计划中的不确定性即风险，并组织项目团队制定风险应对措施，降低风险对项目的负面影响，这也是项目计划的重要意义之一。

提升制订项目计划的水平很不容易，需要大量的知识积累和长期的实践，但这恰恰也是项目经理最重要的技能。

第 6 章

六步法第三步：确立项目组织，建设项目利益相关方的统一战线

Project Management With Limited Authority, 2nd Edition

在 PRINCE2 中提到，项目管理成功的七大重要原则之一就是“明确定义的角色和职责”。在我多年的项目管理实践中，也深深地体会到了这一点的重要性。目前在许多企业还没有形成完善的项目管理机制和文化，一些企业领导和项目负责人还没有意识到项目团队的组织结构是否科学、合理将对项目的成败有关键性的影响。因此，我们经常会看到很多项目由于在立项期间没有建立科学、结构化的项目组织结构和为项目成员定义清晰的角色和职责，导致在项目实施过程中出现各种责权不清、沟通不好、团队无法凝聚的问题，从而造成项目的延期和资源的浪费。

多年前我在摩托罗拉和索尼爱立信担任项目经理的时候，根本不需要关心项目组织结构和角色职责的问题。因为企业本身有着成熟的项目管理机制和文化，每个人都很清楚项目管理团队的标准化结构和各自代表的角色及职责。一旦来自不同职能的同事被组建成一个项目团队后，大家会迅速地找到各自在项目中的位置和角色，并且相互配合默契，形成合力。然而，在我国的一些项目团队中，来自不同职能的同事由于在一片混沌的项目团队中看不到清晰的组织结构，找不到自己在项目中的定位，无法和其他人就自己在项目中的角色及职责达成共识，只能参照自己在原有职能部门中的角色及职责来指导自己参与项目的工作。这就造成了在项目中的很多跨职能的工作没人管，从而直接导致项目中诸多救火问题的出现和项目的延期。而这些没人管的跨职能边界工作恰好又是以创新为导向的项目中需要重点突破的部分，也是最重要的工作。

因此，在企业里开展项目工作，尤其在项目管理机制还不成熟的企业，在项目的立项阶段，一定要花费精力设计科学的项目组织结构和为每个项目成员授予清晰的角色和职责。这是一个为项目团队建立秩序的过程，一旦缺少了这个环节，项目的过程就会变得非常混乱，就会失控，导致项目过程艰辛无比或项目失败。

6.1 项目中的三种利益相关方

作为一名优秀的项目经理，当接到一个项目的时候，一定会本能地分析项目的关键利益相关方及他们的动机，这是在项目中建立秩序和让项目过程受控的基础。

不论什么样的项目，项目中利益相关方一般都可以分为三种，即代表项目发起人利益的项目投资方、代表项目产品使用者利益的项目使用方、代表在项目中承担具体实施交付工作的项目建设方（见图 6.1）。这三种利益相关方有着各自不同的利益诉求，经常会产生冲突，在项目中需要彼此协同配合，形成三足鼎立的项目平衡，确保项目创新目标的实现。

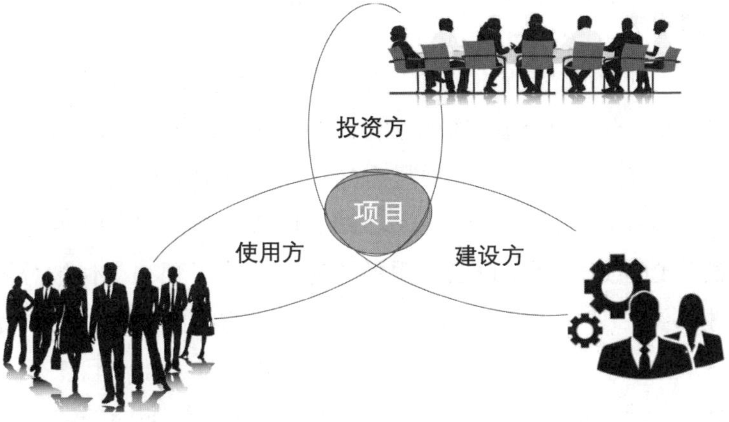

图 6.1　项目中的三种利益相关方

1．项目投资方

项目投资方也叫项目发起方或项目出资人（Sponsor），往往是企业的高层领导，指引企业的战略方向。他们手握资源和权力，拥有很好的企业大局观，站在企业整体的角度考虑问题。由于他们看到了项目对企业的价值，因此发起了项目并投入资源。他们负责指明项目的方向，并确保项目的投资价值。通常，项目总监、项目负责人、产品经理和项目经理等角色都代表了项目投资方，他们要对整个项目的生命周期负责，他们最关心项目的收益和价值。

2．项目使用方

项目使用方也叫项目用户或项目客户（User），往往是项目产品的直接使用者或使用者的代表。他们最关心项目产品是否符合他们的需求，能否解决他们的问题，也最担心项目产品的应用会带来的不好的影响。项目的成果能否转化，完全取决于项目的使用方是否有能力和是否有意愿使用该产品；项目的收益能否产生也完全取决于项目使用方是否可以通过应用项目产品，改变原有的工作或生活方式，创造出新的收益。项目经理能否在项目早期充分地收集和引导项目使用方的需求并与使用方就项目产品达成共识非常关键。否则，在项目过程中就会经常出现项目需求改变的现象。项目经理邀请项目使用方在项目过程的关键节点参与项目阶段产品的评审和验收也很重要，在项目过程中识别大家的分歧并尽量在早期达成共识，总比到项目产品差不多完成的时候或项目产品推出之后才发现项目使用方不满意要好得多。

3．项目建设方

项目建设方也叫项目实施方或项目供应商（含内部和外部供应商），他们是项目中承担具体的开发和实施工作的交付团队，通常以项目中的小组经理或项目成员的身份存在，负责交付合格的项目产品。在项目中会存在多个不同的项目交付团队，负责交付项目中的不同产品或不同的环节，他们通常以明确的目标或任务为导向，最关心的是能否在自己有限的资源和能力下顺利交付被分派的产品。对于项目经理来说，在项目初期迅速地与各个不同的项目建设方就项目的目标和各自的任务达成共识，并能够有效地调动他们的积极性参与项目工作、按期完成各自的工作是达成项目整体目标的基础。同时，代表不同职能的建设方由于关注的目标和各自的工作方式不同，在项目中共同工作时往往也会产生很多配合不好的问题。因此，项目经理要在项目立项阶段和项目的实施过程中不断地为他们创造便于沟通和协同的条件，帮助他们梳理他们之间的依赖关系，让他们依据相同的标准协同开展工作。项目中承担不同产品交付任务的小组经理能否协同工作并形成合力对项目的成败至关重要，这也是项目经理存在的重要价值之一，就是帮助来自各个不同职能的项目建设团队尽快凝聚在一起，统一目标，充分协同，形成合力。

6.2 项目中的层级划分

在建设项目团队时，除了要考虑项目团队中的三种利益相关方，还要特别注意在项目团队中进行层级划分。在许多企业大都采取以层级分明的职能管理为主的管理模式，习惯于在等级分明的工作环境下开展工作。然而很多企业在建立项目团队时，由于简单地认为这是一个临时性的任务，就并没有花较多的时间和精力认真地为项目团队设计组织结构，也没有为项目团队划分清晰的层级并明晰各个不同层级之间的权限差别及沟通方式，仅仅指派了一个领导或一个职级不高的项目经理来组织和协调这个非常有挑战性的团队，这就造成在项目团队中会产生很多混乱和冲突。因为，大家之前已经习惯了在一个层次和分工分明的职能环境下开展工作。当在项目团队中找不到类似结构时，就会各自按自己的理解来定位自己的角色和职责。然而由于项目的创新性必然导致大家对各自在项目中的定位和作用理解不同，无法达成统一，因此会造成很多错位和冲突现象。因此，为了帮助大家在项目初期可以尽快地就各自的定位和职责达成共识，减少磨合期的负面影响，在项目立项阶段就要帮助项目团队建立层级和责权分明的组织结构，并定义不同层级之间的边界和关系，这样才能尽快地把原本分散在各个职能团队的一群人整合为一个具有协同性的项目团队。

我们通常把项目团队整体分为四层（见图 6.2），其中负责项目管理的团队分为三层，就是我们俗称的项目组。由于项目通常要么是企业高层指派的，要么是某个大型的战略项目群中的一个，这就意味着在项目管理团队的最高层之上一定还有更高的决策团队，我们把这个层面称为公司高层决策委员会或项目群管理团队，在很多企业里也叫公司领导班子。通常公司高层决策委员会或项目群管理团队扮演投资人的角色，代表企业战略和公司整体利益，负责任命项目总监或项目负责人及设定项目的总体目标。他们通常不参与项目的日常决策和管理，但是需要确保项目的方向与公司的整体战略方向保持一致，确保对项目的投资价值，负责对超出项目管理委员会权限的事项进行决策。项目管理团队通常分为以下三个层次。

图 6.2　项目团队的四个层级

1. 指导层

在项目管理团队中，最高的层级是指导层，核心角色是项目管理委员会（Project Committee），在一些企业里也叫项目指导委员会或项目领导小组等。项目指导层是项目管理团队的最高决策机制，而且属于集体决策机制，通常由代表各个不同利益相关方的领导组成，负责指明项目的方向、关键项目成员的任命和在项目关键节点和事件上做出决策。项目指导层中一定要包括来自项目投资方、使用方和建设方这三个利益相关方的领导或其指派的代表。

通常的项目管理委员会具有如下职责：

- 批准项目的所有主要计划和资源。
- 授权项目内各个管理阶段的目标和容许偏差，并对超出容许偏差的项目偏离进行决策（就是所谓的项目变更审批）。
- 参与项目管理阶段评审，批准每个阶段的结束，授权下一个阶段的开始。
- 负责与公司高层决策委员会和项目群管理团队保持密切沟通及与其他职能部门领导或其他项目团队的指导层进行沟通和协调。

2. 管理层

在项目管理团队中的第二层是管理层，核心角色是项目经理（Project Manager）。这一层处在项目组织结构的中间位置，也是整个项目日常运转的核心，负责项目日常组织协调和上传下达。作为核心角色的项目经理，通常负责在项目管理委员会设定的限制范围内对项目进行日常管理，根据时间、成本、质量、范围、风险与收益等项目管理相关的绩效目标确保项目交付符合客户要求的产品。

3. 交付层

项目管理团队的第三层是交付层，交付层的核心角色是小组经理（Team Manager）。大家要注意的是，在第三层的核心角色不是项目小组成员，而是小组经理。因为，我们会把项目组看成一群小的专业团队的集合，那么每个在项目团队中承担子产品交付的任务负责人代表的不仅是他自己，还代表负责承担子产品交付的小组或小团队，因此他应该是项目中的一个小组经理或小团队经理。如果，我们把负责项目子产品交付的任务负责人称为小组成员，那么他往往会认为他仅仅代表他自己，只关心自己能干的活，而不会为了完成自己负责的子产品而去筹措资源和人手形成交付小团队。因此，我们从一开始就要让这些负责子产品的任务负责人明确，他们是被任命的小组经理，不仅代表他自己，还管理着团队的一部分，负责管理和协调他自己背后的专业团队和资源，不能只干自己擅长的专业或技术工作，而把组织协调自己子产品的工作都留给项目经理。

6.3 项目内九种关键的项目角色的制衡关系

当我们明确了项目团队中的三种利益相关方和项目管理团队的三个层次之后，项目组织结构的框架基本上就成形了。接下来我们需要定义项目组织结构中的各种角色和职责。通常，项目管理团队中会存在九种不同的角色（Role）（见图 6.3）。

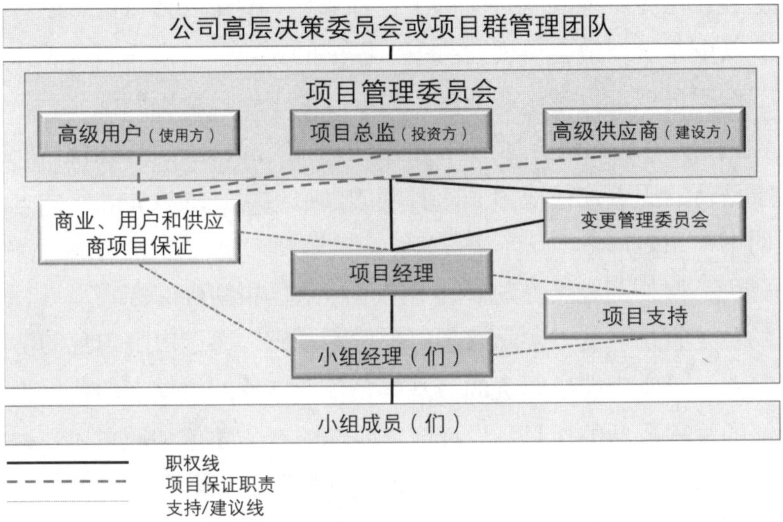

图 6.3　项目中的九种关键角色

资料来源：英国内阁办公室 PRINCE2 2009 年版

1. 岗位与角色的区别

在传统的职能管理模式下，企业对人员的管理是基于岗位的。在岗位管理的模式下，岗位是人员管理的基本单元，企业的人力资源部门会根据企业开展日常工作中涉及的不同业务类型设计不同的职能部门和不同的岗位，并围绕部门和员工的岗位设定团队和员工的目标、职责及工作内容。针对不同的岗位，人力资源部门会定义不同的人员胜任力要求，赋予该岗位匹配的责权利并定义明确的考核指标和考核方式。通常，岗位管理模式更加适用于企业内部和外部环境比较稳定的时期。然而，这种传统的岗位设置存在的局限性导致岗位的设定不能与环境变化相适应，相对于今天快节奏、多变化的环境，它显得过于僵化。

目前在我国，越来越多的企业（特别是以研发作为主要工作内容，或者采用团队形式工作的企业）的组织架构通常不仅是纵向职能型的，也不完全是团队项目式的，而是采用纵横结合、矩阵型的组织架构。也就是说，企业组织中既有按管理层次和工作属性纵向深入的职能部门，也会根据项目或特殊工作任务的要求，建立专门的团队。其成员来自各相关职能部门，任务终止后仍然回归原职能部门。这就是我们所说的矩阵型组织结构。在矩阵型的组织结构下，单纯的岗位评估方式已经无法完整地反映员工的工作和业绩，不能成为对员工进行有效管理的方式。所以企业里经常会出现这些令人困惑的现象：一方面岗位工作说明书越来越厚，工作职责规定得越来越清晰；另一方面工作环境不断变化、新的职责不断出现，岗位说明书既无法穷尽所有职责，也不能分清将该职责落实到哪个岗位、哪个人，于是新的职责往往成为无人管理的真空地带，到最后，花费大力气撰写的工作说明书被束之高阁。

为了解决类似的问题，西方采取了岗位与角色相结合的方式来进行矩阵型组织结构下的员工管理。员工实际表现以岗位为基础，通过多重角色的活动来表现其业绩。其中，对应于岗位职责的为基本角色，之外的为动态角色。根据临时的需要，如新的流程或新的项目，设计与之匹配的新的角色和职责，并根据不同岗位的员工所具备的能力，为其任命新的角色和职责。当既有岗位的员工在完成临时角色任务后，将回到原有岗位继续履行其岗位职责；在执行临时任务时，保留其在职能部门的岗位。在这样的模式之下，员工可以拥有多个不同的角色，在不同的任务中具有不同的权力、职责和奖励。对充当角色的员工及其贡献度评价，也不仅仅局限于他的岗位，会结合其在各种临时性任务中所承担的角色、职责及相应的考核结果。这种方式能够使企业的组织结构变得更加灵活和敏捷，可以更好地依据外界环境的变化和战略方向的改变快速地做出相应的调整，并对现有的人力资源进行重新配置，以支持战略落地。而且，由于企业为员工提供了更多的参与不同类型的临时性工作的机会，也有利于更好地发挥员工的能力，帮助员工更快速、更全面地成长。

2．九种关键角色介绍

在项目内的九种角色中，有四种角色在项目管理团队的指导层。这四种角色分别是项目总监、高级用户、高级供应商和项目管理委员会。在项目的管理层也有四种角色，最核心的角色是项目经理，此外还有代表不同利益相关方的项目保证和变更管理委员会。在项目的交付层，核心的角色是小组经理，而且通常小组经理不止一个。

（1）**项目总监**这个角色往往是项目管理团队中第一个被任命的角色，通常由具备一定职级、拥有一定资源和权力的某位领导来担任。项目总监通常由公司高层决策委员会或项目群管理团队直接任命，代表项目投资方，对项目的成败负最主要的责任。站在企业整体的角度，确保项目对企业的价值、确保投资的合理性是项目总监的职责。项目总监最重要的任务是协调上层关系，把握企业高层的意图，确保项目的方向，把控项目的资源投放，组织和协调代表不同利益相关方的领导就项目的目标达成共识，并在项目的各个关键节点上促成领导的集体决议。项目总监要在项目初期帮助项目经理搭建项目的组织结构和建立项目中的秩序，以确保项目在实施前打下坚实的基础，并在项目实施的过程中监督和指导项目经理的工作，以确保项目达到预期的目标。

（2）**项目经理**这个角色通常由项目总监任命，在整个项目的生命周期配合项目总监进行项目的日常组织、协调和管理。这个角色通常是项目中第二个被任命的角色，也是项目日常运转的核心。在项目管理团队里，与项目总监一样，项目经理也是代表项目投资方的，一定要站在企业整体的角度思考问题，从确保投资价值的角度协调和组织项目团队。为了确保项目总监和项目经理能够在项目整个过程中充分地协同和配合，通常建议项目总监任命自己团队中的人担任项目经理。如前文所述，项目经理是整个项目可以顺利运转的核心，既要起到承上启下的作用，又要协助项目总监维持项目中的各种平衡。项目经理通常在项目中不单独做决策，但是要在项目的整个生命周期过程中不断地通过汇报和建议的方式来帮助项目总监和项目管理委员会在第一时间获得最关键、最准确的信息，协助他们做出对项目最有利的决策。同时，项目经理还要根据项目管理委员会的决策，为承担项目子产品交付的小组经理分配工作包和任务，调动他们的工作积极性，监督他们的日常工作进展，捕获项目中的问题和风险，协助小组经理处理问题，平衡他们之间的关系，帮助他们更好地协同工作，确保项目阶段目标和整体目标的顺利达成。

（3）**高级用户**这个角色代表了项目使用方的领导。这个角色会完全从客户和使用者的角度出发，保证项目的最终产品能被客户和用户顺利地使用，满足他们的需求和期望。担任这个角色的人应该是个领导，至少也得是领导的代表，因为他要在项目管理委员会中与其他领导为了客户和用户的利益据理力争，因此具备足够的职级是很重要的。

案例

在我国的很多企业中，等级观念比较重，这与我国的文化背景有关。而在美国文化的企业里相对比较容易跨级别沟通和协调。我在飞思卡尔半导体担任全球新产品项目经理的时候负责的都是国际项目，项目产品面向全球市场，项目团队成员来自全球各个国家，只要开会就是跨几个国家的会议。那时我还不到 30 岁，是当时事业部里最年轻的项目经理，我的项目成员的年龄普遍比我大很多，甚至比我大十几岁或几十岁都很常见。但作为项目经理的我，可以随时找任何一个级别的人去面对面直接沟通，很直接地提出我的问题和建议，而且通常对方都会很配合，与我本身的职级和年龄都没有关系，只是就事论事地探讨如何能让项目更顺利地实现目标。我的体会是重要的问题、敏感的问题或寻求别人的帮助，一定要当面沟通、登门拜访。如果对方与你不在同一个城市或同一个国家，至少要打电话沟通，这样才能显示出对对方的尊重，有利于达成自己的目的。通常邮件沟通效果很差，而且很容易引起误会。

为了保证项目团队中的成员在项目过程中能够很好地沟通，项目经理要在项目一开始就帮助大家明确项目中的层级结构，帮助大家就同层级和跨层级的沟通方式达成共识，这样才能避免错位沟通造成的诸多问题。例如，企业把一个职能部门领导分派到一个项目团队作为专家来协助项目经理，即使他在项目团队中的身份是项目成员，但如果他自己仍然不忘记自己在企业中的领导身份，那么，项目经理与该领导的协作就会变得很麻烦。当项目中产生分歧的时候，到底是项目经理该听领导的呢，还是作为项目成员的领导听项目经理的呢？为了避免这种问题的出现，最好在建立项目组织结构时，就把领导与领导放在一层、经理与经理放在一层、员工与员工放在一层，与企业在职能管理组织结构中的层级划分保持一致，这样大家就都觉得舒服，沟通起来也会顺畅许多。

（4）**高级供应商**这个角色是一个或多个代表项目建设方的领导角色。由于项目交付期间，一定会有很多来自不同职能或不同组织的专业团队分别或共同完成不同子产品的交付任务，每个专业交付团队都必须有层级够高的领导直接或间接参与到项目管理委员会中，确保自己的专业交付团队的利益得到保障。同时，高级供应商也必须提供充足的资源来交付项目产品，确保项目产品按时完成，并达到立项时承诺的质量标准。当项目变更请求出现时，高级供应商要参与对变更影响的评估，确保项目的质量和交期。在一些项目中，一部分产品开发或交付工作是由企业外部供应商提供的，但在项目管理委员会中不太适合出现外部供应商的领导来参与自己项目方向性和商业性的讨论和决策，这时候可采用一些变通的方式来实现外部高级供应商的参与。例如，委任企业内部的人代表外部高级供应商听取项目经理汇报和参与项目管理委员会的决策；也可以考虑把项目管理委员会中需要外部高级供应商参与的部分独立出来，在单独的会议上讨论和决策。

（5）**项目管理委员会**这个角色其实是一个代表各种利益相关方领导的集体决策机制。这是项目管理团队中一个至关重要的角色，是项目中各个利益相关方的目标能否统一、各种矛盾和冲突能否快速解决的关键，也是项目经理最大的靠山和影响力的来源。项目管理委员会的主要职责是确保项目的方向，确保资源投入的合理性，指导和监督项目经理和项目团队，在关键点上做出最符合企业利益的决策。作为项目经理，能否协助项目总监为自己的项目建立有效运转的项目管理委员会对项目的执行和受控性至关重要。

（6）**变更管理委员会**这个角色产生的原因是在项目中总会有很多变更请求出现，有些合理，有些不合理；有些变更项目经理能够组织项目团队自行进行评估和决定，但还有很多变更是超出项目经理权限的，必须经项目管理委员会中代表三种利益相关方的领导集体决策后才可以决定。然而，项目管理委员会的诸位领导通常都特别忙，时间非常宝贵，凑在一起开会很不容易。因此，为了分担项目管理委员会在变更审批上的负担，通常建议由项目管理委员会授权一个变更评审团队替他们评审在一定授权范围以内的变更请求。如果变更请求造成的影响超出了变更管理委员会被授权的范围，那么，再升级到项目管理委员会进行变更评审。

最佳实践

在很多西方的大型企业里，由于项目数量众多，单独为每个项目成立变更管理委员会的管理成本太大，因此就把同类型的项目变更管理委员会角色进行合并，让多个同类型的项目共用同一个项目变更管理委员会，建立变更评审专家库，聘任不同领域的专家，根据不同项目的特点邀请不同专家出席评审会议。这样既能节约管理成本，又有利于提升项目变更管理委员会的专业性。

项目经理是可以作为评审委员出现在变更管理委员会的，但是不建议项目经理自己代替变更管理委员会。为了确保决议的合理性和公正性，变更管理委员会必须是集体决策机制。如果项目经理把自己变成评审所有项目变更的唯一人选，就会把项目中的所有矛头都引到项目经理身上，使项目经理成为所有矛盾的交火点，压力和责任也就都集中到了项目经理一个人身上，项目的平衡和协调工作会变得非常难。为了避免这种现象的出现，一定要让评审项目变更的集体决策机制发挥其应有的作用，让可以代表企业和项目各个利益相关方的变更管理委员会来公正地评估变更带来的收益和影响，决定是否同意这个改变。

我们在前文中提到过，项目经理推进项目和化解项目矛盾的一种方式是借力，项目管理委员会和变更管理委员会就是项目经理借力的两个主要依靠。第一，项目经理一定要学会借助项目管理委员会的力量来推动项目各个利益相关方统一目标和在关键节点上达成共识，并产生执行力。第二，项目经理要学会借助变更管理委员会的力量来公正地评估变更的价值和影响，推动有价值的变更，阻止不合理的变更。项目经理一定要记住，在有众多利益相关方的项目工作中，只有代表项目团队的集体决策才是最容易令所有人接受的，而项目经理的使命其实就是帮助项目中的各个利益相关方促成这些集体决策的达成并推动其落地实施。

（7）项目支持这个角色是一个重要的支持性角色，在很多项目中也称为项目助理或行政助理。在项目的开展过程中，会有很多琐碎的事务性工作，虽然不是项目中的主要工作，却又很耽误时间，如项目的文档管理、预订会议室、采购物品、做会议纪要和跟进会议决策、预订酒店和机票、差旅报销、组织团建活动等。作为项目支持，其最重要的工作是承担配置管理员或文档管理员的职责，通过有效的项目文档管理来确保项目中各方的信息一直保持透明和协同，确保大家的日常沟通顺畅，并保留所有记录已备今后查询。这是一个很重要的角色，而且在项目中是不可或缺的。在项目的日常工作中，项目支持要在项目中与项目经理充分配合，共同为项目团队创造和谐、高效的项目环境，并确保项目信息透明和沟通顺畅。在一些小的项目中，由于不具备条件单独设置项目支持岗位，这个角色通常就由项目经理兼任了。

（8）项目保证是一个比较复杂的角色。通常，项目中的每个利益相关方的领导为了确保自己在第一时间获得准确的项目信息，不会仅仅依赖项目经理这一个渠道获取项目的信息，往往会再任命一个或多个被称为项目保证的角色。因此，在项目管理团队中三种不同利益相关方（投资方、使用方和建设方）的多个领导都会各自任命属于自己利益相关方的项目保证。项目保证在项目中主要负责代表委任自己的利益相关方领导监督项目经理的日常工作，确保项目经理不会做出对自己这方不利的事情。除监督项目经理，项目保证通常还会承担专家的角色，站在自己这方，指导项目团队开展工作，解决问题。这个角色的复杂之处在于，大多数时候，这个角色并不一定是一个被明确任命的岗位或职务，这意味着大多数项目经理一直都不知道到底哪些人在代表哪些利益相关方的项目保证在项目中监督自己，因此项目保证属于项目中的隐藏角色，是各利益相关方领导布置在项目中的一条暗线，他们对项目的平衡和受控起到了相当重要的作用。

特别提示

有的时候，大家会混淆项目保证（Project Assurance）和质量保证（Quality Assurance）。质量保证的主要工作是代表企业监督整个项目团队的行为和做法是否与企业的管理要求相符合，属于审计性的角色。为了确保质量保证可以公正地监督和指导项目团队，虽然质量保证也要经常和项目团队一起工作，但是从身份上讲，这个角色不能隶属于项目团队，特别是不能被项目管理委员会所约束，必须被独立在项目团队以外。项目保证主要是被各个利益相关方领导派来监督项目经理的，因此只要独立于项目经理就可以了，它是项目管理团队的一部分。另外，通常质量保证是一个明确的角色，而项目保证是隐藏的角色。

在实际的项目中，比较常见的做法是：代表项目投资方的项目总监通常不会任命自己的直接下属担任项目经理，往往会任命下属的下属担任项目经理，然后让自己的直接下属即项目经理在职能条线上的直接领导作为项目保证来指导和监督项目经理，而且还不一定让项目经理的直接领导出现在项目组织结构图中。代表项目使用方的高级用户通常也不会把自己的直接下属任命为用户代表，而是把下属的下属任命为用户代表，而让自己的直接下属即用户代表在职能条线上的直接领导一方面指导用户代表的工作，另一方面从侧面监督项目经理并要求其向自己汇报。代表项目建设方的高级用户通常也不会任命自己的直接下属来担任小组经理，往往会任命直接下属的下属来担任项目中承担子产品交付任务的小组经理，并让自己的直接下属即小组经理在职能条线上的领导来指导小组经理工作，监督项目经理并向自己汇报项目的进展、问题和风险。这个高级用户也是一样的，作为使用方，他也很有可能派出一个人既监督项目经理，同时当项目经理如果找不到高级用户的领导的时候，他可以先向这个人咨询，然后根据这个人的意见去判断领导怎么看待这件事情，所以这时候项目保证又成为一个代表用户的专家。这个高级供应建设方通常也会派出来一个人，一方面监督项目经理，另一方面一些小组经理如果与项目经理产生矛盾的时候他们可以去咨询这个人，这时候这个人是项目保证的专家，能提供处理问题的建议。

因此，项目中通常会有多个项目保证的角色，分别由代表不同利益相关方的领导指派，确保各自的利益最大化。对于项目经理来说，一定不要忽视各方派遣的项目保证，并且要尽早地识别出承担项目保证角色的人。通过项目保证向各个利益相关方的领导传递正向的信息，避免出现误会，或者借助项目保证向各利益相关方的领导寻求支持和帮助。通过项目保证调节各个利益相关方之间的平衡，让项目的开展过程更加平稳受控，确保项目的成功和各个利益相关方的满意度。

（9）小组经理是唯一代表项目交付层的角色，也叫项目工作包负责人或项目核心成员等。他们是项目中承担具体交付工作的关键人物，通常来源于不同专业部门的专家或基层团队负责人。他们更关注分配给自己的任务是否合理，是否与自己和自己所带领的专业交付团队的能力匹配，同时也希望在交付项目子产品的过程中可以得到其他项目成员的积极配合。小组经理通常具有很强的目标导向，因此，项目经理给小组经理的子产品描述和工作包任务一定要非常清晰准确，确保小组经理不会因理解偏差而耽误工期或达不到质量标准。小组经理是项目管理团队中至关重要的角色，作为项目经理，除了一定要获得项目管理委员会的领导的支持外，另一个最重要的任务就是要搞定项目中的小组经理，充分调动小组经理的主观能动性，并帮助不同小组经理之间建立顺畅的沟通渠道和协同机制。在项目中，小组经理不能仅仅代表他自己，他是为完成某一项目子产品或工作包的负责人，应根据任务的要求，制订自己的小组计划，自行协调相关的交付资源，克服困难，完成交付任务。如果小组经理代表的是某一专业的职能部门，那就意味着该小组经理有责任通过协调自己职能部门的各种资源帮助自己完成项目管理委员会和项目经理分派的任务，按期交付合格的项目子产品。

3. 九种角色的关系

综上所述，整个项目管理团队的核心角色包括项目管理委员会、项目总监、高级用户、高级供应商、项目经理、变更管理委员会、项目支持、项目保证和小组经理等九种不同的角色，这九个核心角色共同支撑起了项目组织结构的运转，缺一不可。然而，这九种角色并不意味至少必须要有九个人才可以建立起项目管理团队，很多角色在实际的项目组织结构中根据项目的特点和人力资源的多少是可以进行整合的。但是，有的角色是绝不可以合并的。

（1）不可以合并的角色：项目总监和项目经理这两个角色是不可以合并的，因为项目总监是指明方向和决定资源投入的决策者，同时负责监督项目经理。作为被监督的项目经理，自然不能和监督自己的人合并为同一个角色。而且，从实践经验来看，最好不要把项目领导和负责项目日常协调的项目经理合并成一个角色，否则的话，不是领导没有时间参与项目日常工作导致项目失控，就是项目经理因缺少大局观导致项目跑偏或高层领导不满意。作为监督项目经理的项目保证也绝对不能和项目经理合并，否则的话，监督就失效了。

（2）可以合并的角色：在小型项目中，项目经理和小组经理是可以合并的，也就意味着项目经理需要承担一部分具体的实施交付工作。但是项目经理一定不能是唯一的小组经理，否则项目的跨职能性就不存在了，也就意味着这个任务变成了一个职能部门自己的工作，就不能被叫作项目了。

根据我自己的观察，在任何一个真正的项目中，这九个角色都是客观存在的，只是很多时候大家没有分得那么清楚或项目经理自己没有察觉到一些角色的存在。作为项目经理，能够迅速地根据项目的特点把项目的相关人员与项目管理团队九种角色对号入座，会对项目经理进行项目利益相关方分析有极大的帮助。另外，如果项目经理可以根据九种角色的特点在项目立项阶段就帮助项目成员定位各自在项目中的角色和职责，把原本目标和利益不一致的项目成员迅速凝聚为一个具有执行力的项目团队，这也是在项目中建立秩序的基础。

6.4 项目管理委员会——项目经理权力的来源

如果企业本来就有项目管理委员会机制最好，如果没有，不论是项目总监还是项目经理，一定要在项目初期推动建立项目管理委员会。因为项目管理委员会是项目经理的依靠，如果没有项目管理委员会指导项目经理并帮助其推动项目，有责无权的项目经理就真的只能依靠自己干活了。建立项目管理委员会的目的："我们让一个项目管理委员会对项目的成功负责，具体来说，就是由项目管理委员会做出项目的关键决策并对项目方向进行总体把控，把项目的日常管理和协调委托给项目经理。"

由此看到，当我们把项目管理委员会建立起来后，就可以顺理成章地把项目成败的责任转移到项目管理委员会身上了，而把项目经理变成传达项目管理委员会的决议和协助项目管理委员会工作的角色了。这可不是推卸责任的做法，事实上，在原本的项目管理理念中，作为创新型的工作，由于之前谁也没有经验，因此只有集体决策才是最有把握的，故而代表整个项目团队各个利益相关方的项目管理委员会这个集体决策机制是最适合为项目做出关键决策的。在很多项目中，项目经理在各个利益相关方的领导未达成共识的情况下，就独自为项目关键事件做决策的做法反而是欠妥的。在项目管理委员会的机制下，项目经理的使命是代表项目管理委员会监督和指导项目团队成员开展项目工作，收集项目中的各种关键信息，进行提炼后汇报给项目管理委员会，并促成项目管理委员会中的各个利益相关方就项目方向和目标，项目中的变更、问题和风险，或者项目关键节点的验收等各种关键事项达成共识。从另一个角度来看，当项目管理委员会中的所有领导就某个关键事项达成共识后，项目经理再去推动项目成员执行就会变得容易很多，而且名正言顺了。因此，如果有责无权的项目经理希望能够推动项目团队向着自己期望的方向和目标快速前进，就一定要锻炼出"可以在项目的整个生命周期过程中，不断地通过影响项目管理委员的集体决策来确保项目团队的工作方向和执行力"的能力。

6.5 建立项目利益相关方的统一战线

项目利益相关方（Stakeholder）是指对项目的任何方面感兴趣，或能施加影响，或受到影响，或认为自己会受影响的个体、群体或组织。

随着项目管理的发展，越来越多的项目经理意识到项目利益相关方管理的重要性。无论项目的计划制订得有多么好，如果搞不定关键的项目利益相关方，导致一个或几个项目利益相关方不积极配合甚至阻碍项目经理或项目团队的工作，那么项目的目标就很难顺利实现。在通常情况下，项目中的利益相关方会非常多。由于项目经理的时间和精力有限，不可能对所有的项目利益相关方都一视同仁，因此一定要对重要程度不同的项目利益相关方采取不同的策略。根据我自己多年的经验，最好把所有的项目利益相关方先分成两大类，即核心项目利益相关方和非核心项目利益相关方。

核心的项目利益相关方往往指那些参与项目时间较多、贡献和影响都很大的相关方，通常包括项目的客户、项目的核心成员、项目的发起方领导及主要涉及部门的领导等。成立项目组织，把核心项目利益相关方变成一个团队，统一思想，统一目标，组织大家共同建立指导和约束大家在项目中工作的秩序是对待核心项目利益相关方的策略。

非核心项目利益相关方往往指那些虽然参与项目时间不是很多，但是也会对项目目标的实现造成短期或长期的影响的相关方，往往是项目的外围成员。非核心项目利益相关方中也会有很多位高权重、影响大的人，或者数量众多、集体影响力很大的人。因此，为了确保项目的顺利开展，非核心项目利益相关方也是需要项目经理投入时间和精力来关注和维护的。

建立项目利益相关方的统一战线，求同存异，团结一切可以团结的人，是对待非核心项目利益相关方的核心指导思想。采取建立项目利益相关方统一战线，是因为很多项目利益相关方很可能比项目经理甚至整个项目团队都拥有更强大的资源和力量。只有积极地寻找与这些利益相关方的共同利益目标及共赢的策略，阶段性地与其建立同盟关系，才有可能阶段性地获得他们对我们的项目工作的支持，至少不去阻碍我们的工作。我们的项目利益相关方统一战线里联合的相关方越多，力量就越强大，抗干扰能力就越强，实现项目的目标就会越容易。切记不要忽视任何一个项目利益相关方的存在，而要让每一个项目利益相关方都时时刻刻地感受到自己一直被项目经理重视和关注，能够产生自己对项目的参与感。

建立和维护项目利益相关方统一战线的过程是一个闭环的管理过程，通常分为六个步骤，如图 6.4 所示。

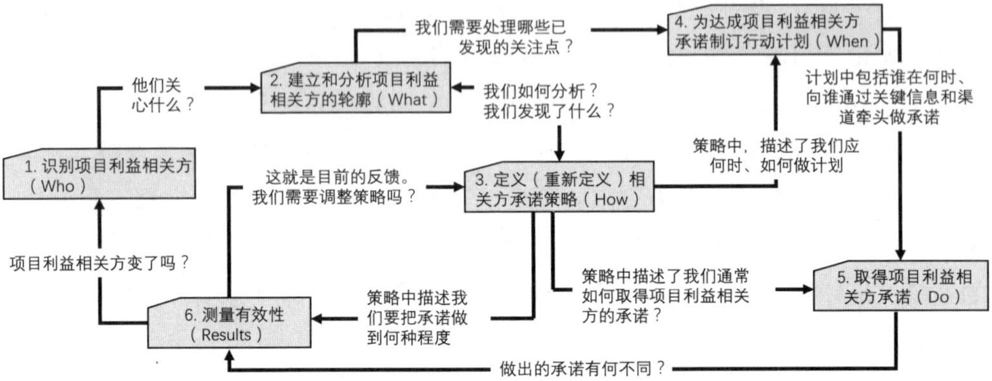

图 6.4　项目利益相关方的闭环管理流程

第一步，识别项目利益相关方。这个步骤要在项目一确立下来就要开始，也是项目经理的起步工作之一。因为项目经理要尽快搞清楚自己承接的项目到底和哪些人有关系，这些人对这个项目是什么态度，避免自己在搞不清状况的情况下就贸然推进项目，甚至陷入困境。这个步骤中，项目经理需要组织参与项目的人根据过往项目的经验教训，采用头脑风暴的形式尽可能多地去识别出所有与项目相关的人，建立项目利益相关方的清单，并初步判断他们对待项目的态度和动机。识别项目利益相关方时要系统化地全面考虑：项目的上级管理组织，公司的各级领导，各类客户和用户，在项目中承担工作的各类人员及他们的领导，项目相关的监督机构或监理机构，与项目所处的项目环境、企业环境或商业环境相关各类组织或群体等都要考虑。

第二步，建立和分析项目利益相关方的轮廓。在项目经理认真开展了识别项目利益相关方的工作之后，往往会获得一个长长的项目利益相关方清单，然后项目经理很难有足够的时间去充分地应对每一个项目利益相关方。因此，项目经理需要对所有的项目利益相关方进行分类和分级。项目利益相关方分类的目的是降低项目利益相关方的应对成本，同一类别的项目利益相关方可以采取相同的应对策略。项目利益相关方分级的目的是按照项目利益相关方的重要性进行优先级排列，以确保把项目经理有限的时间和精力优先花费在那些优先级高的人身上，而不要浪费在那些对项目来说不是很重要的人身上。在这个项目利益相关方分级的过程中，可以借助项目利益相关方矩阵来帮助项目团队科学地进行项目利益相关方的分析和分级，如图 6.5 所示。

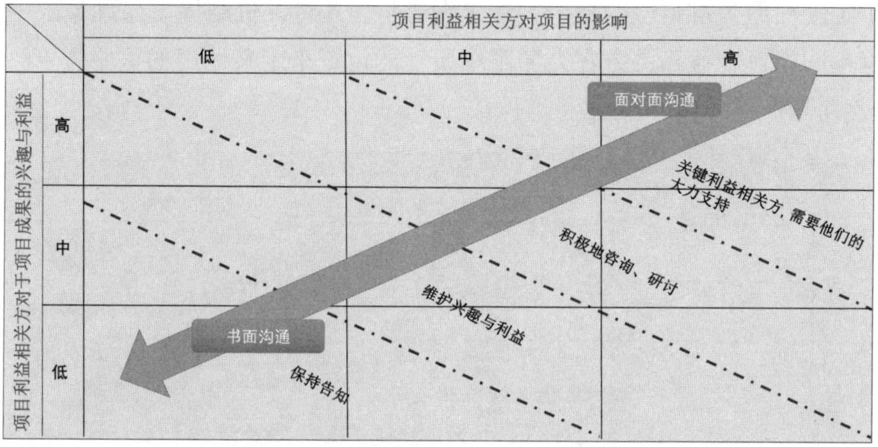

图 6.5　项目利益相关方矩阵模型

项目利益相关方矩阵有两个评价维度，其中横坐标的评价维度为“项目利益相关方对项目的影响”，自左向右分为低、中、高三个等级；纵坐标的评价维度为“项目利益相关方对于项目成果的兴趣与利益”，自下向上也分为低、中、高三个等级。这两个维度共同构成了一个九象限的矩阵区域，在这个区域中，右上角的区域为最重要的项目利益相关方所在区域，因为该区域所处的位置刚好是项目利益相关方影响度的高等级评价和项目利益相关方对于成果的兴趣与利益的高等级评价的重合区域。左下角的区域为最不重要的项目利益相关方所在区域，因为该区域所处的位置刚好是项目利益相关方影响度的低等级评价和项目利益相关方对于成果的兴趣与利益的低等级评价的重合区域。

在对项目利益相关方做分析和评价时，要注意把个人、团体和组织作为不同的项目利益相关方来看待。譬如，在一个工程项目中，在我们看待客户方的一个采购经理时，采购经理作为个体，可以看成一个项目利益相关方，他所在的采购部门就要被看成另一个项目利益相关方。如果这个采购经理本身也是采购部门的负责人的话，那么当这个采购经理代表这个采购部门的利益时，他所代表的项目利益相关方与他代表他自己的利益时的项目利益相关方应被定义为两个不同的项目利益相关方，这意味着这个采购经理将会扮演两种利益角色。而且，这个采购经理所在的客户公司又属于一个不同的利益相关方，代表的是客户公司的利益。

在做项目利益相关方分析时，我们需要对每一个项目利益相关方分别从“项目利益相关方对项目的影响”和“项目利益相关方对于项目成果的兴趣与利益”这两个维度根据各自维度的三个等级来做评价，并将评价结果填入九象限中，然后根据不同项目利益相关方在九象限中所处的位置来定义他们的重要程度，如图 6.6 示例所示。

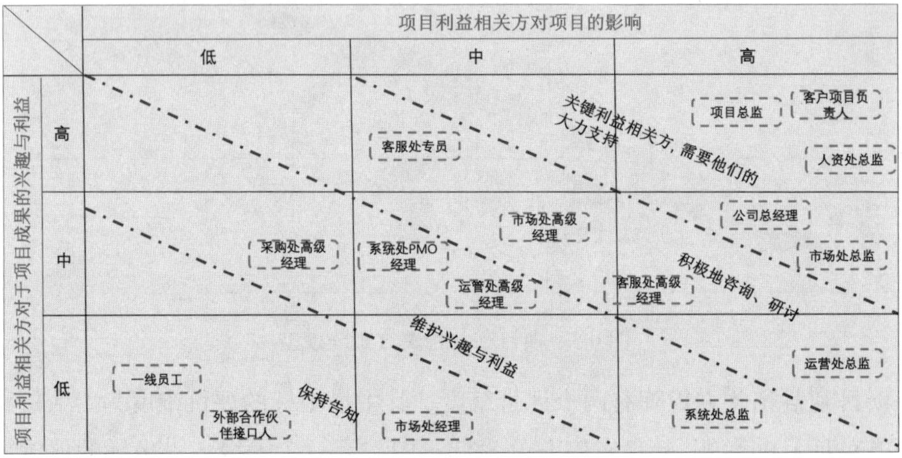

图 6.6　项目利益相关方分析结果示例

根据项目利益相关方的重要程度不同，从而对不同重要程度的相关方采取不同的沟通策略。从原则上来讲，越是重要的项目利益相关方，越要采取面对面沟通的方式。因为面对面的沟通方式属于典型的双向沟通方式，不仅可以传递信息，还可以表达情感，进行互动，沟通最为充分，也是对被沟通方最为尊重的一种沟通方式，往往容易取得较好的沟通效果，不容易产生沟通的误会。这种沟通方式的缺点就是沟通成本高，要根据对方的情况精心准备，而且沟通过程费心、费力、费时间。那么，对于不重要的项目利益相关方来说，倾向于采取书面沟通的方式，因为书面沟通的沟通成本最低，譬如群发邮件、发布公告等方式都可以在同一时间将信息传递给很多人。然而，这种沟通方式属于单向沟通，虽然效率高，但是缺少及时的互动，对于被沟通方来说，有时会显得不够尊重，甚至容易由于书面表达的技巧问题造成双方的误会。因此，对于那些不重要的项目利益相关方来说，才可以采用。

第三步，定义（重新定义）相关方承诺策略。在第三步中，项目经理需要组织项目团队根据项目利益相关方的分析结果，差异化地、有针对性地设计和制定与不同项目利益相关方的联盟策略，以获得相关项目利益相关方的承诺作为目标。在制定策略时，一定要充分了解和考虑不同项目利益相关方对于我们的项目的动机和利益诉求点，并且努力找到我们与该项目利益相关方的共同的利益诉求点及双赢的方案。

第四步，为达成项目利益相关方承诺制订行动计划。项目经理需要组织项目团队共同制订为达成项目利益相关方承诺所需要开展的行动计划，并把行动落实到项目团队的各个责任人身上。在行动计划中，要具体到谁在何时、向谁通过什么样的渠道和关键信息采用什么样的形式做出了什么样的承诺。

第五步，取得项目利益相关方承诺。项目经理需要组织和监督项目团队以取得相关项目利益相关方的承诺为目标，按照行动计划的内容切实执行，并给予相关责任人足够的资源支持。

第六步，测量有效性。在项目团队开展或落实以取得项目利益相关方承诺为目标的行动计划时，项目经理要密切关注行动的有效性和效果。如果效果不好，项目经理需要及时组织项目团队分析原因并调整工作策略和计划。

建立项目利益相关方统一战线是以结果为导向的，项目经理和项目团队共同制定的策略和计划需要根据实施的效果随时调整，以确保项目团队和项目利益相关方达成通力合作的共识。

6.6 案例：某金融行业产品部产品项目和战略项目的组织结构的演变

图 6.7 及图 6.8 分别展示了某金融行业产品部产品项目及战略项目的组织结构演变。

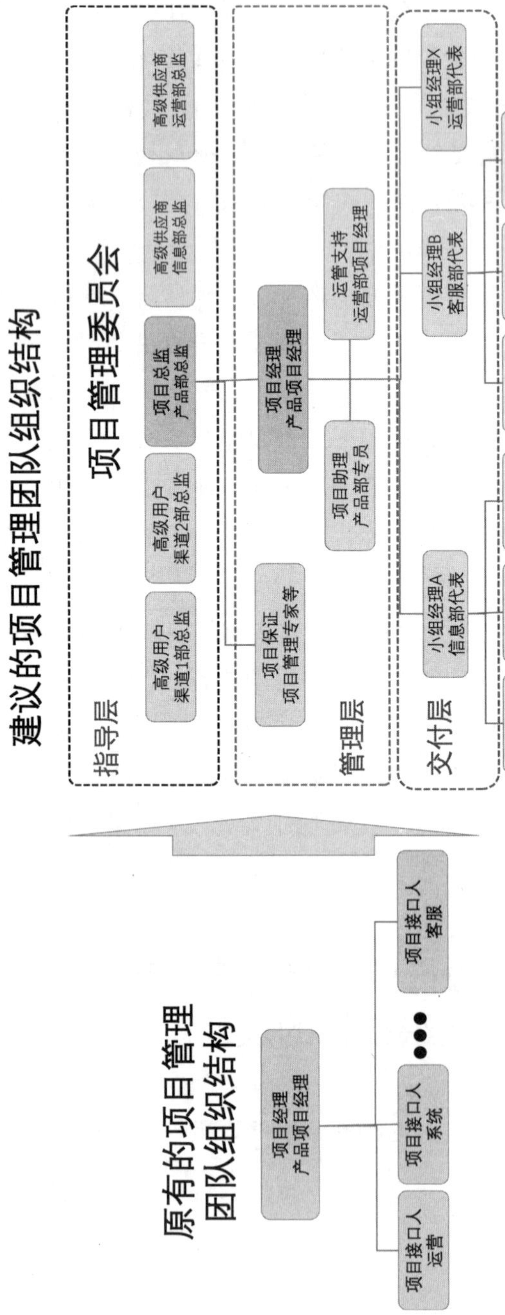

图 6.7　某金融行业产品部产品项目的组织结构的演变

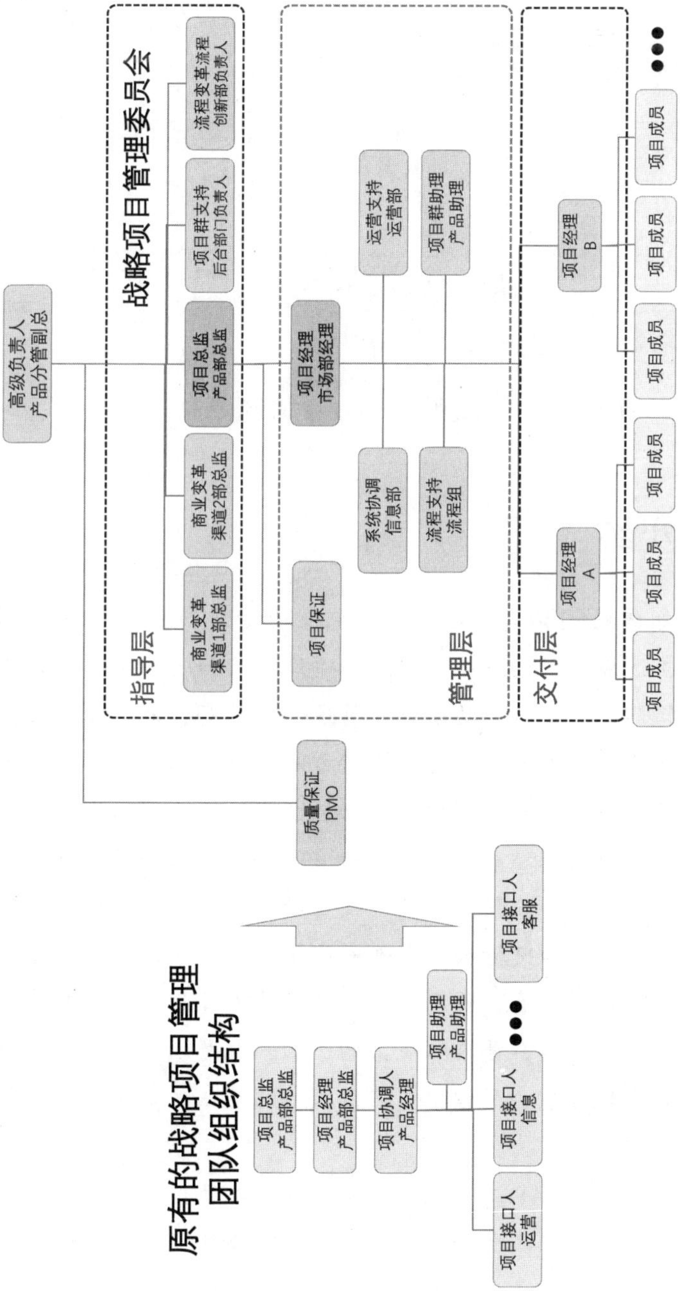

图 6.8　某金融行业产品战略项目的组织结构的演变

图 6.9 展示了某传统行业信息化项目中的角色和职责。

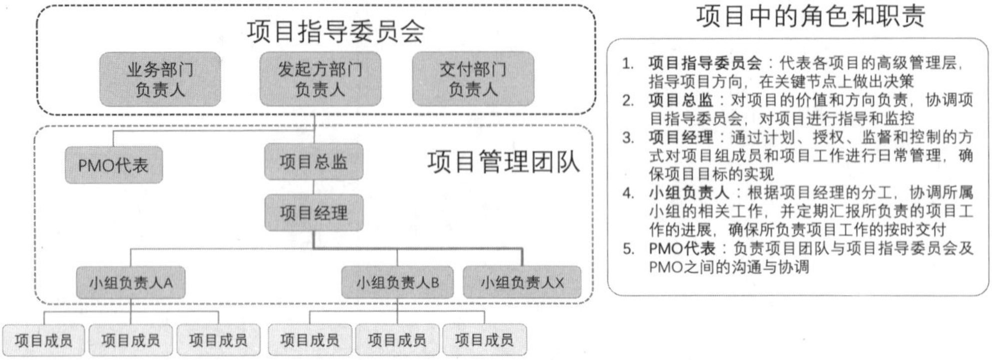

图 6.9　某传统行业信息化项目中的角色和职责

本章小结

清晰的项目组织结构和明确定义的角色及职责是项目中各个利益相关方能就项目目标和分工达成共识的基础。因此，项目总监和项目经理一定要特别重视项目组织结构的搭建和维护，帮助项目成员尽快度过磨合期，将他们整合成一个目标统一、团结协作、步调一致、具有执行力的项目团队，并在整个项目的生命周期过程中确保项目团队的这种凝聚力和协同性。

在设计和搭建项目组织结构的时候，一定要明确项目中的三种利益相关方，即项目的投资方、使用方和建设方；设计项目四层次的组织结构，即企业的高级决策层、指导层、管理层和交付层；明确项目管理团队中的九种关键角色并赋予每种角色在项目中清晰的职责。项目管理委员会是项目管理团队中不可缺失的角色，是指引项目方向的关键，是集体决策的平台，也是项目经理权力的来源，因此一定要推动项目管理委员会的建立，确保项目的组织结构稳定、项目的方向正确和决策机制高效准确。

对于项目核心团队以外的那些项目利益相关方，项目经理一定要采用合适的方式获得他们对项目目标和工作的认可，建立以实现共同的项目目标为目的的项目利益相关方统一战线，这样才能保障项目计划的平稳实施及项目目标的顺利实现。

篇外篇　从《西游记》看东方式项目管理

我国的四大名著之一《西游记》非常符合项目管理的各项原则和整个过程，属于项目管理的典范。

1. 项目经理

《西游记》中的项目经理是谁呢？唐僧，对吧！为什么要让唐僧当项目经理？

（1）唐僧是经过唐王正式授权的，而且仪式很隆重。他不论到哪儿，都会先表明身份："贫僧从东土大唐而来。"这是非常重要的做法，项目经理也必须这样做，这叫师出有名。不过，师出有名的前提是得有授予的过程。很遗憾的是，我们看到太多的项目经理师出无名，或者发起项目的职能领导层级不够高，或者没有在公开的场合进行任命的过程，导致项目经理总是向其他人解释为什么自己是项目经理。因此企业必须对项目经理有一个正式任命的过程，负责承担任命工作的领导一定得是企业里非常有身份和地位的大领导，最好还能有个仪式及白纸黑字的任命文件。

（2）唐僧很擅长维护项目的上层关系。项目的上级领导即如来和观音对唐僧非常信任和支持，这也是他被任命为项目经理的重要原因之一。作为项目经理必须取得项目的直接领导及领导的领导的充分信任，这是项目成功的基础条件。

（3）唐增有很好的领导力。唐僧大部分时间不参与具体工作，只负责念经。打妖怪的事他也不参与，而且唐僧从来没有想过要去提升打妖怪的技能，因为他清楚这不是他的事儿。但是唐僧很擅长一件事，就是坚定大家去取经的信念。在取经这件事上，唐僧是团队里信念最坚定的。要是没有唐僧一直坚持，其他人早就各回各家了。唐僧做到了一点：你们谁都不去，他也坚持要去，而且最后让大家都不好意思不保护他去取经了。唐僧用自己坚定的信念发自内心地感染了其他项目成员，带动了大家不论艰难险阻都要保护他去实现他坚定的目标，这就是我们所说的领导力。而且在项目团队的管理上，唐僧的平衡性非常好，他对几个徒弟，一直一视同仁，不断地平衡大家之间的关系。唐僧不是靠权力进行管理的。唐僧其实也没有什么权力，除了约束孙悟空的紧箍咒。因为孙悟空有时候太胡闹了，不得已才用一下。其他时候都是靠"以德服人"，坚持不懈地通过给别人讲道理来影响大家的理念。虽然有时会显得很絮叨，但是这也是领导力的体现。

2．项目组的团队架构

除了项目经理，这个项目团队还有三个明面上的项目成员和一个隐藏的项目成员，就是唐僧的三个徒弟和白龙马。三个明面上的项目成员各有所长，分别负责三种不同的工作，而且这三个角色设计得很科学。大家将来搭建项目团队时也可以参考。

（1）大徒弟孙悟空天生武力强大而且好斗，因此负责进攻。所有的项目团队中都必须得有一个非常擅长进攻的项目成员，而且一般这种人的个性都很强，不服输，不好管理。专业领域的专家往往都是这类角色。但是，没有这种人在项目团队里负责破冰和建立功劳，项目组的价值就体现不出来。

（2）二徒弟猪八戒也很重要，他负责调节团队的气氛，在出现矛盾时负责打小报告及和稀泥。这类项目成员也是很必要的，项目团队中一定不能都是很严肃的专业人士，也得有润滑剂。

（3）三徒弟沙僧是干苦力的，任劳任怨，不争名利，负责所有“苦劳”的事情。项目中大部分工作一般都是枯燥辛苦的，缺少了任劳任怨的成员，项目的目标就实现不了。这种人往往和善于创建功劳的人截然相反，为了能让他们和平共处，就得有人在这个过程中去平衡他们的关系。

在项目团队中还有一个角色，就是白龙马。白龙马本来是龙宫太子，但是为什么要以马的形象来参与项目呢？是为了成为一张底牌，为了能更好地保护唐僧，不把全部实力都暴露在敌人面前，不到万不得已是不能出手的。因此项目团队也是要有隐藏角色的，平常不参与项目工作，真到关键时刻才动用。

而且这些项目成员还有一个共同的特征，就是本来都很有背景，都曾是各霸一方的牛人，但又都犯过大错，留下了把柄在观音和唐僧手里。这些项目成员不但能力强，而且可控。

3．项目的目标

这个项目的项目总监是谁呢？应该是观音。通常，项目总监也只是个代表领导层的项目发言人的角色，真正后台老板也就是我们所说的项目发起人应该是如来佛。项目发起人往往是搭台子的，而且在我国的文化下，这个搭台子的人是不应该上台的，所以如来佛在西天取经整个过程里属于导演性质。那么，取经这件事情的目标是什么？我觉得是为了宣扬佛法。让东土大唐的子民放弃对中国传统道教的信仰是很不容易的，必须要创造一个令大家传颂的神话，而且必须是真的，因此就策划了西天取经这个事儿。取经这个事儿一定要困难重重，负责取经的人一定要很有身份和地位，经历了千辛万苦最后才把经取回来，因为来之不易的东西才显得宝贵，因此必须经历九九八十一难才把经书带回东土大唐，成为一个被大家传颂的传说。光把经书取回来还不够，还要培养虔诚的佛教信徒和传播者。这就是唐僧和四个徒弟，尤其是四个徒弟，本都是戴罪之人，通过取经这个过程，不但洗清了自己的罪孽，升华了思想，还成为众人仰慕的佛！他们用事实证明了佛教的价值，成为人们效仿的榜样。在项目过程中，也不仅只是实现项目的目标和发起人期望的收益，还要培养项目团队成员，这样项目才更有价值。

第 7 章

六步法第四步：借助质量体系的力量，减少项目返工

Project
Management
With
Limited Authority,
2nd Edition

项目质量管理对项目成败的重要性及如何在项目中科学地开展质量管理工作，许多企业的项目经理和项目成员往往不太清楚。有些企业的项目质量管理比较僵化，更多地侧重在质量体系文件的符合性管控上。大多数项目经理对项目质量管理的印象也只停留在按质量部的要求应对审核和检查，编写质量部要求的相关文档或按企业、客户的质量标准进行相关的测试活动。甚至在一些项目团队看来，质量管理就是写文档，有时为了应付不得不补写。这样不但对项目目标的实现没有实质性的帮助，反而耽误项目成员的工作时间，甚至影响了项目的进度。其实那些做法是对项目质量管理价值的误解，真正的项目质量管理是为了确保项目团队能够交付令各方都满意的结果而建立起来的重要机制。我们在项目中会经常遇到如下令人痛心的现象：由于客户或用户对项目交付物不满意，不予验收，导致返工或项目范围蔓延，造成项目目标不能达成。当项目启动后，由于项目团队的各个成员工作方式不同，或者对项目产品的理解不同，导致各自交付的子产品和交付物的标准不统一，无法整合或整合起来无法达到预期的效果；当项目进入实施阶段，由于缺少规范化的管理机制，有一些项目成员因工作失误造成了产品缺陷或问题，却没有人能及时发现，导致严重的质量缺陷，需要用更多的时间和资源去弥补……为了避免这些问题的发生，让项目团队更顺利地达成项目目标，产生了项目质量管理这个重要的机制。因此，能够科学有效地把项目质量管理工作做好，对项目的成败至关重要。

7.1　项目中的质量管理≠补质量体系文件

在了解项目的质量管理之前，首先得明白质量国际标准化组织颁布的 ISO 9000《质量管理体系基础和术语》中对质量的定义：“**一组固有特性满足要求的程度**。”从这个定义中我们可以看到，质量其实是对固有特性的“程度”的描述，这个程度到底应该多少合适，通常取决于提要求的人的期望，我们称为客户的质量期望。

通常，项目中所关心的质量由三类组成，第一类是项目产品的质量，第二类是项目管理的质量，第三类是持续改进的质量（见图 7.1）。

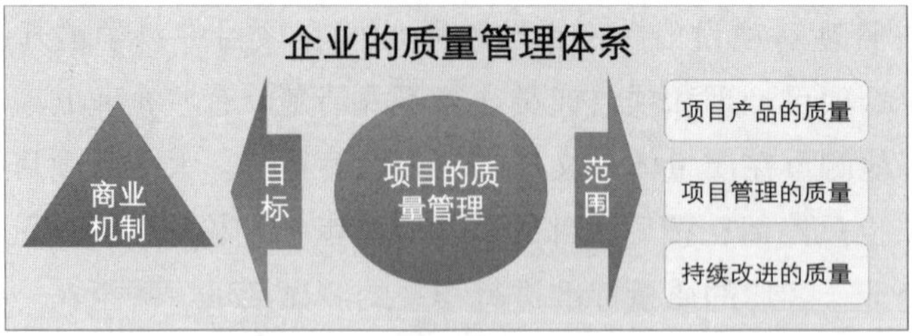

图 7.1　企业的质量管理体系

（1）针对第一类项目产品的质量管理，以确保项目最终交付物为目的，侧重于通过系统化的机制明确项目产品或项目子产品的质量标准、验收标准，确保项目团队所交付的项目产品符合立项时确定的质量要求。

（2）针对第二类项目管理的质量，以确保项目管理过程受控为目的，侧重于通过系统化的机制确保项目管理机制的规范性和受控性。在企业里会经常见到一些项目，虽然过程的规范性很差，但是结果很好。这时候，我们通常会认为，要么这个项目的成功具有一定的偶然性，要么这家企业项目质量管理的机制不够科学。如果属于前者，很可能虽然这一次的结果很好，但下一次的结果可能就很差，项目的绩效不稳定。站在企业的角度，这是不可接受的，因为企业每年都要同时发起大量的项目，有一两个项目成功对企业来说意义不大，所有的项目都成功才是企业的目标。因此，为了提升项目成功的概率，必须复制和推广成功项目的最佳实践，对项目管理的质量进行统一的要求和评价，让更多的项目走向成功。

（3）针对第三类持续改进的质量，是为了帮助项目团队在开展项目的过程中不断地学习和成长，不断地提升项目管理机制的科学性和有效性，真正做到吸取经验教训这一项目管理原则。由于项目是创新和变革的载体，具有不确定的特点，因此在项目中遇到各种意料之外的事情是再正常不过的了。遇到问题不可怕，怕的是踩过的坑下次遇到还会掉进去，更有甚者，老是重复掉进相同的坑里。因此，项目团队必须具备持续改进的能力，确保犯过的错不会再犯，这样才能更快地实现项目的目标，并在项目过程中保持学习的心态，不断成长。

从质量管理的目标来看，作为项目中的质量管理，不能单纯地以最大限度地满足客户的要求或让客户满意为导向。因为项目是一种投资行为，必须考虑投入和产出的匹配性，我们称之为以确保项目的业务价值为导向。某些项目团队在项目过程中由于过度满足客户要求造成项目成本超支，也会导致项目原本的业务价值变小甚至消失，变成失败的项目。通常，正确的做法是在开展项目的过程中，在确保项目业务价值的前提下，在投入产出所允许的范围内，最大限度地满足客户的要求，确保客户满意。

作为一名优秀的项目经理，在项目立项的阶段，一定要学会管理客户的期望值，在项目初期就把客户的期望值控制在一个合理的范围内，至少是项目团队可以实现的范围内，这样才有可能兑现对客户的承诺。有些项目团队，在项目的初期，对客户过度承诺了项目的产品和效果，把客户的期望值提升得过高，超出了项目团队的预算许可或项目团队的能力，导致项目团队无论如何努力都无法兑现承诺。当客户看到项目产出的实际产品与自己的期望不符时，就会产生巨大的心理落差，觉得受到了欺骗，非常愤怒，导致项目经理和项目团队骑虎难下。因此，在项目的开始和在项目的整个过程中管理好客户的质量期望是项目可以取得成功的必要前提。

7.2　项目内质量缺陷传递的路径和关键控制节点

质量管理的范畴很大，会涉及项目的方方面面，项目经理很难有足够多的时间持续关注项目中的所有方面。依据管理的二八原则，要把更多的时间和精力集中在关键的 20%的工作上。在项目的质量管理工作上，就是要懂得聚焦项目质量管理的关键路径。沿着项目从开始到结束的生命周期，分布着很多关键质量控制点。当我们把这些关键质量控制点按时间顺序连接在一起后，就形成了一条项目质量管理的关键路径（见图 7.2）。为了确保关键路径上的关键质量控制点不失控，项目团队必须安排不同的角色在整个项目生命周期过程中对这些关键控制点进行有效管理和评审，确保项目的质量受控。无数次的经验教训证明，绝大部分在项目中出现的质量问题，一定是由于在项目质量管理路径上的某个环节没有做好。因此，把这个路径上的所有关键质量控制点管理好，是项目质量受控的最低要求，也是底线。

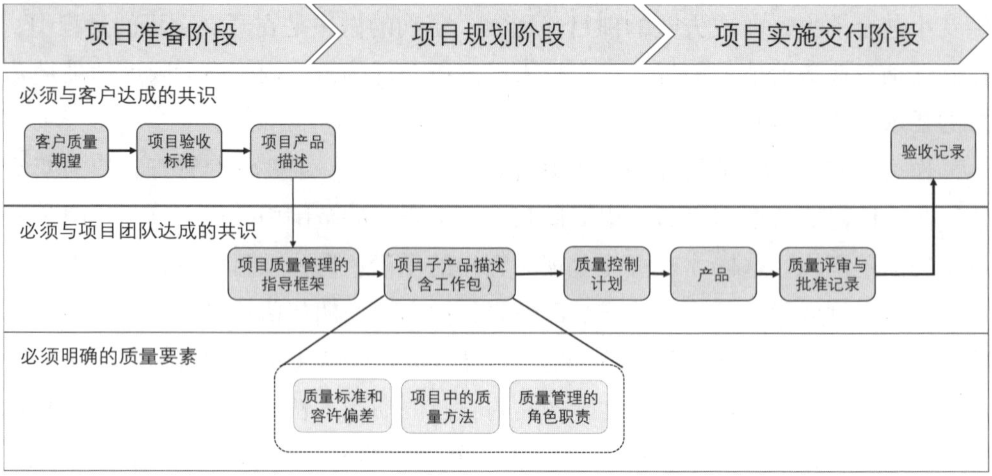

图 7.2　项目质量管理的关键路径

1．获取客户的质量期望

获取客户的质量期望是项目质量管理的关键路径的起点，这里的客户不仅指项目的外部客户和最终用户，还包括所有会用到项目产品的利益相关方，如生产部门、运营部门、质量部门、客服部门、销售部门和运维部门等。获取客户质量期望的过程通常被大家称为项目需求分析。项目需求分析有几种常用的方式，包括访谈、问卷调研、头脑风暴和思维导图等。在开展需求分析的过程中，可以将这几种常用的方式结合使用，以达到最佳的效果。

（1）**访谈**是最简单、最直接、最常用的获取需求的方式，几乎适用于所有类型的项目。这种面对面的沟通方式互动性、灵活性强，可以根据主题和对象调整思路和侧重点，引导受访者敞开心扉，甚至帮助受访者厘清思路，获得受访者最真实的需求。然而，这种方式的缺点是会占用大量的时间，而且容易受到地域的限制，成本较高，通常只适用于获取最重要的项目相关方或客户代表的需求。由于访谈的对象很重要，而且这种方式的成本很高，因此在访谈前一定要精心地选择最具代表性的受访者，并且做好充分的准备，充分利用访谈的过程引导受访者围绕自己关心的话题表达需求和期望，并做好详细的记录。访谈也是需求定性分析的一种，适用于通过对关键的代表性人物的访谈来获取需求的全景图及受访者对需求的侧重点。访谈过程及重点如图 7.3 所示。

图 7.3　访谈过程及重点

（2）**问卷调研**是常用的调研手段，项目团队通过设计书面问题，向为数众多的受访者快速地收集信息。如果受访者众多，需要快速完成调查，并想要使用统计分析方法，就适宜采用问卷调研方法。

问卷调研也叫定量分析，当项目团队通过定性的访谈获取了项目需求的关键信息后，需要在更大的范围内进一步验证所获取的需求信息的准确性就可以采用这一方法。在设计调研问卷时，通常采用选择题或判断题的方式。一方面选择和判断题占用大家的时间较少，大家容易接受；另一方面把大家的回答圈定在限定的范围内比较聚焦，也好统计结果。

工具

项目管理调研问卷示例

以某央企为了提升项目管理机制所做的调研为例。图 7.4 是其调研问卷。

调研问卷的结果，一般会以数据的形式汇总。为了方便人们直观地看到调研结果，通常以图表的形式展现（见图 7.5）。有一点值得注意的是，调研的时候不能仅仅调研用户的需求，也要调研用户当前的问题和困难是什么，以及用户提出需求的原因是什么。这样才能更好地和用户共同分析用户真正的需求，避免产生误解，或者避免用户提出来的需求根本就解决不了他自身的痛点。

项目管理调研问卷

填写日期	年 月 日	填写人员	姓名： 所属部门： 岗位名称：

调研说明：

经公司高层领导研究决定，开展项目管理培训，协助公司进行所有项目管理相关工作的改善。为了更好地了解各个部门和项目组在项目管理方面的现状和困难，以便制订更具针对性和有效性的改善方案，决定通过定性访谈和定量分析相结合的方式进行项目管理的问题收集和差距分析。

此次调研问卷的目标是了解项目管理的现状，最大限度地收集各个项目团队在项目开展过程中遇到的困难和问题，以及对项目管理改善的期望。感谢您的支持与配合！

调研问题：

第一部分

1．您所管理的项目包含哪几部分工作内容？

A.市场规划　B.产品组合　C.需求分析　D.系统开发　E.新功能的测试上线　F.宣传推广　G.产品的生命周期维护　H.如有其他未包含的内容请明确写出________

2．以上部分工作内容效率最低的是哪个部分？您认为效率低的原因是什么？(可选一个或多个，如选多个，请注明哪个是主要原因)

A.需求不清晰　B.项目目标不清晰　C.兄弟部门不配合　D.决策周期过长　E.没有明确的决策人　F.项目资源不充足　G.项目计划不准确　H.项目范围变更频繁　I.技术力量不足　J.缺少相关的规范化流程　K.领导不重视

3．您的项目能否按时上线？如不能按时上线，可能是由哪些原因造成？(可选一个或多个，如选多个，请注明哪个是主要原因)

A.需求不清晰　B.项目目标不清晰　C.兄弟部门不配合　D.决策周期过长　E.没有明确的决策人　F.项目资源不充足　G.项目计划不准确　H.项目范围变更频繁　I.技术力量不足　J.缺少相关的规范化流程　K.领导不重视

4．客户对我们的项目交付质量是否满意？如不满意，可能是哪些原因造成的？

A.客户期望不明确　B.技术原因，客户期望做不到　C.时间太紧，客户期望无法全部实现　D.交付物的质量标准不明确　E.项目交付物质量不可控　F.缺少项目的质量管控流程　G.如果还有其他原因，请明确注明：

____

5．项目成本是否会超出预算?如有超出，可能是哪些原因造成的？

A.项目启动时交付物不明确　B.客户造成的项目范围变更　C.内部成员造成的项目范围变更　D.周期过长　E.缺少成本可控制流程　F.缺少变更控制流程　G.缺少变更审批的决策人　H.如果还有其他原因，请明确注明：________________

____

6．您的项目中跨职能部门的流程是否顺畅？如不顺畅，衔接哪两个部门的流程经常出现问题？

____

图 7.4　某央企提升项目管理机制需求调研问卷示例（部分）

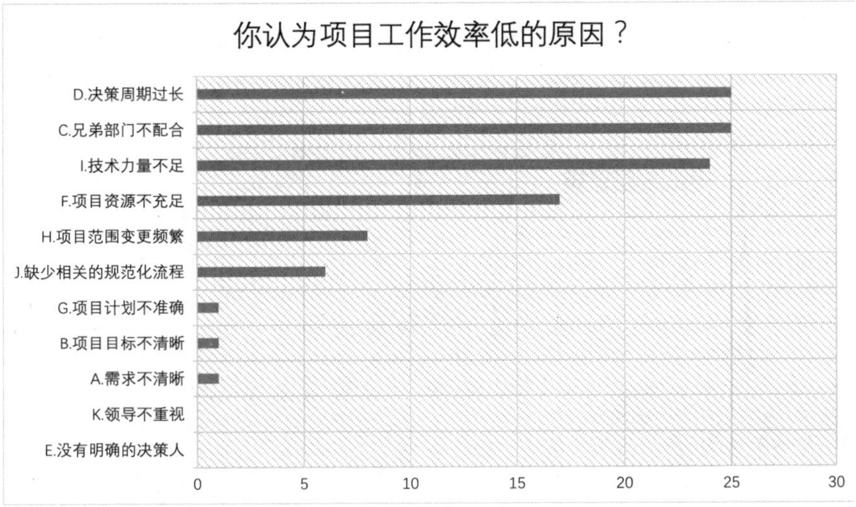

图 7.5　调研问卷结果示例（部分）

（3）**头脑风暴**也叫脑力激荡法（Brainstorming），是一种为激发创造力、强化思考力而设计出来的方法。参与者围在一起，随意将脑中和研讨主题有关的见解提出来，然后再将大家的见解重新分类整理。在整个过程中，无论提出的意见和见解多么可笑、荒谬，其他人都不得打断和批评，从中产生新的观点和解决方案。

在项目的需求分析过程中，由于分别进行访谈时，可能会有遗漏。把关键需求相关方凑到一起，采用头脑风暴的形式，可以让大家相互启发，厘清思路，有助于获得更加系统化的需求和更加真实的需求。

（4）**思维导图**是近些年比较流行的分析需求的工具，也叫心智图或脑图，利用图像来表达思维。这个工具由英国的托尼·布詹于 20 世纪 70 年代发明，受到大家的广泛欢迎，经常被用于创造性思维的工作过程中。在项目需求分析的过程中，项目团队可以使用思维导图帮助客户和自己厘清思路及不同需求之间的关系（见图 7.6）。

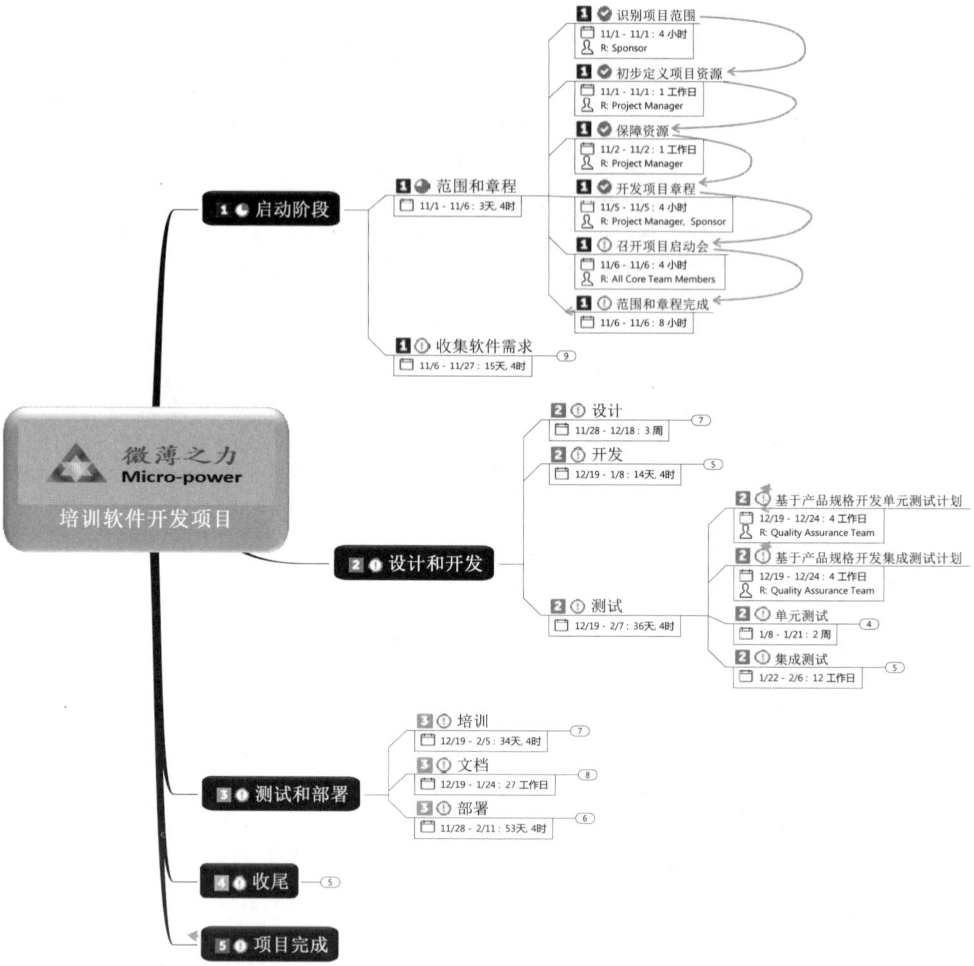

图 7.6　思维导图（示例）

客户的质量期望或项目需求通常会有很多，而且不同的客户或利益相关方需求各不相同，有时还会有分歧和矛盾。因此，在收集和整理客户的质量期望或需求时要用到 MoSCoW 的优先排序技术。

工具

MoSCoW 优先排序技术

MoSCoW 方法是一项排列优先级的技术，用来与项目利益相关方或客户就其不同需求的重要程度达成共识。MoSCoW 是缩写，字母分别代表如下：

- **Must have** 必须有，是指使项目成功的关键任务，是必须被完成的需求。
- **Should have** 应该有，这些并不是绝对的关键需求，但没有它们，产品看起来就会“不完整”。
- **Could have** 可以有，这些需求是“观望的”，并且根据时间、范围和预算有 50/50 的机会发布。
- **Won’t have** 不会有，这些需求很不确定、价值未知，或者因为它们太“奇怪”而不易理解。这一部分需求是项目团队可以不予理会的。

2．明确项目的验收标准

第二个关键控制点是明确项目的验收标准。客户的质量期望很多时候是描绘性的，不同的人会产生不同的理解，在验收时容易产生分歧，因此最好在一开始就与客户对可测量的项目验收标准达成明确的共识。通常偏技术类的项目的验收标准相对明确一些，管理类的项目或客户体验类的项目质量期望则通常很虚，不同的人理解不一样。因此必须明确可测量的验收标准，否则项目是否达到预期目标就很难确定。

3．进行项目产品描述

第三个关键控制点就是我们在讲基于产品的规划技术时特别强调过的项目产品描述。当我们明确了客户的质量期望和项目的验收标准之后，必须把客户期望和验收标准及其他与客户达成共识的目标性要求写在一个正式的文档上，并再次要求客户确认，这个文档就是项目产品描述。项目需求分析是一个经常会出问题的环节，大多数时候都是因为项目团队的理解与客户的质量期望存在差异。为了避免这类问题，我们要先把这个过程正式化，当这个过程被正式化了之后，双方才会非常认真地对待这件事，减少出错的概率。因此，我们需要用白纸黑字的形式把双方就项目质量期望达成的共识记录下来，形成正式的文档。这样一方面有助于大家通过文字的形式更准确地确认需求，另一方面也可以对双方产生约束力，有利于项目后期的变更控制。

4. 构建项目质量管理指导框架

第四个关键控制点是项目质量管理的指导框架。这时候，项目团队已经和客户就项目产品描述达成共识，项目的目标已经清晰，接下来要关注的是如何让项目过程受控。要让过程受控，项目团队必须根据企业的质量管理战略规划、各类相关的质量管理标准、管理体系要求，结合项目自身的特点和客户的质量期望进行科学剪裁，设计出符合自己项目的质量管理指导框架，明确管辖的范围，依据的标准和要求，关键的控制点，采用的质量工具、技术和方法，以及质量角色和职责，这样就为项目经理和项目团队在整个项目生命周期过程中开展质量管理工作搭建了一个科学的平台，所有相关的人在开展质量活动时也就有了明确可行的依据，项目的质量管理工作才有可能真正落地。

在项目的初期，科学地制定项目质量管理指导框架是很有用的，但是许多项目团队都缺少这个步骤，导致出现两种情况：

（1）项目团队感觉质量管理体系的要求过于复杂，不适用于项目。如果完全按质量体系的要求，根本不可能按约定的工期完成项目，因此就决定先干活后补文件，形成质量管理与实施两层皮，让项目的质量管理机制形同虚设，失去了价值。

（2）项目团队完全依据企业质量管理体系的要求进行项目质量管理。这时，项目团队会发现有很多不匹配、不协调的地方。这种现象再正常不过了，因为质量管理体系是个大而全的系统化管理机制，覆盖的是整个企业的工作内容。一个项目即使再大，也不可能覆盖企业的所有内容，所以必然有很多质量管理体系的要求在项目工作中找不到对应点。从质量管理体系自身的要求来看，并不要求项目工作中体现质量管理体系的所有要求，只是要求所有在项目中开展的工作必须符合质量管理体系相关的要求。这就意味着，所有的项目团队都应该在项目初期就明确自己的项目中到底有哪些工作内容需要接受质量管理体系的约束，并结合自己的实际情况将企业的质量管理体系进行一次剪裁，以确保和自己的项目特点匹配。如果没有做这个剪裁的动作，就会导致质量管理的要求过于复杂，管理成本过高，拖慢了项目进度，成了项目团队的负担而不是帮手。

特别提示

企业的质量管理体系应该是项目经理的帮手而不是阻碍。质量管理体系的背后是业界公认的质量标准，通常也是客户认可的质量标准，既能代表企业高层的要求，又能代表客户的质量期望，是最难以推翻的依据。项目经理应该认真学习质量管理体系的真正含义，理解它的真正价值，学会解读质量管理标准中与自己项目相关的条款。这样就可以借助质量管理体系和标准的力量帮助自己抵挡不利于企业或客户的项目变更或与质量相关的不合理要求。我们之前讲过，项目经理最重要的技能是要学会借力，质量管理体系也是项目经理可以借助的力量源泉之一。但前提是项目经理得先做到充分了解质量管理体系的真正价值，才能知道如何借助它的力量。

5．进行项目子产品的描述

第五个关键质量控制点是项目的子产品描述。项目子产品描述是项目经理给承担子产品交付任务的小组经理分配工作时的重要文档，也是避免项目经理和小组经理针对项目子产品的质量标准产生误解和分歧的管理工具，因此必须加以严格控制。在项目的子产品描述中，要特别注意明确阐述三个关键的质量要素，即质量标准及容许偏差、项目中的质量方法和质量管理的角色职责。

（1）作为项目经理，必须在给小组经理的子产品描述中规定子产品需要达到的质量标准和容许偏差。这里需要特别注意的一点是，当我们设定任何一个质量标准的时候，必须带着容许偏差，即在质量标准的上下浮动多少是可接受的。如果没有容许偏差，在验收的时候就可能产生分歧。我们用项目工期来举例，假设项目经理和小组经理把一个项目子产品的完成时间定为一个月，却没有约定容许偏差，那么就会造成潜在的分歧。可能在项目经理的概念里，工期在一个月上下浮动 3 天是可以接受的，而小组经理则认为工期在一个月上下浮动 10 天也是可以接受的。如果子产品的交付时间是一个月零 5 天，这时分歧就产生了。

（2）项目经理需要在项目子产品描述中为小组经理规定明确的项目质量方法。这就意味着要告诉小组经理，针对提供给自己的项目子产品，小组经理和子产品交付团队需要用什么样的质量方法来确保子产品的质量可靠。既要包括对子产品的交付过程质量控制方法，也要包括子产品自身的产品质量的检查和评估方法。尤其是对于通过外部供应商提供的子产品，在子产品描述中更要明确规定交付团队所要遵循的质量标准，建立的质量体系需要具备哪些质量检查、评估和评审机制等。通过这样的方式，才有可能让子产品的质量受控。

（3）在子项目产品描述中明确质量管理的相关角色和职责也很重要。即使有了适合的质量标准，如果没有专人负责执行和监督管理，大家一忙起来就都想不起来管理项目质量了，缺少了执行力，再好的质量标准也发挥不了作用。

6．制订项目质量控制计划

第六个关键控制点是项目的质量控制计划。对于交付过程质量的控制要从制订项目质量控制计划开始，这个计划汇总了所有必须开展的质量活动，包括开展质量活动的目的、内容、时间和责任人。

仅仅有质量控制计划是不够的，还要提前准备项目质量活动的记录表单，也叫质量登记单，用来记录和追溯各类质量活动，不论是质量检查还是评审的结果。开展质量管理活动时要特别注重两类文档，一类是标准，用来判断观察到的结果是否符合质量要求的依据；另一类是记录，用来追溯质量过程。记录从本质上来说是开展工作的痕迹。由于质量缺陷具有传递的特性，会沿着产品被实现的路径从上游向下游进行传递，因此很多时候质量缺陷被发现的地方并不一定是造成质量缺陷的地方。这时候，就必须能沿着产品实现的路径进行反向追溯才有可能找到造成质量缺陷的根源。如果缺少了开展工作的记录，那么就无据可查，很难找到问题的根源。

最佳实践

在实际工作中，有一种常用的最佳实践，就是在项目立项阶段就把项目质量控制计划和质量活动的记录表整合成一份文档，这样就可以根据质量控制计划进行质量活动的评价和结果记录（见图 7.7）。

项目质量控制计划										
NO	阶段	过程	作业内容	依据标准	职责	输出	计划时间	完成时间	确认结果	备注
1	DP	项目启动会	DQA 和 DQA 经理参加项目启动会，了解项目输入要求和客户特殊要求（包括流程、质量标准方面），以及 PM计划和任务安排	XX标准XX条款	PM	产品定义	XX年XX月XX日	XX年XX月XX日		
2		新标准、新流程归档	监督设计部门提出新功能、新部件检测方法和标准经DQA确认交DCC归档发布	XX标准XX条款	DQA	新功能、新部件检测方法和标准	XX年XX月XX日	XX年XX月XX日		
3			如果客户有特殊的流程要求或质量标准要求或质量协议时，组织评审，与客户协商确定；将确定的标准、流程或质量协议交文控归档发布	XX标准XX条款	DQA	与客户协商确定的质量标准、质量协议	XX年XX月XX日	XX年XX月XX日		
4		ID设计及评审	ID设计公司完成ID设计时，PM组织质量部、采购部、工程部等部门进行评审，提出《ID设计评审表》	XX标准XX条款	PM	《ID设计评审表》	XX年XX月XX日	XX年XX月XX日		
5		客户认可	项目总监将ID设计图（效果图、分解图、配色方案）交客户评审，并请客户签字（客户评审结果OK、NG都明确，签字）	XX标准XX条款	项目总监	签核的ID设计图	XX年XX月XX日			
6		DP 阶段评审	DQA依据评审结果进行判定，当本阶段判定FAIL，PM根据实际情况，调整计划，组织项目改进，如因特殊原因，项目在改进的同时需进入下一阶段时，由PM进行风险评估，制订改进计划，并提出特采申请	XX标准XX条款	PM	DP阶段评审报告	XX年XX月XX日			
7		结构设计及评审	结构评审 1. 评审结论的一致性，保证没有差异项遗留 2. 根据结构Checklist评审，记录要输出	XX标准XX条款	ME	2D和3D评审报告 结构CHECKLIST	XX年XX月XX日			
8			模厂开模评审（可实现性）	XX标准XX条款	ME	模厂评审报告	XX年XX月XX日			
9			投模前3D/2D图需要归档	XX标准XX条款	ME	2D、3D图	XX年XX月XX日			
10		硬件设计及评审	硬件评审（布线和摆件） 1. 评审结论的一致性，保证没有差异项遗留 2. 是否根据硬件Checklist评审	XX标准XX条款	HW	硬件Checklist PCB布线图 原理图评审 堆叠评审	XX年XX月XX日			

图 7.7　新产品项目质量控制计划（示例）

7．产出产品

第七个关键控制点是产品，质量控制的工作不能仅仅集中于会议评审和文件管理，还要确保项目团队确实产出了与计划相符的产品。

8．进行质量评审与批准记录

第八个关键控制点是项目的质量评审与批准记录。项目产品在经过测试和评审之后的结果是否可以接受，一定要首先经过项目团队内部授权的人批准才行。为了确保这个环节不失控，一定要保存评审和批准的记录，包括测试的结果、评审的意见、评审的时间、参与评审的成员的姓名和职务、批准的时间、批准人的姓名和职位等。

9．进行产品验收记录

第九个关键控制点是项目产品验收记录。项目最终产品的验收工作由客户或由客户授权的人来完成。验收的过程一定要保留记录，证实项目团队与客户在什么时候就项目产品的验收达成了什么样的共识，以备将来有需要时查询。如果项目产品的验收记录上没有客户或客户代表的签字，或者没有验收记录，那么项目的收尾就缺少了依据。

项目质量管理的关键路径主要由这九个关键控制点构成。当然，质量管理的其他要素还有很多。根据企业自身的特点或客户的要求，项目经理和项目团队应当对自己的项目增加相应的关键控制点。这九个质量关键控制点是项目质量管理最基本的要求，是项目质量管理受控的基础，在项目质量管理过程中必须进行严格管控。

7.3 适度的质量控制手段

1．评估方法和过程方法

开展项目质量控制工作，通常有两种主要的方法，一种是评估方法，另一种是过程方法（见图 7.8）。

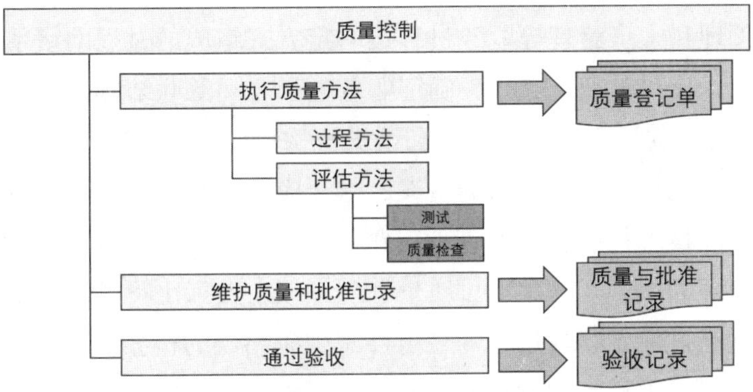

图 7.8　质量控制

（1）**评估方法**通常指大家比较熟悉的物料检查、产品测试和成品抽检等，主要目的是按照约定的质量标准评估项目的阶段产品或最终产品的符合性，降低质量缺陷的数量，避免不合格产品的出现。

（2）**过程方法**是质量管理特别强调的工作方法，但是非质量出身的项目经理往往对这种方法不太熟悉。让我们依据 ISO9001:2015《质量管理体系　要求》中给出的描述来看看过程方法是什么：

- "所有组织应该用过程来达成它们的目标。"
- 过程：用于将输入转化为预期结果的一组相互关联或相互作用的活动。

注意：输入和输出可以是有形的（如材料、部件或设备），也可以是无形的（如数据、信息或知识）。

过程方法包括建立组织的过程，使这些过程作为集成的和完整的体系来运行。

- 管理体系集成过程和措施，以满足目标。
- 过程确定相互关联的活动及检查（项目），以便交付预期的输出。
- 需要时，可以对详细的策划和控制予以规定和文件化，这取决于组织的环境。

2. 过程方法介绍

让我们再通过对如下过程方法的描述，进一步加深对过程方法的理解。

"过程管理方法具有与传统管理方法不同的哲理，其基本思想是：从横向视角把企业看作一个由产品研发、生产、销售、采购、计划管理、质量管理、成本管理、客户管理和人事管理等业务过程按一定方式组成的过程网络系统；根据企业经营目标，优化设计业务过程，确定业务过程之间的联结方式或组合方式；以业务过程为中心，制订资源配置方案和组织机构设计方案，制订解决企业信息流、物流、资金流和工作流管理问题的方案；综合应用信息技术、网络技术、计划与控制技术和智能技术等解决过程管理问题。”

在项目管理领域，尤其是项目质量管理领域，大家比较推崇过程方法。过程方法主要侧重通过提升项目过程的规范性减少犯错误的机会，其实是一种来源于风险规避的套路。项目中的过程方法会有以下两种不同的表现形式。

第一种形式是大家比较熟悉的系统化管理机制，如项目管理体系、标准化体系或应用于项目的质量管理体系等，目的在于通过对项目过程进行系统化和标准化管理，让大家共同按照已有的最佳实践按部就班地开展项目工作，减少大家由于经验不足或不依赖个人自由发挥时造成的问题。

第二种形式就是信息化和自动化，简单地讲就是用机器和信息系统取代人的工作。因为“人”是最大的不确定因素，人为失误造成的项目质量缺陷往往在项目总体质量缺陷数量中占绝大部分的比例。与人相比，机器和信息系统更加靠谱，出错很少，因此信息化和自动化的手段可以较大幅度地减少质量缺陷，还可以提升效率。这也是国家在各行各业推行工业 4.0 的重要原因之一。

最佳实践

在日本的工业领域有一种很著名的“防呆”机制，也叫作“POKA-YOKE”或“ Mistake-proofing”，中文译为防呆法或愚巧法。这种方法是一种预防矫正的行为约束手段，运用避免产生错误的限制方法，让操作者不需要花费注意力，也不需要经验与专业知识即可直觉无误地完成正确的操作。这种方法来源于日本围棋与将棋的术语，后来被运用在工业管理上，尤其是在汽车和电子行业中，如丰田汽车和索尼电子的生产中，之后传播至全世界。

大家知道，很多机器设备上都有阀门或开关，如果管理不善，就会经常因为误操作造成事故。例如，一个工程师正修理机器，这时候又来了另一个工程师或操作工，因为没有注意到有人在修理机器就把机器运转的开关打开了，结果机器突然启动，伤了正在维修机器的人，造成重大事故。为了避免类似的事故，企业采用了设备管理中的防呆机制，用特定的锁把机器的电源开关锁起来，每个锁的钥匙通常只有一把。如果一位设备工程师需要修理或维护机器，那么他首先需要为待修机器设立明确的维修状态标识，然后把机器开关旋转到特定的位置上，再用一把特制的开关锁把机器的开关给锁上，自己把开关锁唯一的钥匙带走，这样其他人想打开开关也是打不开的。

自动化和信息化也可以提供非常有效的过程方法手段。例如，在制造业生产领域非常著名的制造执行系统（Manufacturing Execution Systems，MES），就是把生产车间的计划系统与各个执行单元的机器设备通过信息化平台集成和整合在一起。除了大幅提升生产效率和降低沟通成本，其优点之一是可以把生产区域的操作工出现误操作的概率降得更低。因为信息系统平台会自动进行控制，如果前面一道工序没有完成或未达到既定的质量标准的话，后面一道工序是没有办法被操作工启动的。在新产品项目的样品试制或试运行阶段，由于很多一线操作工不熟悉新产品的工艺流程，经常会出现误操作，通过 MES 可以有效地防止类似问题的出现。

在实际的项目质量控制工作中，把过程方法和评估方法有效结合使用，可以更好地确保项目的质量。通过控制项目的开展过程可以降低犯错误的概率，通过主动进行测试和质量检查来确保项目的质量。

7.4 质量审查技术

在项目质量控制的过程中，质量评审是其中最重要的活动，通常采用会议的形式，邀请相关的专家评委共同评审项目的阶段产品或最终产品是否符合预期的质量标准，以此作为项目团队批准产品的重要依据。质量评审会并不容易组织，因为参会的不是领导就是专家，而且大家很喜欢自由发表各自对项目的看法。质量评审会本来是邀请专家来帮忙把关的，是帮助项目团队评审项目产品是否符合质量要求的会议。如果会议没有控制好，有时不但没有达到评审项目产品、助力项目目标快速实现的目的，反而造成了项目范围变更和蔓延的现象，产生适得其反的效果。

PRINCE2 对质量审查技术的定义是：“质量审查技术是其中一种评估方法，以文件评审的形式，评估产品与质量标准的一致性。”

质量审查不是在产品开发或生产现场进行实物测试和评审，而是组织评审委员以会议的形式，通过评估记录了产品测试结果的文件，来判断这个结果是否可以接受。这种方式的好处是，可以邀请更多项目利益相关方代表共同参与对项目产品的评审和验收，有利于项目产品得到更多人的认可，也有利于项目最终的产品验收和成果推广。

1．质量审查技术的角色

在质量审查技术里，有四个关键的角色（见图 7.9）。

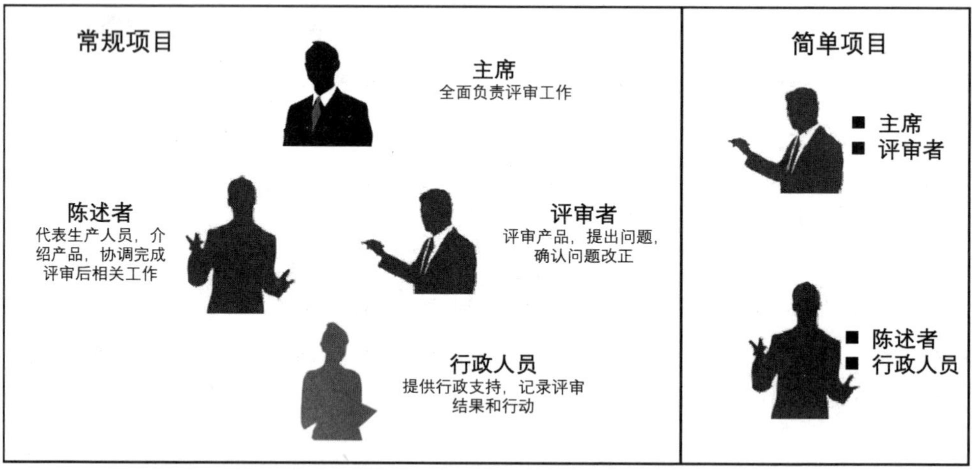

图 7.9　质量审查技术的角色

（1）主席。任何时候开会必须有一个主席，如果没有主席来控制会议过程，大家很可能讲着讲着就跑题了，导致会议混乱，不能按时结束，甚至一直都没有机会讨论本该讨论的话题。因此，开会的时候必须有一个人负责控制整个会议，这个人就是会议主席。

（2）陈述者，就是做汇报的人。担任陈述者这个角色的通常是负责交付项目子产品的小组经理或关键任务负责人，负责举出材料和证据说明自己负责的子产品或工作包已经达到了预期的质量标准或遇到了什么样的问题。陈述者通常要准备充分的材料和报告，在会议上进行充分展示和讲解，尝试说服评审者支持自己的观点。作为合格的陈述者，在开会之前必须提前收集所需要展示的信息和数据，并进行整理和提炼，形成直观、明了的汇报报告，一定不能等到开会时现场再想该说什么，耽误大家的时间。

（3）评审者，就是被大家称为评审委员会的领导或专家。他们负责代表项目的各个不同利益相关方，共同评审项目陈述者递交的项目材料，给出自己的意见。

特别提示

一定要防止评审者在项目评审会上扩大项目的范围。对于质量评审这种类型的会议，评审委员应该只做符合性评价，这意味着只评价项目的产品是否符合项目立项时确定的质量要求，而不能对小组经理提出比项目立项时约定的更高的要求或额外的要求，造成项目变更。因此，项目经理和项目团队在组织质量评审会议前最好能给评审委员明确的评价标准，而不要让评审委员自由发挥。

（4）行政人员。在质量评审的时候，还得有人记录会议的决定，这就是我们所说的会议行政人员，这个角色是个服务支持型的角色。开会的目的一定不仅为了讨论和交流，更重要的是要把所有达成的共识和决定记录下来，变成行动计划，并安排适合的人跟进。这些事情也会由行政人员这个角色来负责。

这四个角色是质量评审会议的必备角色，缺一不可，但是有的角色是可以合并到同一个人身上的。项目经理在会议上不做陈述者的时候，他也可以担任会议主席。在同一会议上，项目的评审者和陈述者一定不可以由同一人同时担任。

2．评审会的召开

一个好的质量评审会议是经过精心设计的，通常我们把质量评审会议的过程分为三个不同的阶段，包括评审会前的准备阶段、评审会中的评审阶段和评审会后的跟进阶段。

科学地设计和组织质量评审非常重要。但在现实中，经常会出现会议不能聚焦主题，大家随意或过多发散性地讨论，经常卷入一些问题的细节中等情况，导致开会多、效果差。为了避免这种现象，建议做好如下工作（见图 7.10）。

（1）质量评审会前的准备工作。

- 由主席和行政人员做好行政安排工作。
- 由主席检查产品是否准备就绪、达到参与评审的条件，并确认哪些评审者可参加评审。

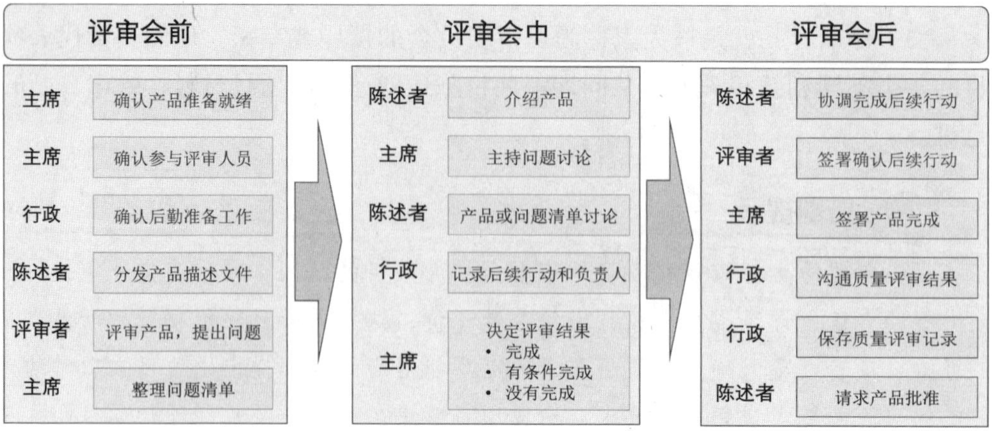

图 7.10　质量评审会议的三个阶段

- 由陈述者向评审委员会分发产品和有关产品描述的相关文件，使评审者有充足的时间准备。
- 由评审者提前评审产品与相关产品描述中质量标准的一致性，并在评审前向主席和陈述者递交一份问题清单。
- 由主席在评审会前将汇总的问题清单统一交给陈述者。

（2）评审会议中。

- 由主席介绍参会人员。
- 由陈述者简要介绍产品，包括产品的目的、产品的客户、客户需求产品的原因及产品的用途。
- 由主席邀请每位评审者提出关于产品的主要问题，并组织评审委员会就这些问题达成共识，安排行政人员记录后续需要采取的行动和相关负责人。
- 由行政人员通过复述后续行动的方式再次和参会人员确认后续行动和相关负责人，确保大家都明确了自己的任务和职责。
- 由主席组织评审委员共同形成针对每个产品的最终决定。通常的决定分为三种：

　— 完成（产品符合目的，如所要求的那样）。
　— 有条件完成（在完成后续行动后，产品就符合目的了）。
　— 没有完成（产品需要另一次质量评审）。

- 由主席结束评审，并把评审结果通知到各个利益相关方。

（3）评审会议后的跟进工作。

- 由陈述者执行在会议上决定的后续行动。
- 由评审委员会的各位评审专家评估后续行动的执行结果。
- 当所有的后续行动都已完成，由主席签署对产品完成的确认。
- 由行政人员与项目相关的小组经理和支持人员沟通质量评审的结果并保存质量记录。

特别提示

质量审查技术注意事项

（1）主席必须独立于评审的产品。就是说，要评审的项目不能是属于主席的，裁判员和运动员不可以是同一个人。

（2）评审者的产品质量检查工作必须在评审会之前完成。为了节省会议时间和大家的时间，不能等到开会时再去澄清很多本来在开会前就可以澄清的信息。最好让所有参与评审的委员在开会之前就看到所有的相关信息，并且确保大家手上的信息一致且都是最新的。

（3）在评审会上只识别缺陷，不需要讨论缺陷的解决方案。讨论解决方案需要较多的信息和较长的时间，不适合在质量评审会上进行，应该作为后续行动计划放到会后单独讨论。

（4）质量评审会上所有的讨论要有明确的主题和目的，避免开放式讨论，且只讨论被评审的产品是否符合产品描述的要求，一定不要尝试去改变原产品描述中定义的产品范围或质量标准，甚至为该产品制定一个更高的目标，否则就会造成项目范围蔓延或镀金的现象。

（5）对事不对人，这是开展质量活动的原则。质量评审只以事实、以标准为基础，以项目立项时确定的产品描述为依据，在评审时不得夹杂个人情绪或猜测。

7.5 项目质量管理的卫道士——项目质量保证

项目质量保证（Quality Assurance，QA）是大家经常在项目中能见到的一个角色，他经常监督大家的工作。

项目质量保证是一个对项目管理非常重要的角色，肩负了在组织内部建立和维护项目管理机制和质量管理体系的双重职能。项目质量保证通常不隶属于项目管理团队，因为他要负责监督整个项目管理团队，也包括项目管理委员会，因此必须被独立在项目管理团队之外，既要参与项目工作，还要有直接的渠道单独向企业的高层汇报。由于项目质量保证有监督和审查的职责，很多时候需要主动挑出大家做得不符合公司要求的问题，并汇报给领导，故而经常得罪人，也常被大家误解。

成为一个优秀的项目质量保证很不容易，因为他至少要扮演三种不同的角色，即老师、警察和医生（见图 7.11）。

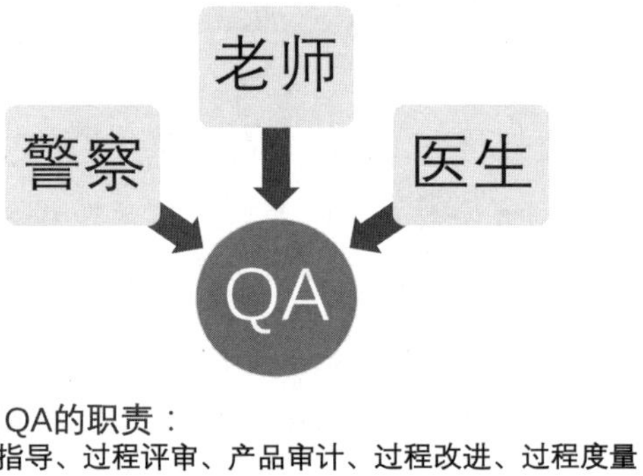

图 7.11　项目质量保证的职责

（1）作为老师，项目质量保证需要具备非常好的学习和培训他人的能力，因为不但自己要对项目管理机制、质量管理体系及公司内的各种规章制度非常熟悉，还肩负培训和推广这些要求，以及推广项目管理和质量管理文化的重任。因此，优秀的项目质量保证需要把自己培养成一个优秀的老师。

（2）作为警察，项目质量保证要负责监督项目管理团队是否真的严格执行了企业项目管理和质量管理的要求，确保项目管理和质量管理的相关要求在项目实际工作中落地，在过程管理中最大限度地确保项目成功。

（3）作为医生，项目质量保证要不断地收集项目中的相关数据，测量项目的绩效，分析项目各种绩效偏差背后的根本原因，并协助项目管理团队设计改进方案。

同时担任这样三种不同的角色是很有挑战的，因为这些角色之间的差异是很大的，工作的方式、需要的技能不同，连对待他人的态度也是完全不同的，因此要经常切换自己的角色，调整和保持良好的心态。

优秀的项目质量保证需要具备如下素质：

- 真正相信过程改进。只有发自内心地相信才能感染别人。
- 自我激励。即便身处逆境，也能克服不良情绪振作起来。
- 不畏惧失败。任何工作在第一次做时都不可能完美。
- 引导和激励其他人。只有几个人的改变不代表整个组织的成功。
- 分清工作轻重缓急，条理清晰。平衡工作的长期目标和短期利益。
- 不断充电。不断学习、思考、实践、再学习。
- 开心地工作。

本章小结

对项目经理来说，项目质量管理是确保项目实现预期目标和各个利益相关方满意的关键；对企业来说，项目质量管理是确保项目成功，同时也是提升项目管理规范性的关键。作为优秀的项目经理，要通过不断学习和实践，学会正确地借助企业质量管理体系的力量，结合项目自身的特点，制定适合自己项目的质量管理框架和策略；认清项目内质量缺陷传递的路径和关键控制节点，制订适宜的项目控制计划，在项目过程中开展质量控制工作。在确保项目价值的前提下，最大限度地满足客户的期望。

第8章

六步法第五步：学会预测未来，少走弯路

Project
Management
With
Limited Authority,
2nd Edition

我一直觉得项目的风险管理是项目管理中最难掌握的技能，因为它体现的是项目经理和项目团队的预测能力和事前应对的水平。然而，在实际的项目中，风险管理往往被大家忽视，或者形同虚设，并没有真正发挥其应有的作用和价值。做好风险管理很不容易，因为要根据项目的目标、客户的习惯、产品的特点、类似项目的历史经验、项目交付团队的能力和自身组织的环境及文化等多方面因素来识别项目过程中的不确定性是什么、不确定性在何时发生，分析不确定性到底会对项目目标造成什么样的影响，以及可以采取哪些措施来应对这种不确定性。如果风险管理做得好，项目团队可以提前规避很多问题的发生或在问题发生前就已经做好了充分的准备；如果风险管理做得不好，项目经理和项目团队就会在项目的执行过程中不断地忙于救火，一路坎坷，还不一定能实现项目的目标。提前思考未来可能发生的各种情况并预先分析各种可能的应对手段其实是个很辛苦的脑力活动，因此很多人往往喜欢偷个懒，等事到临头了再应对，但这也是卓越的项目经理和普通的项目经理之间最大的差异之处。预测未来这件事虽然辛苦，但同时也是最锻炼人的过程，不但可以帮助项目经理和团队以最快的速度提升能力，而且由于在项目中走的弯路比别人少，项目绩效也一定比其他人好得多，会令领导、客户和同事刮目相看。

8.1 项目风险管理没有效果的三个主要原因

很多企业和项目团队并不是没有开展项目风险管理工作，而是虽然开展了项目风险管理工作，但并没有取得很好的效果。根据我自己的经验，项目风险管理没有效果往往是由以下三个原因造成的。

第一个原因，漫无目的地识别风险。

很多项目经理在组织项目团队识别风险时，并没有提前设计识别风险的逻辑，而是简单地把大家组织在一起头脑风暴，靠大家轮流发言和相互启发来识别风险。头脑风暴是一个非常好的工具，但是作为头脑风暴的主持人，一定要能很好地引导大家的思路，让大家按照不同的类别很有序地、很有逻辑地去识别项目的风险。譬如，可以引导大家先把项目的风险按不同维度分类，再按不同的类别做识别，这样既能够聚焦关键类别的风险，又不容易遗漏。项目的风险分类有很多维度，常见的有按照项目的系统要素分类（环境风险、系统结构风险、行为主体风险等）、按照项目管理的过程和要素分类（战略风险、计划风险、决策风险、技术风险等）、按照风险对目标的影响分类（成本风险、工期风险、质量风险、客户满意度风险等）及按照不同的项目利益相关方分类（客户、供应商、项目领导、项目成员等）等。

第二个原因，讲不清楚风险是什么。

在一些项目里，虽然大家把项目的某个风险识别出来了，但是并没有给其他人讲清楚，或者识别出项目风险的人自己也没有把项目风险想得很明白，即只是了解风险的表象，并没有深究风险的本质。我们在前文中也提到过，很多项目经理经常泛泛地指出在自己的项目中面临项目资源不足、时间不够、人员不配合、范围经常变更、客户需求经常发生变化、供应商不能按时交付，或者项目团队成员工作能力不强等风险。如果项目经理对于自己项目的风险的解读仅仅停留在这个程度，那么就很难找到有效的应对措施或获得他人对项目的额外支持。作为一名称职的项目经理，当我们在跟别人提项目中的困难的时候，永远不能泛泛地讲资源不足、时间不够、人员不配合、项目范围总是变更或需求总是变化。正是因为项目中有这些风险的存在，才恰恰需要项目经理这个角色来应对。合格的项目经理一定要把识别的风险进行结构化的分解，在分解的过程中弄清楚风险的本质和来龙去脉，这样才有可能真正弄清楚这个风险，然后再用有条理的方式讲给其他的项目利益相关方，这样才有可能获得他人的有力支持。

第三个原因，风险的应对措施落实不到人。

很多项目经理花费了大量的时间和精力组织项目团队成员共同识别出了很多项目风险，并且有针对性地制定了科学的应对措施，但是由于没有把这些应对措施分派到合适的责任人身上而导致了实施效果不尽人意。

上述的三个原因在各类企业实际项目工作中非常普遍，从而也造成了很多企业的项目绩效不能令人满意的现象。只有通过有效的项目管理方法，真正把项目风险管理的工作做到位，做扎实，做到关键点上，才能真正让项目风险管理方法在实际项目上发挥出应有的作用。

8.2 风险≠不确定的事

能够把风险管起来的前提是了解风险。什么叫风险？英国内阁办公室《风险管理指南》中给出的定义是：“风险是不确定的一个或一系列事件，一旦发生，将对目标的实现产生影响。”

特别提示

风险是不确定事件，然而，并不是所有的不确定事件都叫风险，只有对项目目标的实现产生影响的不确定事件才叫风险。因为不确定事件的范围太大了，我们不可能都管得了，只能先关注与自己的项目目标相关的不确定事件。这一点，我以前在做全面风险管理体系的项目时，特别有体会。那时我曾经帮助一个大型的国有制造业企业建立全面风险管理体系，从总公司到分公司都要分别梳理风险，制定风险应对措施，建立风险管控机制和体系。在这个过程中，最大的体会是，如果让大家去识别风险，大家能识别出特别多的风险。因为日常的许多工作都具有不确定性，只要在企业内所有事的描述后面加上一个问号，都可以代表风险。因此，在组织大家识别风险的时候，一旦让大家发散性地找风险，根本不用担心找不到风险，而是担心找出来的风险太多。找出的风险多本来不是坏事，问题是大家找出来的很多风险都是别人的风险，既不归自己管，别人还不认同。这种风险的责任人不好界定，是不是真正的风险也不好确定。另外，大家找出来了很多发生概率很低或影响不大的风险。如果管，会占用企业较多的资源；如果不管，确实又有发生的可能性。企业的资源是有限的，不可能全都投到管理不确定事件上，尤其是一些对企业的主要目标影响不大的风险。因此，企业只能挑最重要的风险来进行管理。

对于项目来说，项目经理和项目团队只需关心对项目目标有影响的风险，所以从项目一开始就得明确项目的目标是什么。项目的产出、成果、收益都属于项目的目标，而且这三个目标都很重要。因此，当我们识别风险的时候，对项目产品造成影响的风险要关注，对成果的转化造成影响的风险也要关注，对收益的实现造成影响的风险更要关注。

通常，风险可以被分成两类，一类叫威胁，指那些对目标有消极影响的不确定事件；一类叫机会，指那些对目标有积极影响的不确定事件（见图 8.1）。当我们识别风险的时候，不能只想威胁，还得想机会，而且在很多时候，善于发现机会比善于发现威胁更重要。也就是说在开展项目的时候，项目经理和项目团队不但要随时捕获对项目有威胁的事，还要挖掘潜在的机会，努力产生一些计划外的亮点，为项目创造更大的收益。大多数时候，抓住一个机会比规避一个不好的影响更容易获得大家的称赞。而且，大家一定要记住，一个成功的项目一定是一个有亮点的项目。如果项目经理和项目团队仅仅实现了项目的原有目标，那是项目经理的本职工作。只有在项目过程中抓住了额外的机会，在完成原有目标的基础上还创造出不同凡响的亮点，才能令人刮目相看。

图 8.1　风险的分类

8.3 用三段论描述一个风险

把一个风险描述清楚是很不容易的一件事。在很多项目中，我们看到大家都只是泛泛地谈风险，如资源不足、时间不够、人员不配合、供应商不能按时交付产品等，其实这些风险几乎在所有项目中都必然存在，根本不需要再次提出来，因为这就是成立项目团队和任命项目经理的原因。成立项目团队的目的就是能够在很有限的时间和资源内组织一群原本互相不配合的人去完成一个有挑战性的目标。因此，我们在项目中不能仅仅泛泛地谈风险，必须把风险描述成一个有前因后果的具体事件，从而引起大家的关注和重视。

要把风险描述清楚，得从企业的风险偏好讲起，因为不同的企业由于自身的环境和文化不同，对风险的认知和接受程度也是不同的。因此，我们至少得先想明白，在我们所处的行业、企业，什么样的风险才会引起大家的共鸣和关注。

1．风险偏好

风险偏好的意思是“组织对承受风险的独特态度决定了它认为的可承受风险的程度”。根据企业对风险的承受能力的不同，我们把企业分为风险追逐者、风险厌恶者和风险中立者。

案例

我国现阶段的国有银行，基本属于风险厌恶者，其内部有非常严格的财务审批流程、合规管理体系、质量管理体系、风险管理体系和内控体系等，通过复杂的流程和不同角度的监控，全方位对员工的工作和行为进行管理，避免大家犯任何错误，避免承受任何风险。这样做，也有不利的一面，尤其我国当前正处于向市场化转型的时期，在很大程度上拖慢了企业抢占市场的速度。我有一个长期合作的国有银行客户，近几年来，这家银行的信用卡中心已经成为国内公认的数一数二的信用卡中心，其信用卡业务也是这家银行最盈利的。信用卡中心的市场部在这个过程中功不可没，一直在强力地带动整个信用卡中心走市场化道路，不断地根据客户的需求推出各类令人瞩目的新产品。然而，这是个很不容易的过程，每当市场经理或产品经理根据市场的需求构思出一个新的产品时，后台合规部门、质量部门、内控部门、财务部门就纷纷站出来，提示市场经理这个新产品有各种各样的风险，如果不能规避这些风险，就不能推出这个新产品。因此，市场经理就要花费大量的精力和时间向内部的相关部门证明这些风险其实并没有那么严重。这样做导致新产品上市的准备时间往往会比较长，有时甚至耽误了最佳的上市时机。然而，这样做的好处是，确保了所有产品都经过严格的推敲和论证才被投放到市场上，确保了决策的准确性。

国内有一些互联网企业，尤其是新生的互联网企业，都是典型的风险追逐者。这类互联网企业基本的运营模式就是前期赔钱赚吆喝，即先给投资人描绘一个美好的故事，拉风险投资，筹到钱后就高薪组建团队，大量地做营销，用各种手段打破市场在该领域原有的平衡，通过更低的价格和更方便客户的方式抢占市场和抢客户，持续不断地砸钱，不盈利也没关系。当客户数量足够大的时候，就可以描绘一个更美好的前景，再拉风险投资，再拿着投资人的钱做营销，发工资、发奖金。投资商也很聪明，只要这家公司被包装得够好，能卖给下一家投资商，自己的钱就赚回来了。实在卖不出去了，就逼着公司上市，让股民接盘。

从项目风险管理的角度，我们必须首先搞清楚自己企业的风险偏好是怎样的，什么样的风险可接受及什么样的风险不可接受，以决定我们在识别和控制项目风险的时候要特别注意哪些风险及可以忽略哪些风险。

有些项目经理因为不熟悉自己企业的风险偏好，有时提出了一些自己认为很重要但是企业领导认为不重要的风险，结果就得不到领导的支持和重视；反而，有时自己看起来不太重要的风险，领导却非常重视，一旦自己没有提前准备好充分的风险应对措施，就会受到批评。因此，对于需要关注的风险类型，项目经理和项目团队一定要结合自己企业的风险偏好来考虑。

2. 风险描述三段论

通常可以用三段论的方式来描述一个风险，即风险原因、风险事件和风险结果，并且要梳理清楚这三者之间的逻辑关系（见图 8.2）。第一，要讲清楚风险的起因，也叫风险源，即什么导致了风险的出现；第二，要描绘清楚这个风险一旦发生了，它的表现形式是什么，这就是我们所说的风险事件，这个事件会发生在什么时间、什么地点、项目的哪个环节上，其发生的概率有多大；第三，要讲清楚这个风险事件会对谁造成什么样的影响，程度有多严重。这就是我们所说的三段论，也是帮我们厘清风险前因后果的一种简单方式。

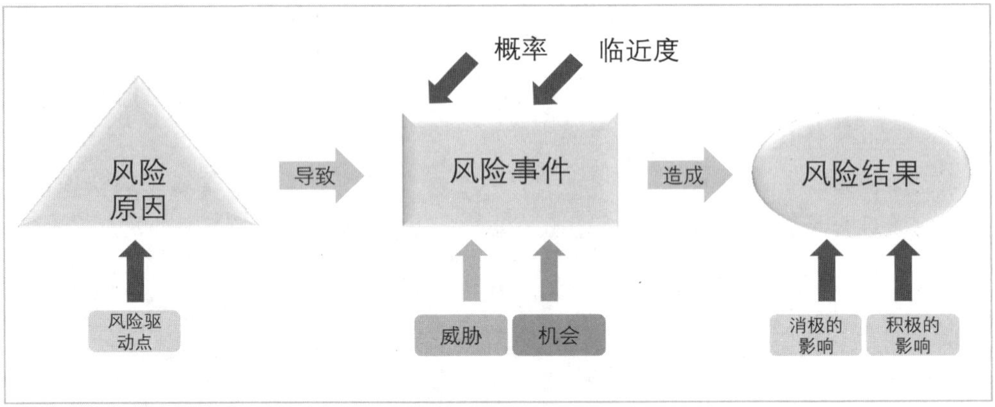

图 8.2　描述风险的三段论

（1）当描述**风险原因**的时候，有两点需要特别注意。

第一点，不仅要描述造成风险的根源是什么，而且要说明导致风险的根源的责任人是谁。因为，如果只是就事论事地讲风险的原因，通常很难引起相关人的关注，而当我们把风险的原因和潜在的责任人关联在一起的时候，必然会引起该责任人或他所代表的利益相关方的关注，有助于促使他们协助项目团队寻找可行的风险应对措施。

第二点，在讨论项目风险原因的时候，有一个原则性要求，就是这个风险的原因必须得在企业内部找。因为企业的外部因素往往难以控制，而识别风险的目的是能够更好地采取应对措施，所以必须更加关注内部可控的因素来避免外部的干扰。

案例

很多项目团队都会把外包方不能按时交付项目子产品作为风险的原因，从项目风险管理的角度来看，这样做是不可取的。我们不能把这个风险的真正根源归结到外包方身上，因为外包方不是我们企业的人，和我们的利益是不一致的，他们有自己的动机和习惯，有自己工作的优先级和目标，很少会主动替我们的项目目标考虑。对我们的项目来说，这个风险真正的原因可能有两个：第一，负责选外包方的部门没有能力选择到既符合要求又可靠的外包方；第二，负责管理外包方的部门没有真正把外包方管理好。这样就把一个外部不可控的风险因素转变成企业内部，甚至是项目内部的风险因素了。

有些项目团队把项目计划和范围经常被改变的原因归结为客户的需求经常改变，这样这个风险貌似就不可控了。其实，这个风险真正的原因应该是项目团队中负责客户需求的人没有在项目立项阶段了解客户的真正意图或没有能力正确引导客户的需求。如果我们的经验和专业能力足够丰富，如果我们比客户更明白他们真实的痛点和意图，我们就可以引导他们按我们所期望的方向开展项目，而不会经常出现被动变更的现象。

（2）当我们描述**风险事件**的时候，首先要明确的是，这个风险是一个威胁还是一个机会，发生的概率有多大，什么时候会发生。对于风险来说，发生概率的大小是相当重要的因素，如果风险发生的概率大，即使其影响不是很大，大家也会非常关心，如预订不到会议室的风险；如果风险发生的概率很小，即使影响非常大，大家通常也不会太关心，如地震、战争等。因此，如果项目经理希望自己提出的风险能够引起大家的重视，获得领导和大家的帮助，就不要忘记提及风险发生的概率，或者把风险概率描述得非常低。例如，有的项目经理在汇报项目的时候会提及项目所需的某种专业项目资源不足的风险是 20%，那么这必然很难引起大家的重视；如果这个项目的风险是 80%，则情况就完全不一样了。

其次，在描述风险事件时，描述风险发生的临近度也很重要。因为大家都很忙，会本能地先关注近期要发生的事，把远期发生的事放一放，等离得近了再管。例如，如果项目经理在汇报项目时，汇报了一个非常重要的风险。虽然这个风险一旦发生会对企业带来非常大的损失，但是要在 10~15 年之后才可能发生，那有多少在座的听众会真正关心这个风险呢？根据我的经验，绝大部分人只关心在自己任期内会发生的风险。如果项目经理不提及风险发生的临近度，或者听取汇报的人发现这个风险不在自己的任期内，那么他们很有可能就不关心这个风险了。

特别提示

大家一定要记住，企业内大部分员工只关心影响自己绩效考核的事件。如果项目经理希望自己提出的风险能引起某个关键利益相关方的重视并获得支持，那就必须得让这个利益相关方明白这个风险事件会在他的任期内发生，会影响他的利益，而且概率比较大。

（3）当我们描述**风险影响**的时候，要明确这个风险会直接影响项目的哪个目标，是项目的产品工期、成果转化，还是收益实现。影响的项目目标不同，被影响的利益相关方就不同。明确被风险事件所影响的项目目标有利于获得与该目标相关的利益相关方的关注和帮助。如果我们谈的是对项目产品的交付工期、交付质量或交付成本方面的影响，那么就容易引起项目建设团队的关注；如果我们谈的是对项目成果能否顺利转化、产品能否顺利推广的影响，那么就容易引起项目使用方的关注；如果我们把项目风险所造成的影响与项目收益关联上，那么就容易引起项目管理委员会和企业相关领导的重视；如果我们把项目风险所造成的影响与企业的战略落地关联上，那么就容易引起企业高层领导的关注和帮助。

特别提示

很多项目经理在描述项目风险的影响时，会犯一个错误。当风险的影响被项目经理描述完之后，如果听取汇报的人发现受影响的只有项目经理，那么这事跟他没太大关系，他也就不太关心这个风险了。例如，很多项目经理喜欢把风险的影响描述为“项目工期延迟，人员不配合，项目整体资源不足，客户对项目产品不满意或预算超支”。这听起来貌似是对项目风险合理的描述，但是仔细想想，这些不就是项目经理被考核的指标吗？如果这些状况真的发生了，不恰恰说明项目经理的工作没做好吗？那么，当大家听取了项目经理这样的汇报之后，首先想到的一定是必须通过监督项目经理，让项目经理更加努力地工作，来避免这些问题的出现。对于项目经理来说，如果汇报风险的结果仅仅会导致更多的领导或项目成员来监督自己的工作，那还不如不汇报。这个风险汇报的问题出在哪儿呢？其实是出在项目经理没有把风险的影响进一步分解，即分解到对更具体的事件的影响上，如对项目子产品或任务的影响。因为，项目经理的职责就是整合项目中的所有资源，关注项目中所有的事，进行整体组织和协调，而把专业的工作留给项目中的专项任务负责人。如果项目整体出现了问题，要么是项目管理委员会的方向或决策出了问题，要么就是项目经理自己的整体组织协调工作出了问题。因此，如果受到项目风险影响的是项目的整体，那么大家往往会认为项目经理的工作没做好；如果受到项目风险影响的是项目中的某个具体事项，那么该事项的负责人一定会特别关注这个风险，并积极地协助项目经理避免风险的发生或想办法降低风险对自己造成的负面影响，以免自己在项目中的正常工作和绩效受到影响。

因此，在描述项目风险影响的时候，一定要描述清楚，除了项目经理，还有哪些利益相关方会受到直接的影响，这些受影响的利益相关方会关注这个风险并给予支持和帮助；如果受影响的是整个企业，那么很多项目利益相关方都会特别关注这个风险，并给予积极的支持和帮助。

掌握项目风险三段论的描述方法，是项目经理管理风险的基础，也是必备技能。然而在现实中，能用三段论把项目风险描述清楚的项目经理或项目成员少之又少，这也是项目风险一直管理不好的重要原因。因此，提升项目风险管理水平，一定要从正确描述一个风险开始。

8.4 风险管理全景图

风险管理是一个专业性很强的领域，涉及的知识和内容非常庞杂，有很多不同的流派和分支。作为项目经理，你并不需要掌握那么复杂的风险管理技巧，但至少得学会风险管理的基本步骤。虽然风险管理的流派很多，不过风险管理的步骤大同小异。我个人的体会是，英国内阁办公室的《风险管理指南》是一个很适合项目风险管理的方法论，它把风险管理分为五个步骤：风险识别、风险评估、风险计划、风险实施，以及贯穿整个风险管理流程的“沟通”（见图 8.3）。

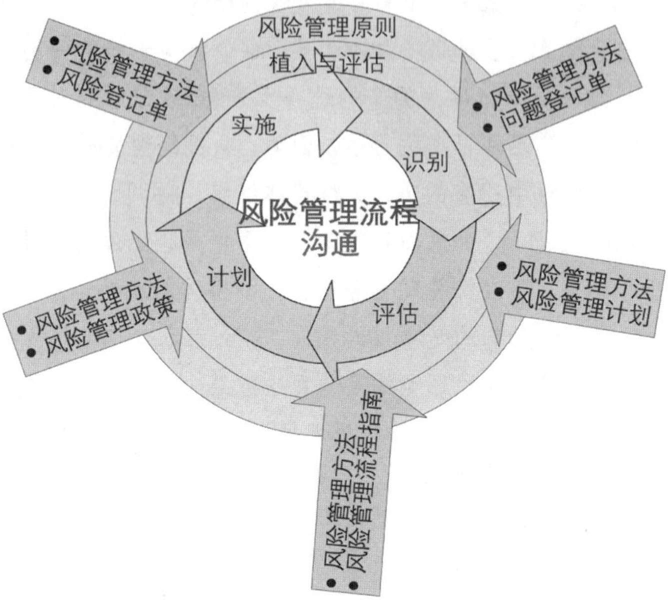

图 8.3　风险管理全景图（英国内阁办公室《风险管理指南》2010 版）

8.5 风险管理的第一个步骤：风险识别

风险识别分为识别环境和识别风险两部分。

1．识别环境

在识别环境这个步骤中，项目经理和项目团队要了解清楚两大类信息：第一类信息是项目团队外部的信息。项目经理首先要了解公司内有哪些风险管理的政策和相关的要求，由于项目是在企业的整体风险管理框架或体系之下运行的，必须遵循企业风险管理的整体要求。如果项目是企业某一个项目群的子项目，项目经理还要获取项目群对项目风险管理的要求或策略；如果企业内有 PMO，而且 PMO 有风险管理相关的流程和制度，项目经理就需要充分了解 PMO 在项目管理流程制度上的要求，尽量借鉴或遵循相关的要求；如果同行业有项目风险管理的最佳实践，项目经理和项目团队也要学习和汲取他人的最佳实践，让自己少走弯路。

第二类信息是项目自身特点的信息。不同类型的项目的风险是不同的，这意味着风险管理的侧重点也不同。项目经理和项目团队需要充分了解项目自身的特点，如项目产品的复杂程度、创新性，项目团队和项目客户的特点等，这些都会导致项目出现不确定性。

识别环境的目的是帮助项目经理和项目团队为自己的项目风险管理工作划清管理边界，确定风险管理的范围和侧重，根据这些信息制定项目风险管理的整体指导性文件，也叫作项目风险管理的指导策略，用来指导项目经理和项目团队在整个项目生命周期中开展风险管理活动（见图 8.4）。通常，项目风险管理的指导策略包括项目风险管理所需要遵循的原则和标准、风险管理的步骤、规定使用的工具和技术、沟通与汇报的时间和方式、需要保留的记录和相关的角色和职责等。

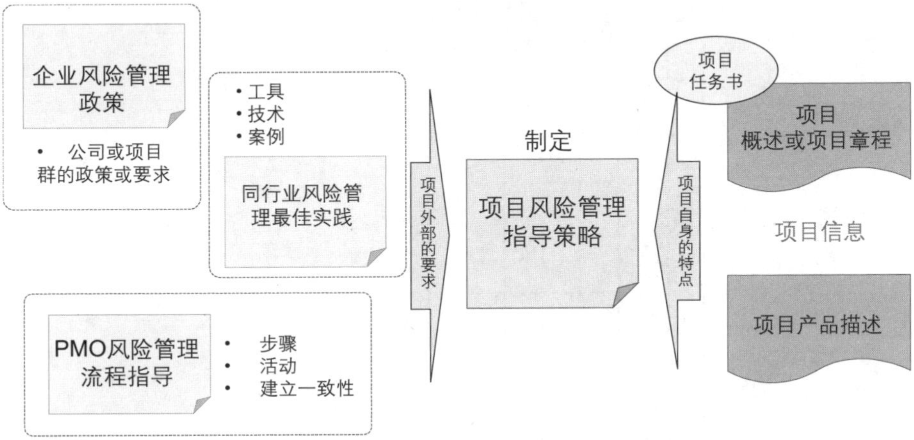

图 8.4　项目风险管理指导策略的制定

2．识别风险

识别风险的目的是在已经划定的边界范围之内，把所有的威胁或机会都找出来，并整理在一张表格上，列成风险记录单（或者叫风险清单），如图 8.5 所示。

XXX项目风险记录单													
风险ID	牵涉领域	风险名称	风险原因描述	风险事件描述	风险影响描述	发生概率（百分比）	影响程度（严重、一般、轻微）	风险临近度	风险应对计划	周更新 第XXX周	状态	风险责任人	
												甲方	乙方
1		A风险				80%		即将发生			未发生		
2		B风险				60%		项目内			处理中		
3		C风险				20%		项目外			关闭		
4													
5													

颜色代码	
（深色）	严重
（浅色）	一般
（中灰）	轻微

图 8.5　项目风险记录单（示例）

通常，识别项目风险这件事情不建议由项目经理自己一个人做，最好的方式应该是头脑风暴法，组织项目团队的成员及可以邀请到的专家一起集思广益。在组织大家一起做这件事情的时候，一定要预先把风险识别的边界画出来，如果条件具备的话，最好能为大家提供一个风险提示清单（在项目中有可能产生风险的领域或事项的清单），起到抛砖引玉的作用。

为了能够系统性地识别项目风险而不造成遗漏，需要按照一定的逻辑和分类来识别。通常来说，项目风险识别可以沿着三条主线来进行，具体如下（见图 8.6）。

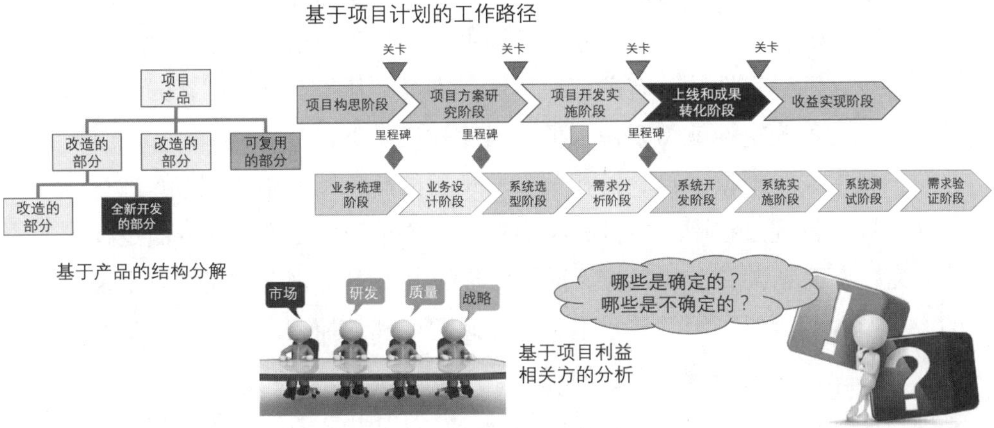

图 8.6　项目风险识别的三条主线

第一条主线，按照项目计划的工作路径识别。

通常，当我们在制订项目计划的时候，往往是识别风险的最佳时期。因为我们制订项目计划的目的也是规避风险。制订项目计划的过程是项目经理在建立项目团队开始具体实施项目之前，组织大家搞清楚项目的目标具体是什么，实现目标的路径是什么、方法是什么、过程是什么。不论是整个项目团队采取沿着项目正向实现目标的路径，还是采取基于项目目标反向推到项目起点的方式，都会在完善项目计划的这个过程中，识别出项目在未来开展过程中所存在的大量的不确定性。那么，这些被识别出的不确定性就需要作为项目风险被记录下来。

第二条主线，按照项目产品分解的结构识别。

在项目团队沿着项目工作的路径识别风险时，会识别出很多具体工作内容或活动层面的不确定性。作为典型的目标管理型工作，除了实现过程的风险，我们还得关心项目结果的风险，即项目目标本身的风险。当项目经理接到项目任务书的时候，项目的目标不一定是非常清晰的，在很多时候还需要项目经理组织项目团队成员把项目目标进一步讨论清楚。项目的目标，定义了项目团队最终要交付的结果，有可能是产品，有可能是收益。如果项目目标是项目产品的话，我们要把这个产品做分解，化整为零。首先定义：项目最重要的产品是什么，这个产品由哪几个部分组成，每个组成部分又将从何而来？再往下面逐层分解：每个组成部分由哪些元素构成，可能用到哪些技术？譬如，一个装备研发类的项目最终的产品会是一个系统性的装备，所以首先要定义装备的主系统，主系统会被分解为子系统，子系统会被分解为模块，模块会被分解为零部件和技术。在分解产品的过程中，我们也会发现在整个产品的结构中，有些部分是我们很有把握的，有些部分是有少许不确定性的，有的模块可能是需要“从 0 到 1”创新的。那么，这些被识别出的不确定性就需要作为项目风险被记录下来。

第三条主线，根据项目利益相关方所承担的角色和职责来识别风险。

在开展项目的过程中，项目的风险主要来源于两个方面：一方面是技术上的风险，另一方面是人员上的风险。技术风险的大小主要取决于我们对未来即将实现的产品及我们所要采用的技术本身的熟悉程度和掌控程度。人员风险的大小取决于我们对项目这类临时性工作的组织管理能力。

项目的利益相关方不好管理是必然的，因为项目是创新的载体和组织保障机制。而且项目所承载的创新，大多不是持续改进类的创新，而是偏向颠覆式的创新，这类创新往往来源于跨界冲突，也就是不同利益相关方之间的冲突。而成功的项目管理一定要通过有效的管理机制让这个跨界创新的过程一直保持在受控的状态，既可以通过持续的冲突和碰撞来创新，又不至于因冲突失控而导致我们所不希望看到的不良后果。为了确保这个项目的环境受控，在项目初期，对所有的项目利益相关方进行充分的分析，预测不同项目利益相关方未来可能的行为并据此提前建立项目受控机制是每个项目经理所必须要做的。当项目经理和项目团队开展项目利益相关方的分析时，必然会识别出在项目组织结构稳定性或不同项目利益相关方的个人行为或组织行为方面的不确定性，这些内容应作为项目风险被记录下来。

8.6 风险管理的第二个步骤：风险评估

风险管理的第二个步骤是风险评估，这个步骤又可以分为两个小步骤，即风险估算和风险评价。

1. 风险估算

当我们识别出一堆风险之后，接下来要评估风险记录单中的每个风险，我们把这个过程叫作风险估算。在风险估算的过程中，我们需要仔细地分析风险记录单中每个风险发生的概率和造成的影响，并尽量做到量化（见图 8.7）。当我们评估风险概率和风险影响的时候，一定要对所有的风险进行优先级划分，确定哪些风险是要优先处理的，哪些可以先放一放。如在前文中所讲，由于企业和项目的资源有限，并不是所有的风险都要管，更没有办法同时处理所有的风险，因此要进行风险的优先级排列。在进行风险优先级排列时，还要考虑风险临近度这个因素，确保优先处理即将发生的风险。

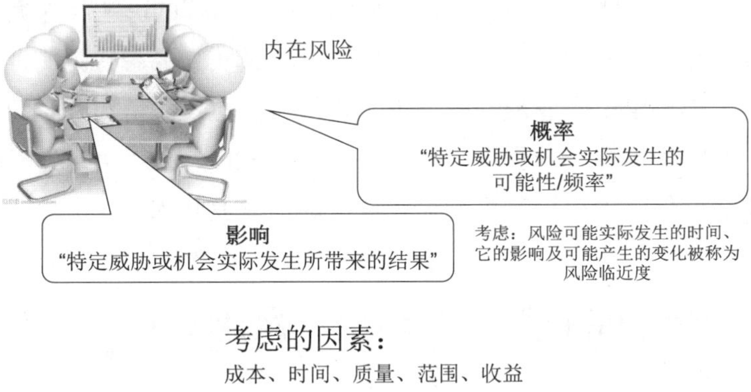

图 8.7　做风险估算时要考虑的因素

2. 风险评价

对于项目经理和项目管理委员会来说，既要关注项目中的单个风险，还要关注项目中所有的风险累加在一起之后对项目造成的总体影响，我们称为项目的总体风险水平，通常用项目风险的预期货币价值衡量。

项目风险的预期货币价值等于项目中所有风险的预期货币价值（每个风险影响的货币价值×该风险发生的概率）之和。

之所以采用预期货币价值的方式来评估项目的整体风险水平，是因为项目中会有各种各样的风险。每个风险造成的影响是不一样的，有的可能影响时间，有的可能影响收益，有的可能影响质量。这一大堆不同类别的风险放在一起既不好比较，也不好叠加。因此，按照通用的做法，项目团队要努力把所有风险的影响都进行货币量化，即把风险影响都核算成钱。而且，当我们把风险的影响都核算成钱以后，也更容易引起企业高层领导的重视。因为这直接关联到企业的财务报表上，高层理解更容易。

对于每个项目，项目经理一定要能准确地估算自己的这个项目预期的货币价值是多少，不能仅仅描绘它的收益，还要关心项目中有多少收益是有风险的。例如，某个项目预计可以赚 1 000 万元，通常这没有考虑风险的估算。当我们计算过项目的预期货币价值以后，很有可能发现这个项目虽然可以赚 1 000 万元，但是可能还有赔 2 000 万元的风险，这时候大家就得掂量这个项目要不要做了。项目与股票类似，都属于投资行为。在投入任何项目之前，必须认真地分析风险，平衡风险和收益之后才做出决定。

在项目中，有一些风险的影响是无形的，如对品牌的影响，这类影响核算成预期货币价值有一定难度，但也是可以估算的。其实，品牌也是有品牌价值的，品牌价值的大小决定了企业盈利的多少。如果项目的收益是提升企业品牌，那就得先估算对品牌价值提升的程度，再根据自己企业的历史经验或类似品牌的历史经验来类比估算品牌价值提升可能为企业增加的营业收入。

8.7 风险管理的第三个步骤：风险计划

1. 风险的应对策略

分析和选择风险的应对策略是风险计划的前提。把风险找出来的目的不仅是给大家预警，更重要的是分析和选择风险的应对策略，最大限度地降低风险对于项目目标的消极影响，提升积极的影响（见图 8.8）。

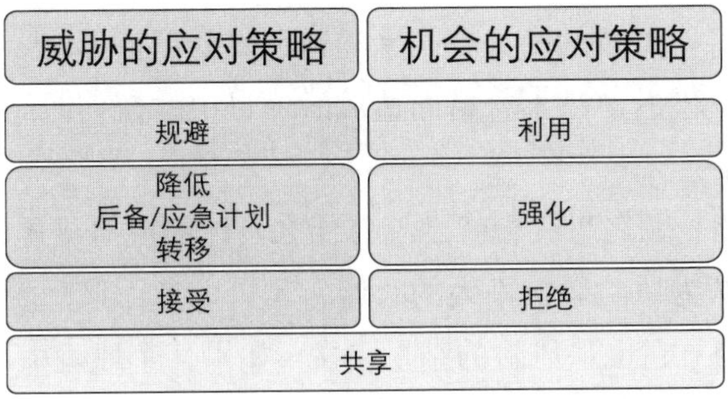

图 8.8　风险的应对策略

通常我们把风险的应对策略分成两类：一类是威胁的应对策略，另一类是机会的应对策略。

（1）威胁的应对策略。以下应对策略从几个不同的角度来应对威胁，各有利弊。

- 规避的策略：它根据风险产生的原因来想办法应对。例如，我们之前提到的外包方不能按时交付项目子产品的风险。这个风险产生的原因是负责选择外包方的部门没有能力找到更靠谱的外包方，这将导致项目团队不能按时收到外包方交付的项目子产品的风险事件，造成项目延期。如果按照规避的策略，可以采取的措施包括：不用外包方，由自己企业的人来替代他们在项目中的工作；更换负责选择外包方的部门或责任人，让有能力找到更靠谱的外包方的人来承担选择外包方的工作。
- 降低的策略：它从风险事件出发，分析如何降低风险事件发生的概率或减少风险事件造成的消极影响。在上面外包方的风险事件中，可以考虑通过对外包方进行培训来提升他们的能力，或者在外包方的实施过程中由我方经验丰富的项目成员对外包方进行更严格的监控，以及与外包方建立多维度的沟通机制等不同的方式来降低风险事件发生的概率及风险的影响。
- 后备和应急计划的策略：它从风险的结果出发，重在提前准备好风险事件发生后的应对手段。在上面外包方的风险事件中，通常的后备手段包括准备另一个外包方作为备份，或者提前找好可替代品等。
- 转移的策略：它从风险的结果出发，重在把风险带来的影响转嫁到其他利益相关方身上。转移的标准做法通常有两种：一种是买保险，也叫保险转移；另一种是合同转移。在上面外包方的风险事件中，可以通过与外包方签订带有惩罚条款的商务合同来转移风险的消极影响。在合同中规定，由因外包方提供的产品不合格而造成的项目中的任何时间损失，都由外包方负责承担。

- 接受的策略：顾名思义，就是没有什么具体的应对措施了。当我们评估风险之后，认为风险影响不大的时候，是可以考虑接受的。
- 共享的策略：它也从风险的结果出发。如果某个风险由项目团队独自应对比较困难，可以考虑拉着其他项目外部利益相关方共同应对。例如，在上面外包方的风险事件中，可以考虑联合其他一个或几个项目团队共同选择和管理外包方，这样把握更大，而且平摊到每个项目团队上的投入相对会少很多。如果风险事件发生了，大家也可以共同面对、共同分担、共同解决。

（2）机会的应对策略。机会是对项目目标有积极影响的不确定性，在项目中时常会碰到。如果处理得当，有助于项目团队更快、更好地实现项目目标，甚至扩大收益或增加额外的收益。例如，外包方不能按时交付项目子产品这件事也可能是个机会，因为当外包方的品牌和能力不强的时候，往往其报价会比较低。所以这里的机会是，虽然负责选择外包方的部门没有能力找到更靠谱的外包方，但是项目团队有可能以此作为理由进一步说服外包方降价，使项目的总体成本进一步降低。利用、强化、拒绝和共享这四个应对策略可以适用于机会的应对策略，各有利弊。

- 利用的策略。当在项目中发现一个有积极影响的不确定性时，大多数人会愿意抓住这个机会，尽量把这个不确定的机会变成确定的收益，这就是我们所说的利用。在外包方这件事上，虽然我们已经知道这家外包方的交付不太可靠，但是因为有可能以此作为理由说服外包方进一步降低价格，因此，项目团队也可以利用这个机会来降低成本，提高项目收益。
- 强化的策略。当发现外包方这件事是一个有可能降低成本的机会时，也可以考虑如何扩大这个机会的收益。例如，可以考虑把更多本来计划委托给其他外包方的工作也都委托给这家交付时间不太靠谱但价格相对便宜的外包方，然后与这家外包方进一步进行商务谈判，压低总外包费用，降低项目整体成本。
- 拒绝的策略。有时候，虽然可以看到对项目目标有利的机会，但是鉴于种种原因，可能放弃这个机会，这就是拒绝。在拒绝的背后，项目团队通常考虑了项目整体的机会成本，平衡了投入、收益、风险和机会成本等不同因素，然后得出的综合结果。当然，在外包方这个例子中，即使可以看到降低成本的机会，但是为了确保项目按时交付，还是应决定放弃这个进一步压低价格的机会，以免本来就不靠谱的外包方变得更加不靠谱。

- 共享的策略。机会也是可以和他人共享的。在外包方的例子中，可以选择和其他项目团队共享这个机会，把其他项目团队的工作也委托给这家外包方，然后联合其他项目团队共同和外包方进行商务谈判，给外包方施加压力，降低外包费用，使几个参与的项目团队共同节省项目成本。

2. 风险应对行动的选择和计划

通常，项目经理和项目团队在分析和思考风险应对策略的时候，应该本着全方位思考或系统化思考的原则，把所有可能的应对策略都考虑到，然后比较不同应对策略之间的优缺点，最终挑选一个或几个最适合的应对策略并制订实施计划。

在比较和选择应对策略时，通常应从以下几个角度来考虑：

- 对项目计划的影响。
- 对项目业务价值的影响。
- 是否会造成新的风险。
- 投入与收益的最佳比例。

8.8 风险管理的第四个步骤：风险应对

在风险实施的时候，有几点需要项目经理特别注意。

1. 授权

每个风险的应对行动都必须落实到人，而且必须至少落实到两个角色身上：一个角色叫风险负责人，通常是手握资源和权力的领导；另一个角色叫风险执行人，通常是一个职级不高但是有足够的时间和精力实施应对措施的项目成员。需要注意的是，针对同一个风险，负责人和执行人最好不是同一个人，因为负责人负责提供所需资源、做决策并监督执行人实施风险应对措施，而监督和被监督这两个角色不应该被集成到同一个人身上，否则会出现问题。例如，如果项目团队授权了一位手握资源和权力的领导同时担任风险负责人和执行人，由于该领导通常非常忙碌，再加上这个风险在该领导心目中不是特别重要的话，该领导很可能抽不出宝贵的时间来实施风险应对计划；如果项目团队授权了一位职级不高但有较多时间参与项目的项目成员同时担任风险负责人和执行人，即使该项目成员有非常强烈的意愿实施风险应对计划，但限于缺少资源和权力，很可能无法推动项目计划的落地。经验证明，只有把风险应对计划落实到一个有资源、有权力的领导加上一个有时间干活的项目成员身上时，风险应对计划才更容易落地。

在落实风险应对措施的责任人时，如何选择合适的人来承接风险应对措施也是需要非常慎重并且需要项目团队的全体人员达成共识的，这样才能确保风险的应对措施切实落地。通常情况下，分配风险应对措施需要组织项目团队开会来共同分配或认领。在这个分配的过程中，一定要注意避免如下错误的出现（见图 8.9）。

图 8.9　风险应对措施分派时的常见错误

第一，不要把项目的风险应对措施全都分给了左右都跑不掉的项目经理。

项目的成败，项目经理一定是主要的负责人，也是第一负责人。他即使不是最高级别的负责人，但一定也是对项目的成败非常重要的负责人。可以这么讲，所有由于项目风险管理不当造成的问题，理论上都是项目经理的问题。所以即使风险应对措施不落实给项目经理，项目经理也一定会责无旁贷地关心风险应对措施的落实情况。所以当我们在项目中分配风险应对措施时，项目经理最好不要把所有的风险责任人的角色和责任都放在自己身上。项目中的风险是需要项目的所有相关方共同分担的，而不能全由项目经理一个人独自承担。即使项目经理的能力再强，也不可能具备独自解决所有项目风险的能力。项目经理所要扮演的角色，是积极主动地组织所有的项目成员和项目利益相关方共同出力，配合起来，分别承担适合自己的风险应对措施，相互协助和支持，共同应对项目风险。

第二，被分派风险应对措施的对象不应是“大家”，而应是一个唯一的责任人，当然其他人可以作为资源来协助这个唯一的风险责任人。

其实在任何一种管理机制下，责任人都应该是唯一的，两个人不合适，三个人更不可取。事实告诉我们，一旦把某个事的责任落实到两或三个人身上或落实到很多个人身上时，就很可能出现这个事没人管的现象，因为每个人都以为其他人会干的。而且一旦这个事出现问题后，会很难确定真正的责任人，因为责任人是大伙。很多人对大伙的事和自己的事的重视程度是完全不一样的，再加上很多企业都有法不责众的潜规则，这会导致很多人都不拿大伙的事当回事。

第三，我们不能光拣软柿子捏，把风险的应对措施分派给无权左右自己的项目成员。

这一点在前文中也特别提到过，在很多企业的项目工作中很常见的一种现象是，大家都不爱干的风险应对措施往往会在集体会议上分派给了地位最卑微、最没话语权的人。但他并不一定是最适合来承担这项风险应对措施的人，而且也并不一定很情愿，只是没有反抗的能力而已。但是，作为项目经理，需要站在项目的整体角度考虑问题，我们必须尽最大的努力让最适合的人来承担相应的职责，才能确保最佳效果。因此，要避免不合理的集体分派。

第四，不能简单粗暴地把项目的风险应对措施分派给缺席会议的人。

还有一种现象也很常见，谁没来开会，我们就把风险应对措施派给谁。因为他没有在场，所以默认他同意。但实际上人家没有来开会，不代表人家就同意，很可能人家内心是不同意的。大家趁他不在场，没有辩解的机会，就直接分派给了他，他也不一定接受，也很可能导致被分派的风险应对措施无法落地实施，影响了整个项目的结果。

2．监督

项目经理需要在实施风险应对计划的过程中，监督应对行动落实的效果。通常，项目经理需要重点关注以下几点：

- 应对行动是不是被执行了。
- 执行风险应对行动之后是不是有效果。
- 在执行应对行动的过程中是不是造成了新的风险。

3．控制

如果项目经理发现计划的风险应对行动没有达到预期效果，就需要尽快采取纠正行动。

8.9 风险管理的第五个步骤：沟通

在项目风险管理的整个生命周期中，在项目管理团队内部，以及项目管理团队与项目外部的利益相关方之间建立及时、有效的沟通机制是至关重要的。常见的沟通方式可以包括但不限于定期的风险管理会议、定期更新的风险状态邮件、定期风险管理新闻稿、定期的风险检查、一对一的关键利益相关方汇报和沟通等。

本章小结

在项目中开展风险管理的步骤由识别、评估、计划、实施和沟通这五个基本步骤组成，缺一不可。作为合格的项目经理，在接到项目任务的那一刻起，就应开始策划建立项目的风险管理机制；在项目进入实施交付阶段前，一定要确保项目风险管理机制已经就位；在整个项目的实施过程中，始终通过有效的风险管理机制识别、评估和控制项目中的各种不确定性，努力把项目过程中的不确定变为确定，减少项目中的意外事件，努力做到通过事前预防替代事后救火，减少不确定造成的消极影响，扩大不确定造成的积极影响，确保项目成功。

风险管理是项目经理修炼的终极目标，也是项目管理中最难的环节。优秀的项目经理一定都是善于在项目中通过事前预防替代事后救火的项目风险管理的高手。

第 9 章

六步法第六步：找到抓手，定义项目评价指标

Project Management With Limited Authority, 2nd Edition

在当前各类企业的项目管理工作中，一直有一个令很多项目经理、项目总监、PMO 负责人、企业管理部门和人力资源管理部门等比较困扰的问题，就是如何对项目进行考评。如果没有评价项目是否成功的标准，也就没有项目绩效考核的依据。项目管理者在项目管理工作中就找不到抓手，即使能看到项目工作中的很多问题，也很难推动对这些问题的改善。项目评价是衡量项目绩效和推动项目工作不断完善的必要条件。因此，不论是项目经理，还是企业的管理部门，都应当充分了解项目的各种评价方式，学会根据项目的特点识别自己项目的评价指标，找到推动项目的抓手，建立适合自己项目的评价机制。

9.1 项目成功的三个层次

什么项目才是成功的项目？其实，这是一个很不好回答的问题。因为不同类型的项目会有不同的成功标准；不同的利益相关方站在不同的角度，也会有各自对项目成功与否的认知。按我自己的理解，可以把项目的成功归纳为三个不同的层次，即项目经理个人的成功、项目团队的成功和集体的成功（见图 9.1）。每个层次的成功都很重要，当然，最牛的一定是三个层次的成功都达成。

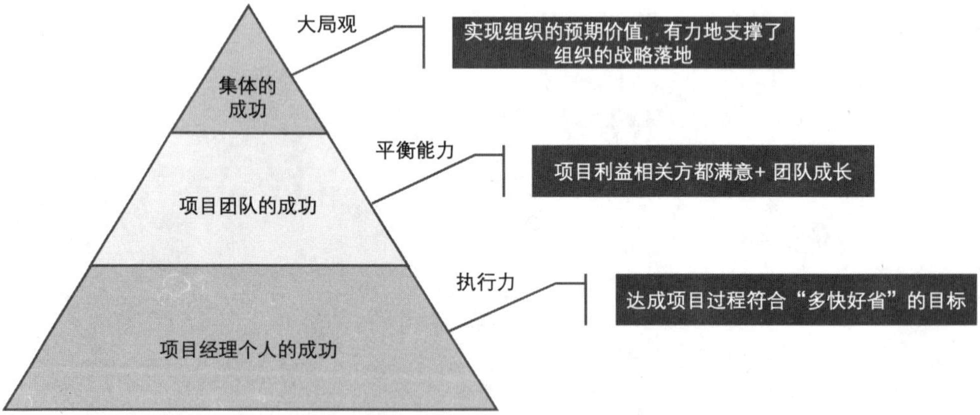

图 9.1　项目成功的三个层次

1. 项目成功的第一个层次：项目经理个人的成功

评价项目成功的第一个层次，主要侧重在评价项目经理和项目团队的**执行力**上。项目管理采用的是基于目标的管理模式，因此，能够准确地达成设定的目标，并确保项目过程符合企业和国家的所有相关规定，那么就可以认为项目的基本目标已经达成。大多数企业会首先把项目管理的时间、成本、范围、质量这四个最核心的指标设定为项目成功与否的评价标准，因此项目的成功标准变成了俗话说的“多、快、好、省”（产出多、速度快、质量好、省钱）。

2．项目成功的第二个层次：项目团队的成功

评价项目成功的第二个层次，主要侧重在对**项目利益相关方的平衡**和项目团队的成长方面。我们经常会看到，在项目经理的强力推动下，一些项目设定的“多、快、好、省”的目标顺利达成了，但是由于项目经理为了赶进度和省钱，强势地把很多客户或项目利益相关方合理的额外要求拒绝了，而实际上有些变更是非常有必要的。虽然项目按时完成了，也符合质量要求，但是由于在项目的实施过程中拒绝了用户或其他项目利益相关方的一些合理要求，得罪了很多人，导致大家都很不满意。虽然从项目绩效考核的角度来说没有任何问题，但是从人际关系的角度来说，项目经理的人缘越来越差，甚至一些项目团队成员也有很多抱怨。这样的项目就没有达到第二个层次的成功标准。

因此，确保项目关键利益相关方的满意度，也是很重要的项目评价标准。尤其是企业中一些战略类的项目，往往在一开始的时候缺少清晰的项目目标，只能把愿景先作为项目的目标，然后在项目开展的过程中逐步明晰项目的具体目标和产品。这时候，项目经理能否统一不同项目利益相关方在项目中的方向、识别和采纳各方给出的积极意见、有效地平衡不同利益相关方之间的关系、最终做到让大家都满意，才是这类项目成功与否的标准。

在项目成功的第二个层次上，还有一个很重要的评价点就是项目团队的成长。站在企业的角度，最重要的资产是人才，投资项目不仅是为了获得项目产品及通过项目产品所实现的项目收益，更重要的是要借助项目的实施过程，培养出一批可以帮助企业更好地适应未来环境的优秀人才。因此，一个成功的项目会为企业培养出一批优秀的人才。如果一个项目完成之后，很多项目团队的骨干成员因为在项目过程中受了打击或委屈纷纷选择离开企业或所属的部门，那这个项目一定是个失败的项目。

3．项目成功的第三个层次：集体的成功

在项目成功的第三个层次，主要侧重在评价该项目是否为企业的未来发展创

造了价值，是否对企业的战略规划落地起到了有力的支持作用。该层次也体现了项目经理和项目团队的大局观。在企业里，我们有时会看到一类项目，虽然其“多、快、好、省”的项目目标达到了，项目过程符合要求，大多数项目利益相关方也还比较满意，但站在企业高层的角度，看不到这个项目对企业未来发展的明显价值，甚至有可能与企业当前的战略方向相悖。在我国许多企业常常可以看到，项目做到一半的时候，企业的战略方向或高层领导发生了重大调整，导致项目的原有方向和目标已经无法匹配当前的企业战略规划。然而，项目经理和项目团队并没有发起相应的项目变更来调整项目的方向，仍然按照项目原来的目标，把项目实施完了。为什么会有这种状况出现呢？因为项目目标大幅度调整的时候，会大幅度增加项目经理和项目团队的工作量，而且会对项目目标的实现带来较大风险。如果按原有项目目标和计划继续执行反而更容易，既不会增加项目团队的工作量，又容易达成项目目标，还可以顺利领取项目奖金。这种做法导致企业的利益被牺牲了，即使项目的目标都能实现，但很可能对企业来说变成了鸡肋项目，并没有实际价值，白白地浪费了宝贵的资源。

作为优秀的项目经理，一定要有很好的大局观，站在企业战略的高度思考项目的价值和意义，通过项目帮助企业实现战略落地。

特别提示

项目成功的这三个层次并不一定是递进的，有的项目经理执行力强，作风硬，擅长做到第一层次的成功；有的项目经理平衡性好，擅长处理人际关系，能做到第二层次的成功；有的项目经理大局观好，经常站在战略和全局高度思考项目的方向，能做到第三层次的成功。有的时候，项目成功标准的这三个层次在一些项目中可能有冲突。例如，如果项目根据战略方向做出调整，可能项目目标就没办法如期实现了；或者，如果能如期实现项目目标，势必会让项目团队工作得非常辛苦，甚至令大家不满。这些现象都是很常见的，不过这也是项目经理要修炼的。做到项目成功的一个层次并不难，同时做到两个层次就已经很难了，最难的是把这三个层次同时做到，这也是卓越的项目经理与普通项目经理的区别，是广大的项目经理努力的方向，是企业选拔优秀项目管理人才的重要标准和依据。

9.2　项目评价≠项目经理评价

1．项目评价的分类

除了项目成功的三个层次，通常认为与项目相关的评价可以分为三类，即项目评价、项目经理评价和项目成员评价（见图 9.2）。项目评价和项目经理评价通常是一定要分开的，因为很多项目经理有责无权，因此，一个项目的成败不仅仅取决于项目经理。在一些战略类的项目上，项目经理甚至起不到主要作用。以项目总监和企业高层领导为主的项目管理委员会或企业高层决策团队才是决定项目成败的关键。因此，在微权力的项目管理环境下，我们会看到在很多企业里，有一些项目进展得非常好，并不是因为项目经理的能力很强，只是因为企业领导很重视这个项目，甚至在替代项目经理来主导和管理项目。而有些项目，虽然项目经理本身能力非常强，但由于高层领导为该项目设定了挑战性非常大的目标，即使项目经理和项目团队竭尽全力，仍然无法按期实现项目的目标。

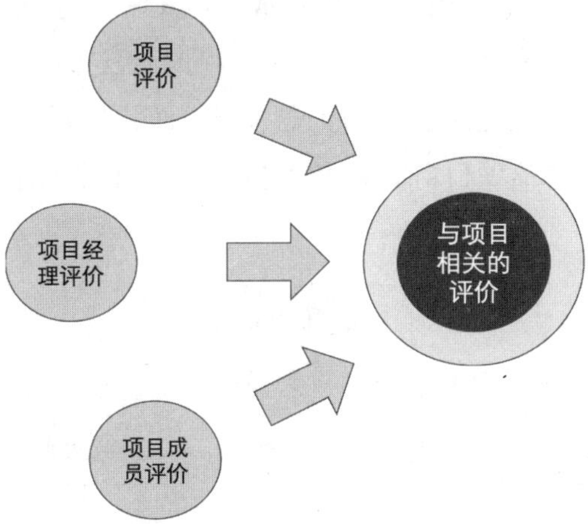

图 9.2　与项目相关的三类评价

2．项目评价的三个维度

绩效考核和项目评价是有区别的。

绩效考核是指企业在既定的战略目标下，运用特定的标准和指标，对员工的工作行为及取得的工作业绩进行评估，并运用评估的结果对员工将来的工作行为和工作业绩产生正面引导的过程和方法。

通常，绩效考核是针对人的。在项目管理中，绩效考核通常指项目经理绩效考核，也叫项目经理评价。要评价项目经理的绩效，其中一个重要的依据是项目经理所负责管理的项目工作成功与否。因此，我们得先评估项目做得好不好。因此项目评价是项目经理绩效评价的重要输入之一，如果无法公正地评价项目工作的绩效，那么评价项目经理绩效也就缺少了依据。

在项目评价中，首先要有评价的依据，这是考核项目工作绩效的前提条件。如果没有依据，就没有办法判断这个工作做得对不对或够不够好。这个评价的依据必须由项目经理、项目团队和所有关键的项目利益相关方达成共识，通常包括项目目标、项目团队需要遵循的制度和流程、关键利益相关方的主观感受（如客户的感受和领导的感受等）。

因此，我们要对项目评价的三个维度分别做出评价，再整合成一个分值，就是项目的总体评价结果。项目评价的三个主要维度是项目目标的达成率、项目过程符合性和项目利益相关方满意度（见图 9.3）。其中，项目目标的达成率、项目过程符合性是我们在前文中提到的项目成功的第一个层次，利益相关方满意度是项目成功的第二个层次。我们没有把项目成功的第三个层次放进通常的项目评价中，因为做到项目成功的第三个层次不仅依靠项目经理和项目团队，在很大程度上还取决于负责参与项目方向决策的企业领导，而且项目成功的第三个层次的评价依据和评价方式要涉及项目群管理和项目组合管理的工作，超出了通常意义上的项目管理的范畴。

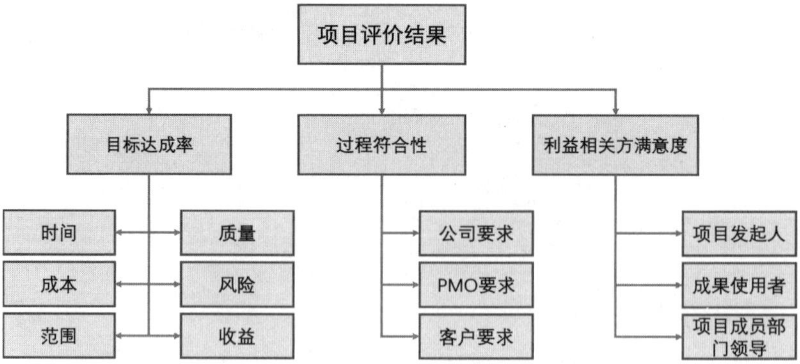

图 9.3　项目评价的维度

9.3 项目评价的维度——目标达成率

项目目标达成率是项目最直接的评价维度，测量起来相对容易，也是在项目中最常见的，通常由时间、成本、范围、质量、风险、收益这六个项目管理评价指标组成。

1. 时间

时间的评价依据是写在立项文档中的，所以通常企业一定会要求项目经理和项目团队在立项报告中承诺项目的交付时间，经过企业高层决策团队审批后，这个承诺的项目时间就变成了评价项目时间目标是否达成的依据。

项目时间的达成率不光指项目最终完成时间的达成率，也可以把项目最终完成的时间目标分解到项目的不同管理阶段，这样就产生了项目阶段完成时间的目标。在评价的方式上，我们通常采取的是偏差分析，意思是说，我们只评价项目的实际完成时间与写在项目立项报告上的完成时间是否相符。如果处在允许的偏差范围之内就叫符合，如果不在偏差范围之内就叫不符合。因此，能进行项目时间评价的前提是在项目立项报告中已经明确了项目的整体时间目标、各阶段时间目标和相关的容许偏差。

为什么要评价项目的阶段时间达成率呢？是为了降低风险，避免项目达不成整体时间目标。如果在项目的阶段目标评价时，已经发现偏离现象，那么就要及时采取纠正性行动，争取让项目尽快回到正确的轨道上，避免项目最终时间目标达不成。现在有太多项目都是交钥匙工程，项目过程不透明、不可控。即使项目过程中出现了问题，其他人也没办法知道。往往等到项目接近原定的目标时间时，大家才发现项目早已发生了重大偏离，想纠正也为时已晚。为了避免这种现象的出现，就必须加强对项目阶段时间目标达成率的管理（见表 9.1）。

表 9.1　某工厂建设项目时间控制表（示例）

状态颜色代码 =>	未启动	未按计划进行	风险	按计划进行	完成

项目子产品名称	项目子产品描述	责任人		项目时间								状态标注/注解
		甲方	乙方	准备阶段		方案和计划阶段		实施完成		上线和成果验收		
				计划时间	完成时间	计划时间	完成时间	计划时间	完成时间	计划时间	完成时间	
业务流程												
计划管理流程												
生产管理流程												
IT 系统												
计划管理系统												
生产系统												
人员												
管理人员												
一线操作人员												
基础设施												
厂房												
生产线												

2. 成本

成本是项目目标符合性评价的重要指标。成本和预算是不一样的概念，大家首先得搞清楚在项目中预算和成本的区别。项目成本，通常指项目消耗和占用资源的数量和价格的总和，或者由项目经理和项目团队共同估算完成项目中的每个子产品要花费多少资源和钱，然后把所有要花费的资源和钱累加到一起，就形成了项目的总体成本。当这个预估的总体成本经过企业预算管理流程的正式审批，获得了企业决策层的认可后，它就成为项目预算，是项目考核的依据。

为了能进行精细化的项目成本控制，要将项目的成本进行分解，通常有两个常用的分解维度：一个是按成本分类，如材料采购费用、人力成本费用、设备折旧费用、设施租用费用等；另一个是按阶段分解成本，如设计阶段成本、开发阶段成本、实施成本等（见图 9.4）。

人员费用	工时（人·天）	工时（人·月）	备　注
逻辑及 Power			
Layout			
BIOS			
BMC			
机箱			
电源			
板卡测试			
系统测试			
PE			
辅助人员			
合计			

Team	EVT												DVT								PVT		合计
	逻辑设计		Layout		样品生产		Debug		测试		设计更改		样品制作		Debug		测试		设计修改				
	天数	%	天数	%	天数	%	天数	%	天数	%	天数	%	天数	%	天数	%	天数	%	天数	%	天数	%	
逻辑及 Power																							
Layout																							
BIOS																							
BMC																							
测试																							
PE																							
辅助人员																							

图 9.4　某产品项目成本分类和控制表示例

在很多项目中，为了能够准确地估算成本，项目团队会先进行项目工作分解，采用工作分解结构（Work Breakdown Structure，WBS）的方式，把项目工作分解为较小的单元，再分别对每个小单元进行成本估算，之后整体累加。这样做的优势是不容易产生遗漏。但是由于不同工作单元的负责人在估算时为了降低达不成目标的风险，往往多估算一些成本作为自己工作的缓冲（Buffer），而且这些缓冲可能与其他项目工作预留的缓冲形成重复，导致项目中预估的成本较多。因此，在实际项目工作过程中，预估的项目总体成本往往会被领导砍掉一部分，就是为了去掉一些预估的水分。

与时间评价的逻辑类似，项目成本评价也通常采取偏差分析的方式，只评价项目的实际花费成本与写在项目立项报告上的目标成本（项目预算）是否相符。因此，能进行项目成本评价的前提是，在项目立项报告中已经明确了项目的整体成本目标（项目预算）、各阶段成本目标、各类别分项成本目标和相关的容许偏差。

3．范围

对很多项目管理者来说，项目范围的评价指标不如时间和成本好界定，因为时间和成本都比较容易找到公认的量化指标作为评定方式。我们在前面的章节中曾经提到过基于产品的规划技术，其中有个重要的环节叫作产品分解。其实，产品分解就是用来确定项目范围和边界的（见图 9.5）。

我们在前面的章节曾经提到过 MoSCoW 优先排序技术，在进行产品分解和划定项目范围时可以用到。MoSCoW 优先排序技术把所有需要完成的项目产品划分为必须有、应该有、可以有和不会有四个不同的类别。这样做的好处是，便于项目经理与不同的利益相关方共同确认项目范围内的这些子产品的优先次序，可以确保重要的项目子产品被投入更多的项目资源和关注度，被优先完成。合格的项目经理一定要养成把项目范围内的子产品的优先级与客户及关键的利益相关方进行确认的习惯。因为项目的时间和资源是很有限的，一定要确保稀缺的资源和有限的时间被优先投入重要的子产品上。如果出现时间或资源不足的状况，可以与客户或领导协商，牺牲不重要的子产品的交付时间或资源。作为优秀的项目经理，在做任何事情的时候，都要时刻把握项目管理的二八原则，永远先抓最重要的工作做。

4．质量

质量评价指标的依据是，项目经理在项目立项阶段与客户就项目的专业产品达成的质量标准。在评价质量指标的时候，与时间和成本指标类似，通常只评价与立项报告的符合性。对质量的评审必须经过内部项目质量评审委员会的评审和客户或使用者验收两个步骤，确保产品质量既能满足内部质量标准，又能符合客户的质量期望。因此，能进行项目质量评价的前提是，在项目立项报告中已经明确了项目产品的质量标准、容许偏差、验收方法和验收职责。

模　块	序　号	预算项	子　项	数　量	单　位	相关工作内容及产出描述	备　注
培训	1	项目管理培训	待定	2	培训人·天	项目管理内训	
	2	其他认证类培训	PMP 或 PRINCE2 认证培训	10	人·次	外派认证培训	
	模块汇总：			**12**			
咨询	1	项目分类分级	现状信息调研	2	咨询人·天	项目分类分级方案	
			项目分类分级方案提出和研讨	2	咨询人·天		
			项目分类分级标准优化和定稿	2	咨询人·天		
	2	PM 培养体系设计	PM 分类分级	2	咨询人·天	PM 分类分级方案	
			PM 能力指标库	2	咨询人·天	PM 能力指标库	
			PM 人才库设计	2	咨询人·天	PM 人才库管理制度	
			PM 评价模型	2	咨询人·天	项目经理能力评价标准	
			PM 培养路径设计	2	咨询人·天	项目经理能力评价标准	
	3	项目知识库管理制度设计	项目过程文档管理设计	2	咨询人·天	项目过程文档管理制度	不含知识库管理系统
			项目汇报机制设计	2	咨询人·天	项目汇报制度	
			项目归档文档管理（知识库）设计	4	咨询人·天	项目归档及归档文档管理制度	
	4	阶段工作成果汇报	阶段工作成果汇报	3	咨询人·天	阶段工作成果输出包、汇报 PPT	
	5	项目团队绩效和激励设计	项目团队绩效考核方案设计	4	咨询人·天	项目团队绩效考核方案	
			项目团队激励方案设计	4	咨询人·天	项目团队激励方案	
	6	试点及项目流程标准化	试点方案设计	4	咨询人·天	试点项目的标准化项目管理流程与相应的工作模板	
			试点跟进及流程标准化	8	咨询人·天		
			试点总结评价	2	咨询人·天		
			流程标准化研讨、定稿	4	咨询人·天		
	模块汇总：			**53**	**咨询人·天**		

图 9.5　某国企组织级项目管理咨询项目范围示例

5．风险

风险的评价指标通常采用的是项目风险的预期货币价值。在前面的章节里，我们已经介绍过。在实际的项目中，可以在项目的立项阶段为项目风险的预期货币价值设定一个目标。例如，把某个项目的风险预期货币价值设定在项目预算的15%以内，如果项目风险发生所造成的货币影响累加之后仍然在项目整体预算的15%以内，那么就符合目标的要求；如果超出，就没有达到目标。

当然，由于在一些项目中，项目风险的预期货币价值很难估算，也有很多项目会把项目的评价指标设定为对几个关键风险的控制水平，而不是所有风险的预期货币价值的控制水平。如果项目团队把在项目立项阶段识别出的几个关键风险所造成的影响控制在预期目标以内，如把风险对项目工期、成本或范围的影响控制在预期目标以内，也就达到了风险评价指标的要求。

6．收益

对项目收益的测量和评价一直是很多企业比较头疼的问题。根据我自己的经验，对于很多企业，项目收益不好测量和评价的主要原因是项目团队在项目立项阶段就没把收益定义清楚。如果在项目立项阶段，项目团队没有明确地定义项目收益的具体形式、成果转化的路径、收益测量的方式、收益实现的时间表、负责测量收益的角色和职责的话，那么到了项目后期，收益就很难评价。

那么，什么是收益呢？按照英国内阁办公室对成功的项目群管理（Managing Successfully Programme，MSP）的定义："收益是一种由成果引致的可衡量的改善，这种结果被一个或多个利益相关方视为一种优势，对组织目标的实现有贡献。"从这个定义中，我们可以清晰地认识到，收益必须具有如下特点：

- 可衡量。
- 有竞争优势。
- 对组织的目标有贡献。

因此，当项目团队在定义项目收益的时候，一定要回答如下三个问题：

- 如何测量项目收益？
- 项目的成果会为企业带来什么样的竞争优势？
- 项目收益如何支持组织的战略目标？

当我们定义项目收益的时候，还要考虑收益分类的问题。收益的分类有多种不同的维度。我自己做项目的时候，比较喜欢结合美国管理大师罗伯特·卡普兰（Robert Kaplan）博士发明的平衡计分卡（Balanced Score Card，BSC）方法，把项目的收益按照其在企业内所处的不同层面进行划分和定义（见图 9.6）。

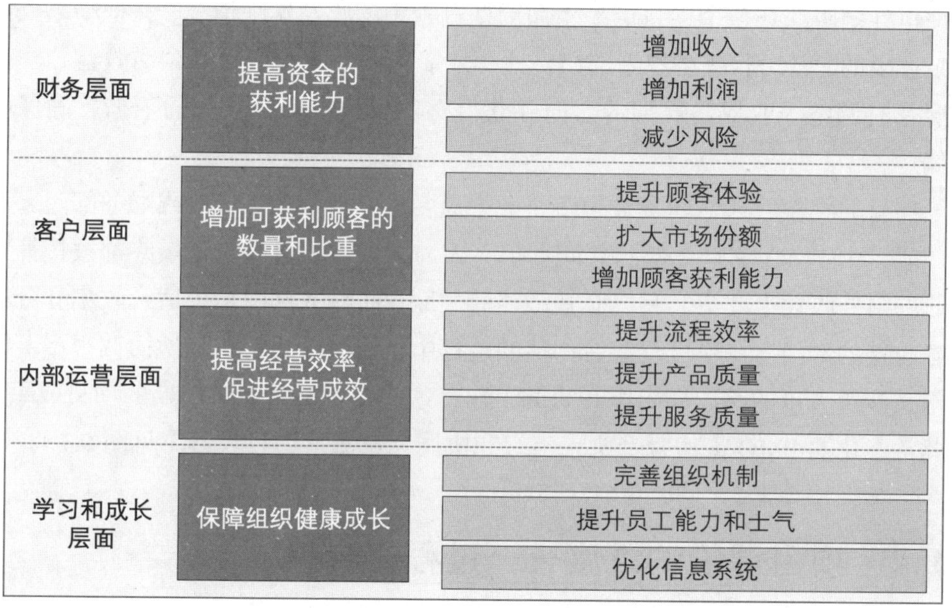

图 9.6　结合平衡计分卡的项目收益分类（示例）

这样对收益进行分类有个好处，就是比较容易把项目收益与企业原有的指标体系相关联，看到项目的收益究竟对企业哪个层面的目标有贡献，如何支撑了企业的战略。

我们还可以把收益分为有形收益和无形收益两类。有形收益指那些可以被明确地量化的收益，如财务收益、客户数量、市场份额、交付速度、库存数量等。有形收益通常测量起来比较容易，但是对很多项目来说，能够把项目的收益定义成有形的可量化的收益也是蛮有挑战的。无形收益指那些可以预期但是很难具体化的收益，如提升企业形象、提升利益相关者的好感等。无形收益测量起来很困难，通常需要采用间接的测量方式，如通过与其有因果关系的有形收益提供实现的证据。

大部分项目的收益往往是在项目结束后才开始实现的。通常到那个时候，项目团队已经解散了。因此实现项目收益的后评估需要依靠机制，就是在前面章节中曾经提到的收益后评估机制。确保在项目结束，进入项目收益实现的阶段时，有被指定的团队或责任人负责根据在项目立项阶段定义的收益类型和制订的收益评审计划跟踪在整个项目产品生命周期过程中的收益实现情况，并把结果反馈给企业级的 PMO 和战略规划部门。这样才能确保企业可以根据项目收益的实现情况及时调整企业战略规划的方向并获得对项目进行资源投入的依据，确保不跑偏。

项目的收益后评估职责在很多企业中通常由企业级的 PMO 或财务部门来承担，或者由 PMO 和财务部门共同承担。因为大多数项目的收益最终都被核算到企业的财务收益上才更容易与企业战略相关联，而财务部门是最适合收集和分析财务收益的部门。在项目收益后评估的过程中，往往需要跨职能地协调很多不同部门，涉及大量的跨职能组织和协调工作，这些收益又来源于前期的项目成果，因此常态化的 PMO 最适合牵头来组织和协调大家测量项目收益（见图 9.7）。

9.4 项目评价的维度——过程符合性

1．项目过程符合性评价的目的

站在企业和项目管理者的角度，对项目过程符合性的评价和考核非常重要。目前我国大多数企业都正在或即将经历转型变革期，在这个时期，企业中会产生大量的项目，而且包括很多战略类项目。然而企业很难找到与之数量匹配的合格项目经理，只能要求企业内拥有丰富专业经验的领导或骨干转型当项目经理，或者从企业外部招募还不太熟悉企业情况的项目经理，通过对企业内的项目过程提出规范性的要求，并建立监督和控制机制，来确保项目团队依据企业对项目的管理要求开展项目，避免项目失控。

评价项		目标	实际	权重		得分计算方法	得分	加权分数=得分×权重	评价人员签字/日期
必选目标评价	成本偏差率			35%	15%	成本偏差率 =［(预算 − 实际成本)/预算］× 100%。如成本偏差率≥-5%，得分为 100 分； 成本偏差率 < -5%，得分 =［1 +（成本偏差率+5%）× 1.5］× 100			
	进度符合度				10%	验收延迟天数 = 实际验收时间 − 应验收时间（以任务书中验收时间为准）。 任务书验收时间改动，需要以客户书面（含邮件）确认的验收日期为准。客户仅口头承诺的延期需客户经理签字确认，其中如客户无投诉且客户满意度调查中进度项得分不低于满分的 60%的，可按客户经理签字认可延期后的验收时间考核；如客户投诉或客户满意度调查中进度项得分低于满分的 60%的，仍按计划验收时间考核。 验收延迟天数≤计划验收时间前项目历时天数的 5%的，得分为 100 分； 验收延迟天数 > 计划验收时间前项目历时天数的 5%的，得分 =（1 − |验收延迟天数|/计划验收时间前项目历时天数）× 100。注：天数，以工作日计算			
	有效工作量偏差				10%	工作量偏差率 =［(有效工作量 − 实际工作量)/有效工作量］× 100%。 工作量偏差率≥-15%，得分为 100 分； 工作量偏差率 < -15%，得分 = (1−|工作量偏差|) × 100，最少得分为 0			
其他质量目标评价	平均发现缺陷数			20%	5%	平均发现缺陷数=客户验收前发现缺陷数/代码行数。 平均发现缺陷数大于等于目标值，得分为 100 分； 平均发现缺陷数小于目标值，得分=实际平均发现缺陷数/目标值 × 100			
	测试 bug 分析率				5%	所有 bug 必须分析属于何种原因造成，由哪个阶段引起的问题。如需求变更（需求阶段）、需求分析差异（需求阶段）、设计原因（设计阶段）、编码规范性（实现阶段）、控制处理缺陷（实现阶段）、业务处理缺陷（实现阶段）、数据处理缺陷（实现阶段）。 测试 bug 分析率=已完成分析的 bug 数/总 bug 数 × 100%。得分=测试 bug 分析率 × 100			
	测试用例覆盖率				5%	测试覆盖率得分=测试用例覆盖需求功能个数/需求功能总个数 × 100			
	缺陷修复率				5%	三级以上 bug 修复率=三级以上 bug 修复个数/三级以上 bug 总数，得分=三级以上 bug 修复率 × 90； 四级及以下 bug 修复率为加分项，四级以下 bug 修复数量达到每 2 个/万行或 10 个/百功能点时，开始计分，达到或超过 25 个/万行或 100 个/百功能点时，得 10 分			
客户满意情况评价	客户满意情况			5%	5%	根据客户经理、项目经理、QA 围绕客户对项目满意程度的调研确定分值			
项目部评价	综合评价			5%	5%	根据项目的行业战略性、质量、售前支持、人才培养等情况综合评价			
项目管理部评价	里程碑计划有效性			30%	5%	里程碑延期 10 个工作日未发起计划变更评审，即扣 10 分			
	质量意识				5%	根据对 QA 发现的不符合项的改正情况、改正的及时性等方面进行评价： 不符合项未纠正的，每一项扣 5 分； 纠正不及时的，超出 QA 报告中“计划关闭时间”5 个工作日，每一项扣 3 分，否则扣 1.5 分			
	根据定义出的过程活动规范性评价				10%	详见过程及产品评价页			
	根据定义出的工作产品及时性及质量评价				10%				
质量管理部评价	项目数据完整性、及时性			5%	5%	根据项目档案、项目管理系统中工作量和其他项目数据填写的内容完整性、正确性、及时性进行评价。（质量管理部近期将制定该项指标评价的量化标准）			

合计：

图 9.7　某软件公司项目评价表示例

2. 项目过程符合性评价的依据

企业对项目过程的规范性要求通常会来源于三个方面，即企业的通用要求、企业 PMO 针对项目管理的要求和客户的特殊要求。

（1）企业的通用要求通常由企管部门或质量管理部门提出和监控，往往来源于国家监管要求、行业标准、企业内部管控要求。这些要求是企业对企业内部所有工作的最基本要求，属于底线性质，是必须要遵守的。

（2）企业 PMO 的要求来源于企业在项目管理方面引进的外来先进项目管理方法和在企业内部收集到的经验教训与最佳实践，由企业 PMO 进行整合并转化为企业对项目管理的统一规定。它们往往是为企业内的项目量身定制的，用于指导和规范企业内的项目管理过程，提升项目的成功率，同时在项目过程中收集项目中关键的过程文档信息和最佳实践，形成项目档案和企业知识库，以便各个项目的信息可以在企业内共享。作为项目经理和项目团队，遵循 PMO 的要求、配合 PMO 的工作也是必需的。

（3）有些企业会对供应商的项目过程提出规范性要求，确保项目质量，降低项目风险，并通过审核和抽查的方式确保其供应商遵守自己的项目管理要求。因此，作为项目经理和项目团队，为了确保项目合同可以持续，确保项目产品能够顺利通过客户的验收，确保客户满意，就必须严格遵守客户提出的各项项目管理要求，并且要首先做到自查没有问题，才可能顺利通过客户的双方审核或抽查。

3. 项目过程符合性评价的方式

对于项目过程符合性评价的方式，比较常见的有两种：一种是对项目文档归档的考评，通常由考核部门检查和评价项目团队是否在规定的时点交付了规定的文档，并且确保了文档的质量符合要求。另一种就是审核。根据 ISO 9000 对于审核的定义，审核是指为获得审核证据并对其进行客观评价，以确定满足审核准则的程度所进行的系统的、独立的并形成文件的过程。审核可分成三类：第三方审核、第二方审核和第一方审核。第三方审核也叫认证审核，是由国家认可的专业审核机构对企业进行的审核。通过第三方审核是企业保持认证资质的必要条件，如 ISO 9001 的质量管理体系审核、ISO 27001 的信息安全管理体系审核等。第二方审核也叫客户审核，一般是由客户或代表客户的机构对企业进行的审核，确保客户对企业的要求被很好地执行了。第一方审核就是企业内审，是企业自己组织内审员根据企业的内部要求，对企业的工作进行的审核，确保企业自己的制度和要求被很好地执行了（见图 9.8）。

过程	过程活动	工作产品	活动权重	产品权重	活动评价：活动及时性得分	活动评价：活动规范性得分	活动评价：备注	活动评价：评分说明	产品评价：产品及时性得分	产品评价：产品质量得分	产品评价：备注	产品评价：评分说明
项目立项	立项策划	《项目质量目标》										
		《任务书》 《预算表》										
		“估算记录”（立项）										
	立项审批	《任务书》（审批通过）										
	项目启动	“项目启动会议纪要”										
项目策划	项目估算	“估算记录”（策划） 《预算表》									根据估算进行预算调整	
	计划编写	《项目计划》										
	计划评审	“同行评审记录”									评审记录是否完整、评审问题是否及时关闭	
项目监控	过程跟踪	《项目问题跟踪表》 《项目度量数据》 《项目例会报告》 《项目阶段总结报告》 “项目会议记录”									此项应参照项目周期内工作产品的普遍情况进行评价	
	过程分析	《项目计划》（更新）										
	过程绩效预测	《过程绩效预测表》										
	计划评审	“同行评审记录”									评审记录是否完整、评审问题是否及时关闭	
项目结项	项目总结	《项目总结报告》 《项目关闭单》										
	项目贡献	《过程改进建议》										
	项目评价	《项目评价结果》										
风险管理	风险识别	《项目风险跟踪表》										
	风险跟踪	《项目风险跟踪表》										
需求管理	需求变更控制	《需求变更申请表》										
		《需求管理报告》										
		“同行评审记录”									评审记录是否完整、评审问题是否及时关闭	
	需求版本控制	“产品”										
		《项目计划》										

图 9.8　某软件公司项目过程绩效评价表示例

9.5 项目评价的维度——利益相关方满意度

对项目来说，利益相关方的满意度非常重要，有时甚至比项目目标的符合性评价更重要。通常，我们认为项目的关键利益相关方有三类，即项目发起人、项目客户和项目成员的部门领导。

1. 项目发起人满意度

项目发起人是发起项目的源头。一个项目是否成功，一定要看是否实现了项目发起人的期望。对项目发起人满意度的评价，通常由 PMO 或分管项目的部门代表在项目结束之后，通过访谈或问卷调研的方式来获取，作为评价项目的重要依据之一（见图 9.9）。

重点关注项目评价表

<table>
<tr><td rowspan="5">评价标准</td><td colspan="2">评价维度</td><td>项目定位</td><td>项目收益</td><td>项目资源</td></tr>
<tr><td colspan="2">评估要素</td><td>战略匹配度评价</td><td>各维度收益最大化</td><td>各方面资源平衡性</td></tr>
<tr><td rowspan="3">打分标准</td><td>8～10 分</td><td>项目目标与中心战略目标高度契合，通过项目目标的实现，支撑战略落地</td><td>在项目的经济收益、创新性、成果中，全部或某一项取得了最优</td><td>项目的各方面资源，包括人、财、物等的规划、调配、使用情况达到最优</td></tr>
<tr><td>4～7 分</td><td>项目目标与中心战略目标基本契合，可以支撑战略落地</td><td>在项目的经济收益、创新性、成果中，部分项取得了良好的成绩</td><td>项目的各方面资源的规划、调配、使用情况良好</td></tr>
<tr><td>0～3 分</td><td>与中心战略方向冲突，不能支撑中心战略</td><td>在项目的经济收益、创新性、成果中，成绩不佳</td><td>项目的各方面资源的规划、调配、使用情况不佳</td></tr>
</table>

图 9.9　某研发机构项目发起人对项目评价的打分表示例

2. 项目客户满意度

客户的满意度非常重要，他们是使用者的代表。如果客户不满意，项目产品就不能被验收，项目成果很难转化，项目收益也无法实现。这里的客户不仅指企业的外部客户，还包括企业内部客户。

对客户满意度的评价，通常由 PMO 或企业内最了解客户的部门，通过访谈或问卷调研的方式来获取信息，作为评价的重要依据。

3．项目成员的部门领导满意度

项目成员的部门领导对项目的评价也很重要，由于他们要对自己分派到项目中的项目成员负责，对自己部门承接的项目子产品的交付工作负责，因此他们一定会经常参与项目的工作，包括在关键节点项目评审的决策，指导项目成员工作，监督项目经理和自己派遣的项目成员等。他们会站在交付团队的角度给出自己对项目的客观评价（见表 9.2、表 9.3）。听取他们对项目的评价可以了解在项目交付过程中走了哪些弯路，是否有更好的交付方式。从另一个角度来看，听取项目成员的部门领导对项目的评价，有利于加深项目管理部门与这些专业部门或专业团队之间的沟通和相互理解，以便在后续的工作中更好地协同工作。

表 9.2　某软件企业产品项目评价表（示例）

考核指标	分　值	子指标	分　值	得　分	折算得分	备　注
进度偏离度	25	交付进度偏离度				
		总体进度偏离度				
工作量偏离度	5	总体工作量偏离度				
过程执行度	20	过程执行度				
客户满意度	50	服务支持满意度				
合计	100	合计				
		考核总分				

表 9.3　某软件企业产品项目成员评价表（示例）

考核指标	分　值	子指标	分　值	得　分	折算得分	备　注
工作进度	50	进度偏离度				
工作质量	50	交付物一次合格率				
		项目流程执行情况				
		合作满意度				

续表

考核指标	分值	子指标	分值	得分	折算得分	备注
参与过程改进		提出过程改进建议				加分项，最高为 10 分
合计	100	合计				
		考核总分				

9.6 项目经理的绩效评价

项目经理的绩效评价可以从两个角度来看。一种是针对某一个项目的项目经理进行的项目绩效评价，另一种是将项目经理作为一个岗位进行的年度评价。

1．项目经理的项目绩效评价

项目经理的项目绩效评价通常可以从项目经理在该项目上的工作业绩指标和工作行为指标两个维度来评价，再进行加权平均后得出项目经理在该项目上的绩效评价。

2．项目经理的岗位绩效评价

通常，项目经理的岗位绩效评价往往以年度为单位开展，很多企业是在每年的年初，由负责给项目经理做评价的角色收集相关的信息来评定上一年度中项目经理的绩效表现（见图 9.10）。项目经理的岗位绩效评价通常来源于三部分内容的输入：第一部分是项目评价，第二部分是项目经理的成长性，第三部分是项目经理的工作量（见图 9.11）。绩效评价是一种推动手段，按管理大师彼得·德鲁克的观点："你希望员工做什么，就考核他什么。"通常，企业在项目中评价这三部分内容的目的就是推动项目经理朝这三个方面努力。

指标类别	各指标涉及的项目	权重	效果及目标设定	评分规则及标准	数据来源	评分（百分制）
工作态度指标	日常考勤	10%	遵守公司或客户方的考勤管理制度	1. 迟到或早退 1 次，扣 5 分，一个考核期内迟到或早退超过 5 次，该项得分为零分。 2. 请假与加班（客户方或部门经理审批之后的、能够核算工作量的有效加班）相互抵扣之后，一个考核期内：假期在 2 天以内（含 2 天），不扣分；假期超过 2 天以上者，每增加 1 天，扣 10 分；累计达到 5 天，扣 50 分；6 天或以上，该项考核得零分。 3. 每旷工一个小时，扣 10 分；一个考核期内，累计旷工 6 小时以上，该项考核得分为零分	客户部门经理	
	工作态度	20%	严格遵守公司、客户、部门、项目的规章制度或规范，对分配的任务高度认真负责，乐意接受额外的工作任务和必要的加班，并积极主动承担相应的工作任务和责任	1. 不遵守公司规章制度、部门及项目规范，每违反一次扣 5 分。 2. 不遵守客户公司规章制度或规范，每违反一次扣 5 分。 3. 对直接负责人安排的工作或指出的问题，不予理会或阳奉阴违、消极抵触，每出现一次扣 20 分。 4. 工作时间经常打私人电话、上网、用聊天软件从事与工作无关的活动等，每出现一次扣 10 分	客户部门经理	
工作业绩指标	工作标准	50%	提前保质保量完成负责的工作，按时提交工作日报	评分来自项目管理部对项目过程或结果的考核得分	项目管理部（权重 50%）	
				1. 每月 5 日之前提交项目进度计划中以月度为节点的滚动细化的工作内容，未按时提交扣 10 分。 2. 每周周一之前按时分配并确认项目组成员本周的工作任务（使用周报模板），并将任务分配情况邮件发送大家并抄送部门经理，不能按时提交，每出现一次，扣 10 分。 3. 按时提交周报，提交时间延迟超过一天，每出现一次扣 5 分；未提交周报，出现一次扣 10 分。 4. 每月 26 日之前提交月度工作报告，同时确认项目成员每月工作完成百分比。提交时间延迟超过一天，每出现一次扣 5 分；未提交出现一次扣 10 分。 5. 每月确认项目月度任务是否完成，如未按时完成，出现一次扣 10 分，未完成任务超过 20%，出现一次扣 20 分。 6. 做好项目相关方的沟通和协调工作，做好项目重大问题及项目风险的及时汇报，如因此而引发系统严重缺陷和项目重大事故，出现一次扣 20 分	部门经理（50%）	
	客户满意度	20%	能够通过与客户方正常的沟通和工作层面的合作，得到客户方的认可	出现下列情形之一，扣 40 分： 1. 与客户项目经理、成员等项目相关方的配合有问题，客户每反馈或投诉一次扣 10 分。 2. 因工作或其他原因，受到客户书面或邮件提出的投诉或批评，每出现一次扣 20 分。 3. 项目收到投诉	客户项目经理	

图 9.10　某软件公司派驻客户公司现场的项目经理绩效评价表示例

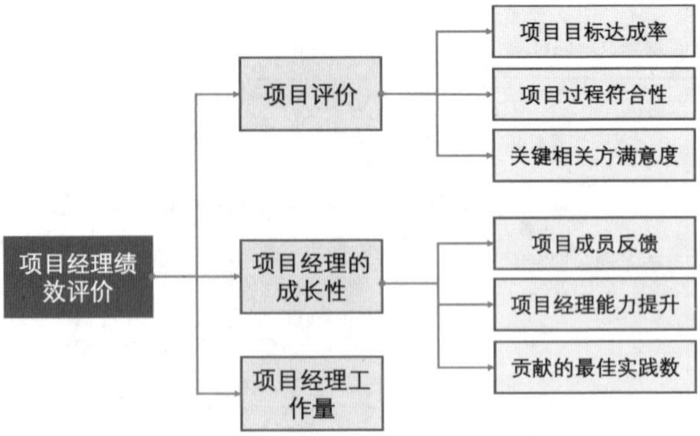

图 9.11　项目经理的岗位绩效评价分解结构

1. 项目评价

把项目评价结果作为项目经理岗位绩效评价的输入的目的是推动项目经理关注项目的成败，争取把项目做成功。一个角色的工作绩效评价应首先取决于其所承担的主要工作。对于项目经理来说，通过有效的组织、协调和管理工作，确保项目的成功就是其最重要的工作任务。因此项目成功与否的评价结果必然是考核项目经理的最重要的输入。

2. 项目经理的成长性

把项目经理的成长性评价作为项目经理岗位绩效评价的输入的目的是督促项目经理在实施项目的过程中不断地学习和成长。项目经理是企业非常重要的人力资源，企业迫切地希望自己的项目经理在项目实战中积累更多的经验，学到更多的知识，并通过项目实践把自己的技能练得更娴熟，使自己的能力得到快速提升，这样才有能力承接更有挑战性的项目，带领项目团队实现项目目标，助力企业战略落地。

项目经理的成长性如何评价呢？可以通过收集项目成员的反馈，如由项目经理的领导或 PMO 采用访谈或问卷调研的方式邀请一些合适的项目成员对项目经理的能力和成长性进行评价。项目成员尤其是项目中的核心成员，由于他们与项目经理共同经历了项目的整个过程，因此对项目经理的能力和特点最为熟悉，更容易看到项目经理的优点、缺点和成长性。具备条件的企业，也可以通过项目经理能力测评工具来测量项目经理的能力，尤其看开展项目前后是否有了显著的提升，将其作为项目经理成长性的输入。还有一种方式就是将项目经理在项目过程中贡献的最佳实践数量作为依据。通常，项目经理贡献的最佳实践数量越多，说明项目经理在开展项目的过程中收获越大，成长也越快。

3．项目经理工作量

把项目经理的工作量评价作为项目经理岗位绩效评价的输入的目的是推动项目经理同时承担更多的项目工作。从另一个角度来说，这也是一种公平性的体现。同时担任 3~5 个项目的项目经理与只担任一个项目的项目经理所需要投入的工作量和精力是完全不一样的。但是由于不同类型项目的复杂程度会有较大差异，因此不能单纯按照项目经理所承接的项目数量来核定项目经理的工作量。比较常见的方式是先把企业内的所有项目按其创新程度、复杂程度和工作量大小进行分级，然后按项目经理所承担项目的级别和数量来核定项目经理的工作量。例如，评价某美资企业产品项目经理年度绩效，共有 3 个指标，包括项目成功、项目经理成长性、项目经理工作量。其中项目成功占比 60%、项目经理成长性占比 20%、项目经理工作量占比 20%。3 个指标的具体评价信息，如表 9.4 至表 9.6 所示。

在一些企业，项目经理承接一个复杂的战略级别项目的工作量等同于承接三个普通项目的工作量。

9.7　项目成员的绩效评价

在开展项目工作时，项目经理的主要定位是通过自己的组织和协调带领整个项目团队齐心合力完成项目的目标。因此，项目经理要善于在承接了自己的项目目标和绩效指标后，把自己的项目目标和绩效指标分解到项目的核心成员的工作上，给项目核心成员设定各自的工作目标和评价指标，并与项目成员就其工作目标和评价指标达成共识，获得项目成员的认可，然后组织项目核心成员共同实现整体的项目目标和指标（见图 9.12）。

表 9.4　某美资企业产品项目经理年度绩效之项目成功评价表（示例）

比重 60%：项目成功		
描　　述	目　　标	实　　际
准时交付（每个里程碑在目标日期当月交付）	25%	
基于计划的风险管理	5%	
项目质量评审结果	25%	
需求变动/变更管理	5%	
进度提前加分	2%	

表 9.5　某美资企业产品项目经理年度绩效之项目经理成长性评价表（示例）

比重 20%：项目经理成长性		
描　　述	目　　标	实　　际
项目团队反馈	10%	
项目经理能力成长	5%	
最佳实践案例平均数（提交 1～2 个最佳实践案例给 PMO）	5%	

表 9.6　某美资企业产品项目经理年度绩效之项目经理工作量评价表（示例）

比重 20%：项目经理工作量				
描　　述	新员工或 L1 级别员工	L2 级别员工	L3 级别员工	L4 级别员工
2 个项目	20%			
3 个项目	25%	20%	15%	
4 个项目	30%	25%	20%*	20%*
5 个项目		30%	25%*	25%*
6 个项目			30%*	30%*

* 区别是项目复杂程度——L4 级别员工最少有 2 个突破项目

指标类别	各指标涉及的项目	权重（%）	效果及目标设定	评分规则及标准	数据来源	评分（百分制）
工作态度指标	日常考勤	20%	遵守公司或客户方的考勤管理制度	1. 迟到或早退 1 次，扣 5 分，一个考核期内迟到或早退超过 6 次，该项得分为零分 2. 请假与加班（客户方或部门经理审批之后的、能够核算工作量的有效加班）相互抵扣之后，一个考核期内：假期在 2 天以内（含 2 天），不扣分；假期超过 2 天以上者，每增加 1 天，扣 10 分；累计达到 5 天，扣 50 分；6 天或以上，该项考核得零分 3. 每旷工一个小时，扣 10 分；一个考核期内，累计旷工 6 小时以上，该项得分为零分	项目经理	
	工作态度	20%	严格遵守公司、客户、部门、项目的规章制度或规范，对分配的任务高度认真负责，乐意接受额外的工作任务和必要的加班，并积极主动承担相应的工作任务和责任	1. 不遵守公司规章制度、部门及项目规范，每违反一次扣 5 分 2. 不遵守客户公司规章制度或规范，每违反一次扣 5 分 3. 工作时间经常打私人电话，一个考核期扣 10 分 4. 上与工作无关的网页、用聊天软件从事与工作无关的活动或利用工作时间进行私人聊天的，发现一次，扣 10 分 5. 对直接负责人安排的工作或指出的问题，不予理会或阳奉阴违、消极抵触，每出现一次扣 20 分	项目经理	
工作业绩指标	工作质量	50%	提前保质保量完成负责的工作，按时提交工作日报	1. 不按时提交工作日报或周报，提交时间延迟超过一天，每出现一次扣 5 分；未提交日报或周报，出现一次扣 10 分 2. 每周制订工作计划，每周与项目经理确认应负责的工作任务形成周计划，每出现一次未按时提交周计划，扣 10 分 3. 每周确认所负责工作进度，每出现一次未按时完成工作，扣 20 分。当发生未完成任务时，后续不影响下周工作的前提下，延期 2 工作日内完成了相应工作扣 5 分 4. 完成的工作存在质量缺陷或其他严重问题，每出现一次，扣 10 分	项目经理	
	客户满意度	10%	能够通过与客户方正常的沟通和工作层面的合作，得到客户方的认可	1. 与客户项目干系人合作有问题，每反馈或投诉一次扣 10 分 2. 因工作及其他原因，受到客户书面或邮件提出的投诉或批评，每出现一次扣 20 分	项目经理	

图 9.12　项目成员的绩效评价指标示例

本章小结

不论是项目经理还是企业的项目管理部门，能否根据项目特点找到项目的抓手，科学地定义项目评价的依据和评价指标是在项目过程中控制项目方向和进展的关键。

制定科学的项目评价指标，首先要定义项目的成功标准在哪个层次上，并与各个关键利益相关方就此达成共识，统一大家的方向和目标。然后要定义评价项目的维度，找到相关的依据并选择恰当的评价方法。由于项目经理是项目能否成功的关键因素，因此也一定要定义出一种公正地评价项目经理绩效的方式。

当我们在项目立项阶段为项目定义出清晰的项目评价指标，并获得所有项目关键相关方的认可之后，在后续的项目实施过程中，就可以做到依据项目的评价指标，将项目的实际成果与计划成果定期进行比较，监控项目指标偏差的大小，控制不可接受的偏离，确保项目的受控性，提升项目的成功率。

第 10 章

项目管理办公室的定位和使命

Project Management With Limited Authority, 2nd Edition

近几年可以看到一个相当明显的变化，在我国有越来越多的企业开始尝试建立自己的项目管理办公室（Project Management Office，PMO），并尝试以 PMO 作为核心建立组织级项目管理的机制和体系。这种现象意味着，我国由仅仅关注单项目管理阶段开始进入组织级项目管理的发展阶段，项目管理不再是项目经理自己关心的事情，已经变成了整个组织或企业关心的重点。正如项目的运转离不开项目经理一样，组织级项目管理机制的运转离不开 PMO。然而，绝大多数企业的 PMO 建设和发展并不是一帆风顺的，由于得不到大家的认同，或者无法证明 PMO 存在的价值，导致 PMO 在企业里先建再拆、再建再拆的现象比比皆是。很多 PMO 负责人或 PMO 经理为了自己的信念，每天在水深火热中坚持着推动组织向项目化转变。作为过来人，为了让更多参与 PMO 工作的人少走弯路，不再困惑，我将在这一章中分享自己的一些心得体会。

10.1 PMO 出现的时机

做事的时机很重要，对企业来说，建立 PMO 的时机也很重要。建得早了，发挥不出作用，白白增加了管理成本，还扰乱了原有的企业运转体系；建得晚了，很可能导致企业发展出现停滞，甚至走下坡路。因此，在企业建立 PMO 也要把握合适的时机。

当企业还处于以日常运营为主的发展阶段，以项目为单位的创新工作还比较少的时候，是不需要建立 PMO 的，因为靠企业一把手自己就能把这些项目管起来。在企业最高领导的推动下，集合企业的优势资源，即使没有专业的项目经理或 PMO 来参与管理，这些项目通常也可以达到预期目标。但当企业内越来越多的工作都开始用项目的方式进行管理的时候，企业内项目的数量会逐年倍增，甚至成百上千。这时候，光靠企业一把手自己一个人，不可能管得过来，即使加上那些懂项目管理的副总级别的领导，也还是管不过来。而且，企业同时开展这么多项目，找不出那么多合格的项目经理，只能大家按各自的套路管自己的项目，再加上企业自身的文化很可能还停留在人治或职能管理的阶段，项目的成功率必然大幅下降，导致企业战略规划无法落地，影响企业的发展速度。此外，在企业里，项目经理经常会为了自己的项目争抢企业的稀缺资源，比较强势的项目经理可能每次都能把优秀的资源抢到自己的项目上，比较弱势的项目经理则抢不到，导致一些项目从一开始就注定会失败。

站在企业的角度，这是很严重的问题。从大局来看，所有企业正式立项的项目都是有价值的，任何一个项目的失败都可能影响整体战略或规划的落地，因此必须有人站在企业大局的角度去平衡项目之间的资源分配，避免项目之间的恶性竞争，确保所有的项目都能做成功。这个时候，大家会发现，在企业原有的组织架构里，很难找到一个合适的部门来公正地负责这件事，此时 PMO 出现的时机就成熟了。当前国内很多企业由于缺少组织级项目管理机制和 PMO，普遍会出现如图 10.1 所示的痛点，在这时候开始建立 PMO，更容易获得大家的认同。

10.2　PMO 幕后的老板是谁

企业刚开始建立 PMO 时，PMO 的负责人往往会对这个部门的角色和使命非常困惑。通常，大家会认为 PMO 应该是一个管控部门，因为国内能见得到的西方项目管理理论都是这么写的，大多数项目管理培训课上老师也是这么教的，即 PMO 就是代表领导去监督和管控所有项目的职能部门。但实际情况是，各部门根本不听 PMO 的管控，而且 PMO 还不能惩罚大家，却要背负各种项目失败的责任，变成了一个有责无权的部门，这令 PMO 的成员非常痛苦（其实这个现状与我国项目经理的状态是比较相像的）。尤其是处于转型变革期的企业，PMO 往往负责推动和保障企业内所有最具挑战性的战略项目，但并不掌握调动职能部门资源的权力，还要在众多的利益相关方之间周旋，这非常考验 PMO 负责人的能力。

那么，PMO 的角色和定位到底是什么呢？咱们先从名字上分析，PMO 是 Project Management Office 的缩写名称，它的最后一个单词是 Office，翻译过来就是办公室。西方企业的办公室和中国企业的办公室的职能是差不多的，通常负责协助很多大领导开展和落实行政或事务性工作，包括承办、参谋、管理和协调等职责。简单地讲，就是给大领导打杂的一个部门，如总经理办公室、企业管理办公室、综合管理办公室和科研管理办公室等。虽说是打杂，但这个角色又很重要，因为企业的大领导往往身兼数职，时间非常宝贵，为了能够更有效地利用大领导

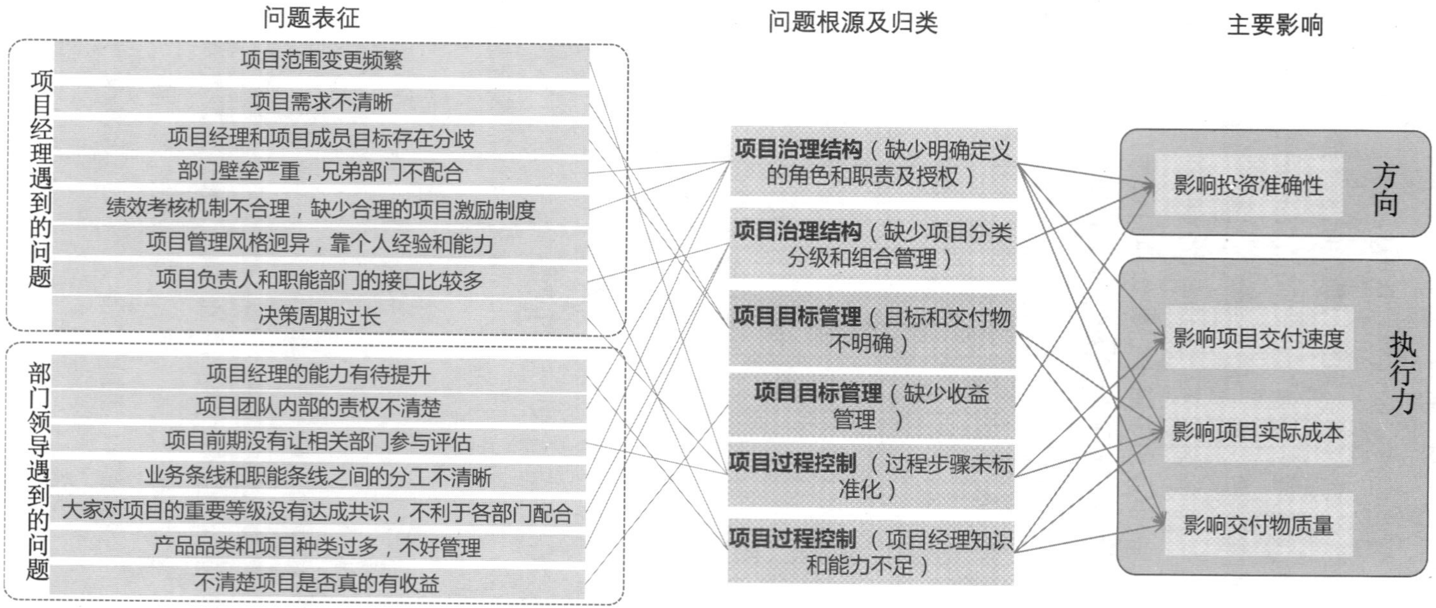

图 10.1　组织级项目管理机制缺失造成的痛点

的时间，必须给大领导配备助理团队，分担那些相对简单但耗费大量时间的工作，这就是办公室产生的原因。项目管理办公室，顾名思义，就是为了分担大领导与项目相关的工作而产生的办公室。很多时候因为企业内成立的跨职能部门协同的项目太多，总经理实在管理不过来了，必须有专人帮他进行监督和协调。但这个工作放到企业内任何一个原有的职能部门上又都不太适合，因为没有办法保证这个职能部门会站在很公正的角度、站在公司大局的角度去平衡项目之间的关系，因此只能单独成立一个 PMO，负责代表总经理、董事长、CEO 去监督和统筹协调所有跨职能部门的项目。这就是大多数企业 PMO 产生的原因，是从给大领导打杂开始的，因此，企业的大领导往往是发起 PMO 的真正幕后老板。

当企业的规模够大的时候，会产生分层级的 PMO，如集团的 PMO、业务单元的 PMO、公司级的 PMO、部门级的 PMO 和项目级的 PMO 等（见图 10.2）。每个层级 PMO 的产生都很可能是由于该层级领导所管辖的项目太多造成的。因此，集团 PMO 就是给集团大领导打杂的；业务单元级 PMO 就是给业务单元的大领导打杂的，同时要遵从集团 PMO 提出的要求；公司级 PMO 就是给公司大领导打杂的，同时要遵从集团和业务单元级 PMO 提出的要求，以此类推。

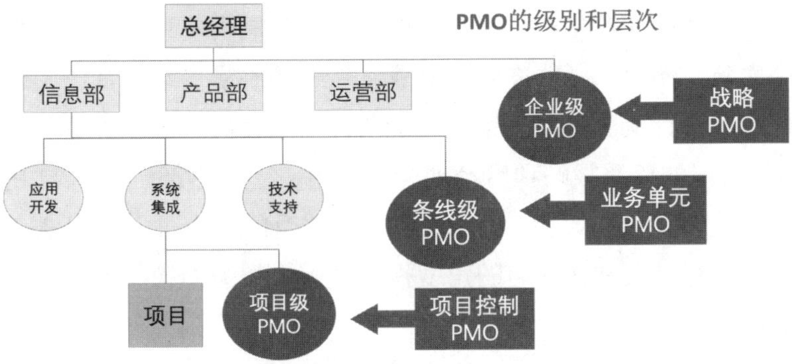

图 10.2　某企业分层级 PMO 架构示例

10.3　PMO 到底是领导还是打杂的

虽然都称为 PMO，但在不同的企业，基于不同的背景，PMO 会有截然不同的定位和职责。

很多时候，PMO 在企业内的定位，取决于发起 PMO 的领导认为企业在哪个方面的管理有欠缺，需要通过 PMO 的形式来完善。如果是企业一把手即总经理或董事长希望建立企业级的 PMO，他很可能会要求分管某一领域的副总在其管辖的组织结构下牵头建立一个 PMO，通过这个 PMO 侧重解决企业在该领域的项目管理问题。通常，企业 PMO 的基础定位可分为五类，即战略型、控制型、运作型、支持型和顾问型。

1．战略型 PMO

这类定位的 PMO 往往由企业最高领导者发起，在企业原有的战略规划部门或总经办分化出一块职能开展企业的多项目运营管理工作，以确保企业的战略项目能更好地实施，有效地支撑企业的战略落地。

近年来，随着战略规划工作（含国企的“十三五”规划）在国内越来越受到企业的重视，常态化地开展战略规划工作的企业越来越多，然而企业战略规划不能落地的现象也常见。如果企业战略不能按规划落地，那么战略规划再宏伟、再美好也是纸上谈兵。战略规划要落地，必然要把宏观的战略规划分解为一个个目标明确的项目集（群）或项目，细化具体需要完成的工作内容，配备合适的人手和资源，定义合适的评价指标。因此，作为战略落地实现和保障的手段，项目管理变得重中之重。然而，既能准确理解战略规划的要求、站在企业大局思考、根据企业实际状况设计实施路径，又能搞定项目团队成员、整合各种不同职能的资源、实现项目目标的优秀战略项目经理凤毛麟角，企业战略项目的成功率非常低。为了确保所有战略项目的成功，确保所有战略项目的输出可以有力地支撑企业战略，企业内必须有专人站在战略的角度指导和监督相关的各类项目，这个重任就落在了战略型 PMO 身上。

战略型 PMO 侧重于衔接企业战略规划与企业各类项目之间的关系，确保战略规划可以科学地分解成各个项目团队可以理解的目标和工作内容，并根据战略的优先级指导企业对项目的资源分配和平衡，在项目的实施过程中，帮助项目团队分析战略规划的期望和需求，协助项目与战略之间的沟通和协同，重点监控与战略密切相关的关键项目，反馈项目进展和收益给战略规划部门，以便于战略规划根据落地的实际情况及时做出相应的调整。通常，战略型 PMO 的负责人和成员既要充分参与企业战略规划的制定和调整过程，又要深入重点战略项目进行必要的支持和监控；既要充分领会高层领导的意图，又要理解项目执行团队的难处和期望。项目组合经理是战略型 PMO 中的典型角色，肩负衔接战略与项目的重任，通过项目组合管理的机制，按公司战略规划和价值管理的要求，站在投资的视角，识别和选择优质的项目，评估项目的收益和价值，对所有的项目进行优先级排列，评估项目组合的整体风险水平，合理调配企业资源，并在所有项目的执行过程中通过对项目绩效和风险的持续监控为企业高层领导及时提供决策所需的项目状态信息。项目组合经理往往由既熟悉战略规划又熟悉项目实施的资深人士担任。

2．控制型 PMO

在我国，早期控制型 PMO 多出现在软件行业。由于很多潜在的软件问题不一定能在上线前的测试阶段全部发现，如果在用户的使用阶段才暴露出来，会对用户造成严重的损失，因此软件行业普遍推行质量管理体系，建立系统化的质量管理机制，尤其对开发过程进行严格的质量控制，从而降低出现质量问题的概率。通常，质量管理侧重采用将工作过程标准化和流程化的手段，降低员工由于经验欠缺或不规范操作造成质量问题的机会。由于软件开发普遍是以项目为单位的，因此只有将质量管理与项目管理科学地整合在一起，才可能抓住软件开发项目过程中的关键控制点，确保软件产品的质量。在企业把质量管理与项目管理进行整合的时候，就出现了项目管理的流程化和体系化的管理模式，其中最知名的就是美国卡内基梅隆大学的软件工程研究所（Software Engineering Institute，SEI）的能力成熟度集成模型（Capability Maturity Model Integration，CMMI）。在这类企业里，PMO 往往是由原来的质量管理、质量控制或质量保证部门转型过来的。

由于控制型 PMO 兼具质量管理和项目管理双重职责，因此侧重于推行和维护基于项目的质量管理标准和体系，提升企业员工整体的工作规范性和标准化程度，降低由于不规范而导致犯错误的风险。项目质量保证是控制型 PMO 中的重要角色，肩负着在企业推行项目质量管理文化和确保体系受控的重任。

3．运作型 PMO

当企业把所有的项目经理都划归 PMO 来进行统一管理的时候，就产生了运作型 PMO。运作型 PMO 实质上是一个项目经理的资源池，负责培养和管理项目经理资源，根据不同类型项目的需要，把项目经理派遣到合适的项目上，并对项目经理的工作结果负责。

这件事听起来挺好的，貌似 PMO 的权力增加了，因为 PMO 可以管理很多人了。但是，由于 PMO 要对项目经理的工作结果和项目的成败直接负责，因此，承担的责任和风险也大大增加了。经验证明，运作型 PMO 通常要在强矩阵的组织结构下才能较好地开展工作。在强矩阵结构下，企业职能部门的定位转变为培养和提供各类专业人员的资源池，而不是权力单元，通常也不对项目的成败负责，只对专业人员的素质和专业性负责。这时候，项目经理必须对项目负有主要责任，同时也拥有了挑选专业项目人员的权力、在项目中为项目人员分配工作的权力、考评其承担的项目工作的绩效和分配项目奖金的权力。然而，在当前环境下，我国极少有企业具备强矩阵的组织结构，绝大部分企业仍处在职能管理和弱矩阵结构下，甚至具备平衡矩阵结构的企业都很稀少。因此，通常负责管理专业职能部门的职能经理拥有较大的权力且相对强势。如果项目经理仍然隶属于职能经理，那么职能经理自然会发挥自己的资源和权力来帮助自己的项目经理实现项目目标；如果项目经理不隶属于专业职能部门，而隶属于 PMO，那么项目经理想获得职能经理的资源和权力支持就比较困难了。

因此，当面临是否要将项目经理划归 PMO 并建立运营型 PMO 的抉择的时候，建议每家企业都要先慎重地评估自己的企业是否已经具备条件，然后再做决定。否则，很可能适得其反，让项目经理更不容易开展工作。

在运作型 PMO 模式下，企业往往会在 PMO 部门里成立全职项目经理团队，也会建立负责管理项目经理团队的岗位，通常会挑选同时具备项目管理经验和团队管理经验的资深经理担任。

4．支持型 PMO

支持型 PMO 目前在企业里是比较常见的，而且也是比较受各部门欢迎的 PMO 定位，因为它主要的职责并不是管着大家，也不是监督大家，而是服务大家或者说是给各个项目打杂的。支持型 PMO 的主要工作目标是通过自己的协助，让项目经理和项目成员把宝贵的时间和精力更多地聚焦在项目关键的工作上，不会因为项目中的行政事务分散精力，影响了项目的主要工作。例如，当 PMO 发现一些重要项目的文档没人管的时候，可以派人到项目中担任项目助理，负责统一管理项目文档；当 PMO 发现在项目开展过程中出现了一些事务或协调性工作，暂时找不到合适的人来负责时，可以先派人进入项目团队把这些工作承担起来，再组织大家讨论最适合的人选，以确保项目工期和质量不受影响。

在企业建立 PMO 的初期，支持型 PMO 最容易被大家接受，也最容易生存下去。因此，很多企业的 PMO 往往从支持型 PMO 起步，经过两三年后，获得了大家的认同，再逐步向管控型 PMO 转变。

项目助理和配置管理员通常是支持型 PMO 中的典型角色，会由 PMO 派驻到一个或多个项目上协助项目经理完成项目团队的相关工作。

5. 顾问型 PMO

顾问型 PMO 在企业管理成熟度较高的企业中较为常见，通常以辅导项目经理和推动整个组织的项目管理成熟度作为主要工作目标。PMO 成员多以导师、专家或教练的角色出现和参与项目，因此顾问型 PMO 对其成员自身的能力和资历要求较高，不仅要精通项目管理的相关知识、发自内心地倡导项目管理文化、能真正帮助他人解决项目管理过程中遇到的疑难杂症和实际问题，还要能为企业培养合格的项目经理。

PMO 的这五个类型代表了 PMO 的五种不同定位和角色，但并不是说企业的 PMO 只能选择某一定位或角色。从企业的实际情况来看，很多企业的 PMO 往往会同时具备这五种中的两种或三种角色。当然，我们通常认为最完善的 PMO 应该承担这五种角色。但一定不能在 PMO 成立初期就赋予 PMO 太多的角色和职责，因为企业 PMO 的成长和完善是要循序渐进的，不可能一步到位。很多企业的 PMO 往往会从承担支持型角色开始，在参与项目的过程中逐步获得其他部门员工和高层领导的认同和信任，然后逐步完善 PMO 的其他角色和职能，再经过数年的实践，成为较为完整的 PMO 并形成自己的特色。

10.4 最牛的 PMO 是什么样的

图 10.3 所示的 PMO 职能框架出自英国的 P3O 方法论。在我看来，这也是目前在全球范围内，最系统化和最完善的 PMO 模型。当然，这个模型并不是一群专家坐在会议室里想象出来的，模型中的每个职能都源自国际上某个行业顶尖企业的最佳实践。在这个模型里，我们把最完善的 PMO 分成三大块职能：计划职

能、交付职能和卓越中心。其中，计划职能侧重多项目的统筹和对项目方向的把控；交付职能侧重确保项目的执行力，确保项目目标的实现；卓越中心侧重组织级项目管理机制的完善和人员能力的提升。

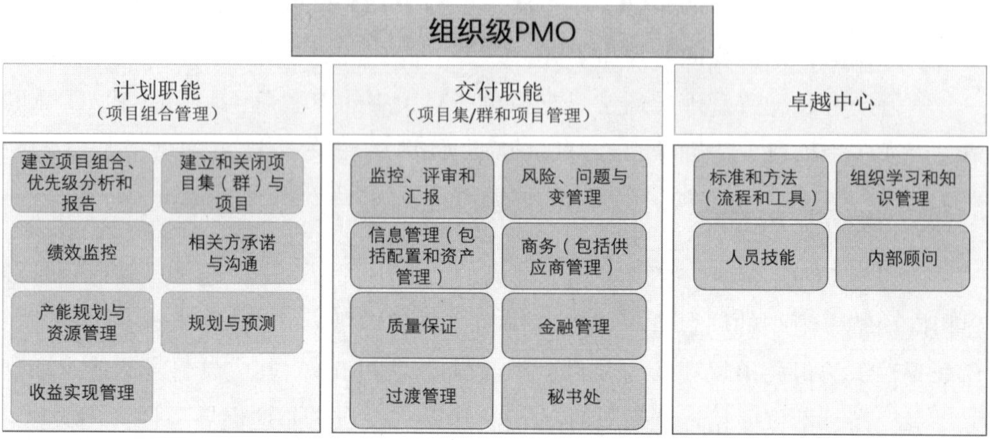

图 10.3　基于英国 P3O 方法论的 PMO 职能框架

1. PMO 的计划职能

PMO 的计划职能由七部分工作内容组成，主要内容介绍如下。

（1）进行项目组合、优先级分析和报告。这就是我们通常所说的项目组合管理。如前文所提到的，项目组合管理重在衔接战略和项目之间的关系，站在企业战略和大局的角度，对项目进行优先级排列，合理分配资源，对战略项目的进展进行跟踪和反馈。目的是站在企业的高度，从投资的角度来看待项目的资源投入和分配，以确保对企业战略的有效支撑和最大化企业整体收益。

（2）建立和关闭项目集（群）与项目。在组织级项目管理的环境下，由 PMO 对企业所有项目的立项和结项工作统一管理是必需的，这样才能确保各个项目的方向和目标从一开始就与企业整体方向保持一致。如果企业没有对项目的立项和结项过程进行统一管理，各部门就会按照自己的想法去发起和评价项目。由于各自的定位和角度不同，时常会出现项目目标与企业整体战略发生偏离、多个项目的项目目标产生冲突或重叠的现象，这样不但会造成企业资源浪费，还会影响企业的整体战略落地。

（3）绩效监控。项目的绩效监控是 PMO 有能力为企业高层提供决策支持的基础，也是多项目运营管理的信息和数据来源。然而，项目的绩效测量和监控并不容易，因为项目的种类千差万别，管理手段多种多样，项目经理素质参差不齐，项目开展过程中又经常会遇到各种原因的调整，导致项目绩效的标准不好确定。缺少了评价标准，绩效测量和监控就很难实现。为了实现项目的绩效监控，首先要在企业内建立统一的项目绩效评价方法和标准，建立规范化的信息和数据收集渠道，授权 PMO 统一进行项目绩效的测量、监控和考评，按时向高级管理层汇报，并根据高级管理层的反馈指导项目的调整。

（4）收益实现管理。这块工作内容在国内许多企业中是严重缺失的，导致企业在项目投资上的盲目性。因为绝大部分的项目收益是在项目结束之后才开始产生的，而且一定要用户使用一段时间之后才能验证有没有收益，因此，对于项目收益实现的管理职责是不能放在每个项目团队的。企业必须指定一个部门，站在企业整体的角度根据项目立项报告里对收益的描绘和承诺，从项目阶段到运营阶段，对项目收益的实现结果进行跟踪、测量、评价、记录和汇报。从经验来看，这块工作内容通常放在企业级的 PMO 部门里，效果最好。

（5）其他工作内容。在 PMO 计划职能中，除了上述提到的四部分工作内容，为了确保企业的稳定运行和发展，并协助高层利益相关方建立平衡，PMO 通常还会承担相关方承诺与沟通、产能规划与资源管理、规划与预测职能这三部分工作。

2. PMO 的交付职能

PMO 的交付职能由八部分工作内容组成，侧重于对项目集（群）和项目的实施过程进行有效管理和保障。

（1）监控、评审和汇报。对企业内所有项目的实施过程进行监控、评审和汇报是必需的，否则，企业高层决策者就没有项目相关的信息来源，就无法在第一时间及时了解项目集（群）和项目的实际情况，无法正确判断企业战略落地的程度，无法及时做出企业在关键节点或事件上的决策。其实，很多 PMO 建立的初衷都源于企业高层在这方面的需求。

（2）风险、问题与变更管理。项目变更频繁也是让企业和项目经理头疼的问题，尤其对项目经理来说，被动的项目变更几乎是不可避免的。其实，企业的项目有变更是很正常的，关键是要受控，要与企业的目标保持一致。为了确保项目变更受控，在企业内就要建立项目变更管理的统一机制和流程，由专业的专家团队和各利益相关方的代表依据标准进行评判，而不能单靠项目经理个人进行管理。通常，企业级的 PMO 是最适合建立和维护变更管理机制的角色。

（3）信息管理、配置管理、资产管理。在许多企业内还有一个比较常见的现象，就是项目的过程资产、项目中的经验教训及项目过程中形成的一些最佳实践往往都只有项目团队自己的人知道，其他项目团队成员很难知道。这是由于项目与项目之间没有形成规范化的分享机制造成的，特别不利于项目之间的协同和组织过程资产的积累。因此，PMO 往往会承担起这个重任，负责建立企业内项目信息管理、配置管理和资产管理的机制。

（4）其他工作内容。除了上述提到的三部分工作内容，PMO 的交付职能还经常包括商务（包括供应链管理）、质量保证、金融管理、过渡管理、秘书处等工作内容。

3. PMO 的卓越中心

PMO 的卓越中心（Center of Excellent，COE）通常由四部分工作内容组成，侧重于项目管理专业人才培养和推动整个企业项目管理成熟度的提升。通常我们会把企业内组织级项目管理机制的优化与提升分成两部分：一部分是机制的提升，侧重于企业项目管理相关制度的完善；另一部分是对项目管理人员能力的提升。

（1）标准和方法。作为企业 PMO，需要持续不断地寻找、挑选和引入企业外部的相关标准和最佳实践，借助外部力量帮助企业建立或优化标准化的项目管理流程、制度和工具，从而推动企业项目管理成熟度的提升。这一点在我国当前时期尤为重要，因为目前大多数企业缺少标准化的项目管理标准、方法和工具，只能依赖项目经理的个人能力来确保项目成功。然而，由于项目管理方法被引进中国的时间还比较短，导致真正懂得如何正确开展项目管理的优秀项目经理非常稀缺，甚至很多完全没有项目知识和经验的新进项目经理也一上来就直接承担了企业重要的项目。但是，这种做法不论是对项目经理个人还是企业都是有很大的风险的，往往容易导致项目的失败。由于既没有经验又没有企业的相关制度和流程作为参照，很多项目经理只能靠自己在实战中摸索。对于企业来说，这种现象会造成很多不必要的损失，而且也会在很大程度上影响企业的发展。如果可以通过 PMO 的努力，借鉴外来或企业已有的最佳实践，为企业建立起一套行之有效的项目管理标准或方法，并在企业内广泛地推广，那么项目经理就可以减少自己摸索的时间，直接按企业在项目管理上的统一要求开展工作，从而使项目的成功率大大提升。

（2）组织学习和知识管理。国内许多企业在过去的几年或几十年里经历过无数的挑战、克服过无数的困难之后才获得今天的规模和地位，也总结过无数的经验教训和最佳实践，但很少有企业建立了完善的企业级知识库，相当令人惋惜。为了推动企业整体项目管理水平的提升，PMO 一定要定期组织企业内员工相互分享项目管理经验和最佳实践，相互学习，共同成长，并且一定要采用各种方式广泛地收集各类有价值的项目管理知识、案例和经验教训，建立企业级的知识库，把原来仅仅存放在员工脑子里的宝贵知识，变成企业的组织过程资产，供更多的人学习和借鉴。

（3）人员技能。在当前时期，对于国内大部分企业来说，项目的成败在很大程度上取决于项目经理的能力，因此项目经理的成长速度非常关键。作为组织级项目管理的核心推动者，PMO 必须总结和提炼出具有自己企业特点的优秀项目经理的特征和能力模型，并基于这个项目经理的能力模型协助各个部门挑选合适的人选担任项目经理。此外，还需要帮助项目经理制定职业发展路径，策划有针对性的培训和辅导，帮助部门经理制定项目经理的绩效考核指标和评价方式，从而帮助企业解决项目管理人才稀缺的问题，助力企业的转型及快速发展。

（4）内部顾问。现在，越来越多的企业开始采用内部教练或内部顾问的机制来培养企业内部的项目经理。因此，很多企业的 PMO 开始设立项目管理专家资源池和内部顾问机制，让企业内部的项目管理专家共同为企业诊断项目管理机制中存在的问题，提出和评估优化问题的解决方案，直接领导参与项目管理流程优化的项目，成为推动组织级项目管理提升的中坚力量。同时，通过内部顾问机制，PMO 可以名正言顺地安排经验丰富的项目管理专家通过实际的项目来辅导和培养更多的年轻项目经理，帮助他们解决项目中的实际问题，让他们更快速地成长。

10.5 PMO，知道你动了哪个部门的奶酪吗

在上一节中，我们已经勾画了最牛的 PMO 的形象。然而，对于许多国内企业来说，最牛的 PMO 只是一个愿景，大家首要解决的是 PMO 的生存问题。我看到过太多的新建 PMO 在企业里处境艰难，得不到其他部门的认同和支持，不

但没法顺利开展多项目运营管理工作，而且备受质疑。

通常，PMO 会不可避免地与企业如下的六个部门或角色经常打交道（见图 10.4），尤其在 PMO 成立初期，PMO 和这些部门或角色的管辖边界是不清晰的，容易产生很多纷争。为了能尽快和这些部门或角色达成管辖边界上的共识，获得他们在工作上的支持，共同推动企业项目管理的提升，PMO 负责人首先要搞清楚大家合作的契机是什么。

图 10.4　与 PMO 有交集的部门或角色

1．战略规划部门

战略规划部门的职责是根据企业的愿景为企业制定科学可行的战略规划，而作为多项目统筹运营的 PMO 则负责确保企业内的所有项目与战略规划保持一致，并有力地支持组织战略规划落地，实现预期的收益。因此，PMO 不可避免地要和战略规划部门紧密地协同工作，共同打通战略落地的路径，通过项目组合管理的方式，确保资源的合理分配，实现企业的整体收益最大化。然而，把企业战略目标分解为一个个切实可行的项目目标并不是容易的事情，既要充分理解企业战略，具备大局观，又要熟悉项目执行层面的具体工作内容和测量方法。这些工作很难靠一个部门自己搞定，只有通过战略部门和项目管理部门协同工作和共同努力，才有可能实现战略目标和规划的分解落地。因此，作为企业 PMO，在成立的初期，为了确保和战略部门的协同性，一定要尽快和战略部门统一工作方向和目标，明确共同的收益，商讨并确定双方的协同方式，划清各自边界，建立通畅的沟通渠道，这样才能获得战略规划部门对 PMO 的大力支持。

2．财务部门

做项目离不开钱，因此一定会与财务部门打交道。站在企业的角度，项目是一种投资行为，而且有较多不确定性，因此必须通过财务部门严格把控项目资金的投入，尽量避免花冤枉钱。为了企业的稳定运行，在企业里的任何开销是要提前一年做预算的，不能想什么时候花钱就什么时候花钱。对于项目这种风险较大的投资行为更是如此，必须提前一年认真仔细地预估项目成本和收益，经过严谨论证和审批之后，形成项目预算，在第二年开展项目时才有钱花，而且在项目的开展过程中还要严格地控制项目成本的支出并监控项目成本的偏离和收益的实现情况。为了实现上述对项目成本和预算的控制要求，PMO 和财务部门需要充分合作。财务部门很熟悉企业的资金情况和财务运转规则，但很难充分了解所有的项目特点。因此，在企业判断项目预算和支出的合理性时，需要 PMO 和财务部门协作。为了确保和财务部门的协同性，PMO 要主动和财务部门加强沟通，了解财务部门的期望，统一双方的目标，明确双方的分工和协同方式，并确立常态化的沟通渠道，这样才能获得财务部门对 PMO 的大力支持。

3．人力资源部门

项目经理的绩效考核、激励和职业发展离不开人力资源部门的参与，然而单靠人力资源部门又不太现实。因为项目管理的方式和企业原有职能管理的模式差异较大，造成了对人员能力的要求、考评的角度、职业发展的路径都很难在原有的传统体制里找到参照和借鉴。因此，只能通过 PMO 和人力资源部门密切合作，尝试在企业的项目管理领域摸索出一套新的人力资源管理模式。如果单靠 PMO 也是不行的，因为离开人力资源部门的支持，不论是绩效考核、激励还是项目经理的职业发展都名不正言不顺。培养优秀的项目管理人才队伍其实也是企业人力资源部门的重要工作目标，因此，在这一点上，PMO 和人力资源可以充分合作。由 PMO 负责提供项目管理的专业知识和收集项目信息，由人力资源部门负责提供人力资源管理的专业知识和人力资源的相关政策，合力建立一套企业项目人力资源管理和人才培养机制。当然，在这个过程中，双方需要明确共同的目标和收益，划清双方工作的边界并确保沟通渠道的顺畅和有效性。

4．运营管理部门

企业的日常运营管理部门负责确保企业的运行稳定和日常收益。PMO 和企业的运营管理部门相辅相成，共同实现对企业战略的支撑，因此打交道的机会很多。在项目交付实施阶段，项目所用到的很多资源都是由项目和日常运营工作共享的，如生产线、机器设备、实验室、各专业的人力资源、资金等。因此，不论是在项目前期的规划阶段还是项目过程中的资源协调，都需要 PMO 与运营部门共同协商，确保企业资源的合理分配和使用。在项目运转阶段，由于项目和运营这两种工作方式差异较大，且通常会由不同团队负责，往往会造成移交过程中出现很多问题。只有通过项目团队、PMO 和运营团队在项目移交过程中三方密切配合，才能最大限度地减少项目移交过程中出现的问题。进入运营阶段之后，PMO 还要与运营部门充分配合，共同推动预期收益的实现并测量收益的实现情况。

5．业务单元和职能部门

当前，许多企业还属于职能化管理和弱矩阵结构，业务单元和职能部门作为专业部门拥有较大的权力和资源，而且很多项目团队通常需要抽调业务单元和职能部门的资源，因此会受到业务单元和职能部门的制约和影响。在项目开展过程中，如何为项目成员分配工作，如何对项目成员进行考核，如何进行激励，都需要和业务单元、职能部门的领导进行充分的沟通并达成共识，否则就难以得到相关部门领导的支持。作为企业的 PMO，与各业务单元和职能部门的领导建立良好的合作关系，划清双方的边界，明确共同的收益，在项目的交付过程中充分地沟通和协同，是确保项目顺利开展的基础。

6．项目团队

对于 PMO 来说，与各个项目团队也要划清工作边界。其实，很多项目团队都不希望自己的工作被 PMO 插手，因为会受到约束和监控。然而，站在企业的角度，为了让项目团队的人少走弯路，并与企业整体方向保持一致，PMO 必须把项目的立项、结项和项目的一些关键节点进行统一管理，并且对项目的过程符合性进行监督，对项目文档进行收集和存档。然而，如果 PMO 对项目的工作插手得太多，也可能影响项目的进度。因此，针对不同类别的项目，PMO 需要和项目团队具体分析和制定适宜的管控和支持方式，明确哪些项目工作必须和企业要求高度统一，哪些项目工作可由项目团队自行灵活处理。否则很可能造成 PMO 的项目管理规定与项目实际做法两层皮的现象，既不利于项目管理制度的推行，也不利于项目的开展。

战略、财务、人力、运营、项目团队和业务职能这些关键部门，在企业中和 PMO 的交集很多。如果关系没处理好，PMO 就得不到它们的支持，也就没有办法顺利开展多项目运营管理的工作。更可怕的是，可能会被大家抱怨 PMO 没有价值。能够和企业的这些关键部门建立联盟关系，是 PMO 可以在企业发挥实际作用的前提，也是在企业立足的必要条件。

10.6 知道领导为什么不响应 PMO 的要求吗

很多 PMO 负责人会经常苦于在一些关键事项上得不到企业最高层领导的支持，自己被赋予的权力又不足够大，导致一些关键工作的开展困难重重。其实，很多时候不一定是领导不想支持，而是 PMO 没有给领导一个他所能接受的方式来帮助 PMO。

如前文所讲，PMO 的工作方式和项目经理很相似，通常本身没有多大权力，但是要擅长通过借力的方式克服困难，实现自己的目标。如果 PMO 希望依赖企业总经理强势地帮助自己去推动其他部门的领导，是不太可行的。那么，PMO 该找谁借力呢？PMO 该向企业高层领导的集体决策机制借力。

PMO 要学会在企业里搭台子，尤其是给企业中手上握有大量资源的领导搭一个集体决策的平台，组织他们共同讨论 PMO 关心的问题，促成他们就这些问题达成共识并授权 PMO 负责落实决议。这样，PMO 就可以名正言顺地拿着企业内大领导的集体决议去推动其他人来配合自己关心的工作了。在很多企业里，总经理其实已经赋予 PMO 很大的权力了，就是组织企业高层领导开会和集体决策的权力，PMO 可以借助这个权力用集体的力量来推动项目管理的提升。

如图 10.5 所示，在开展日常多项目运营管理工作的时候，PMO 的上级领导其实不是一个人，而是由一群领导组成的集体决策机制，即项目指导委员会，这正是 PMO 最强大的力量来源。

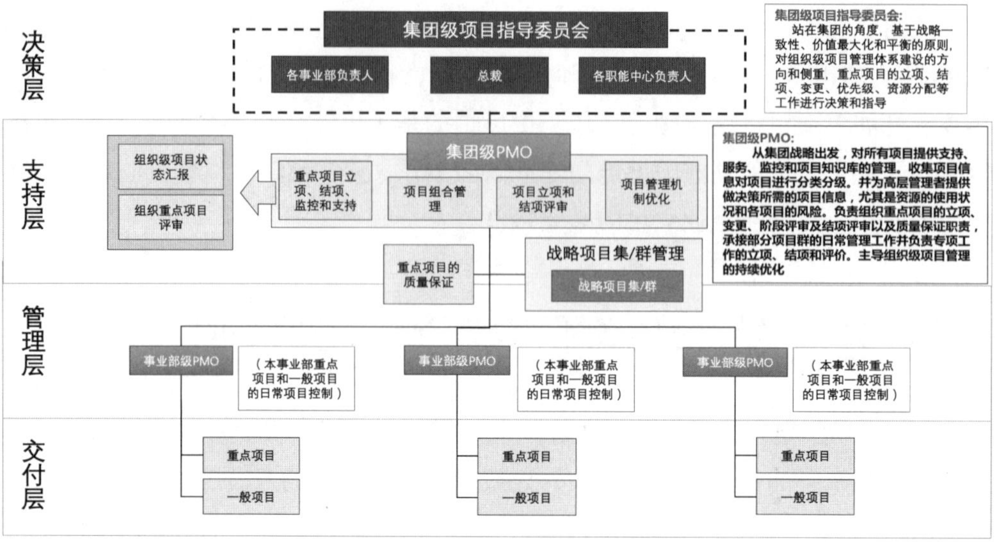

图 10.5　某商业银行 PMO 的工作模式（示例）

10.7 PMO 对组织的价值是什么

PMO 的价值到底是什么呢？在我看来，PMO 最大的价值在于通过推动组织级项目管理机制的建设和运转，帮助企业建立起可以快速适应企业外部环境改变的能力，也就是帮助企业成为大家心目中的敏捷组织。如大家所知，现在的企业之所以不敏捷，是因为传统的职能管理过于强大，而且职能管理是以资源为导向的管理模式，并不是以市场和客户为导向，这就造成了企业对市场和客户需求的变化很不敏感。此外，职能管理模式最大的优势就是稳定性特别好，不容易被改变，在企业韬光养晦的阶段，这绝对是个优势，因为可以在不受外界干扰的情况下练好各部门的专业能力。然而，在外部环境不断改变的时候，稳定性太好、灵活性不足就成了劣势，因为无法快速响应战略的调整和客户需求的改变。组织级项目管理机制的建设，是为了能够帮助企业建立根据战略和市场进行动态调整的能力，确保所有创新或变革的工作目标可以顺利达成，为企业植入敏捷的基因。当组织级项目管理的机制与企业原有的职能管理机制达成平衡后，企业就可以更均衡地发展，既可以通过项目模式进攻，又可以借助职能管理防守，这也是敏捷组织的目标。

通常，我们可以把 PMO 对企业的价值分解为如下几个方面：

- 通过推动项目管理标准化，使组织具备将项目的成功复制和推广的能力。
- 通过推动项目管理透明化和信息化，帮助各团队之间协同，降低项目的风险，提高项目的成功率。
- 通过推动多层级之间的项目管理协同和受控机制，建立战略层与执行层的纽带，使各个项目团队对高层指派的任务和目标不再困惑，确保战略落地。
- 通过推动各个项目建立统一的信息收集、汇总和分析机制，为管理层提供有力的决策支持。
- 通过推动项目知识库的积累，使组织的项目经理站在前人的肩膀上，缩短通向成功的路径。
- 通过推动项目经理队伍的培养和职业发展路径机制，帮组织不断地培养和提升项目经理的能力。
- 通过推动组织建立系统化的组织级项目管理体系，为组织建立变革管理常态化的机制，帮助组织有效地应对各种来自内部和外部的变化，大幅提升企业的竞争力，使组织基业长青！

本章小结

在当前环境下，在企业建立 PMO 是一个势在必行但又充满挑战的任务，因为这对于企业来说会是一次非常大的变革，而且不仅是在理念、方法和工具层面，更会涉及企业治理的结构性调整。因此，在过去的几年里，新建 PMO 的夭折率非常高。惨痛的教训证明，在 PMO 成立初期，PMO 负责人和团队首先要解决的问题并不是如何成为全面的、系统化的、万能的企业大管家，而是要先解决可以在企业立足和生存的问题，因此首先要明确以下几个问题的答案：

- PMO 在自己企业出现的时机成熟了吗？
- 推动 PMO 建设的领导的初衷是什么？
- PMO 的定位是什么？
- 在领导层心目中，未来完善的 PMO 应该是什么样的？
- 哪些部门的利益会受到 PMO 成长的影响？
- 采用什么样的方式才能获得领导的有力支持？

- 如何证明 PMO 对企业和大家的价值并获得大家的认可？

在对这些问题进行分析和思考之后，PMO 需要根据企业的性质、文化特点、所处的行业特点、管理成熟度和企业所处的发展阶段来制定相应的发展策略及切实可行的实施路径，这样才能最大限度地避免由于自己做了不该做的事情而招致其他部门的联合抵制。在 PMO 建设过程中，切忌从一开始就追求大而全的 PMO 职责和权力，而是要从最容易被大家接受和容易出成绩的简单工作做起，要在最短的时间内做出领导层和各部门认同的亮点。事实证明，PMO 的成立一定要名正言顺，初期要低调一点，要在后续开展工作的过程中不断地创造出成绩，从而证明 PMO 存在的价值。

篇外篇　××科技："从 0 到 1" 建设以 PMO 为核心的组织级项目管理体系

这是一个真实案例，讲述了××科技的组织级项目管理体系建设的实践过程。在建设过程中，该企业克服种种困难和各种挑战，走出了一条独特的适合自己企业发展的道路。我希望通过对该企业在项目管理体系建设方面"从 0 到 1"的实践总结，让大家更加了解组织级项目管理机制建设的过程与挑战。

1. ××科技的项目管理环境和挑战

××科技集团隶属于新能源行业，两地上市公司，经过了 20 年的发展，成长为以新能源主业为核心的全球化、多元化的集团型企业。随着公司的快速发展，公司的业务模式、组织架构及人员安排频繁调整，迫切需要项目管理体系帮助公司顺利转型。

早期的××科技，项目管理机制并不健全，缺少有效的、可落地的项目管理制度，也缺少对项目的定义、分类分级和项目的评价机制；项目经理与成员角色职责定义不清、无共识，成员调配难，且工作积极性差；项目目标定义不清，交付物亦不明确，项目收益描述笼统而且无法测量；项目过程中关键信息的监控、汇报机制不完善，项目风险和问题管理机制缺失，不同类型项目缺失合适的项目管理工具和模板；上下层级和跨部门沟通机制不完善，项目经理缺少适合自己管理项目的软件，在工作中需要填写不同报告、表格，大量重复性工作；项目经理职业发展路径缺失，无合适的项目经理考核、激励手段；对如何培训、培养项目经理不清楚，专业化的项目经理和 PMO 管理人员非常少，仅有的一些从事项目管理专业工作的部门和人员并不受重视，也没有项目管理人员自己的职业发展通道。在这样的背景下，从无到有地建立组织级项目管理体系，形成“从 0 到 1”的突破，是尤其困难和充满挑战的艰巨任务。

2. 组织级项目管理体系建设历程

××科技的组织级项目管理体系建设实践，正是在这种背景下，克服种种困难和各种挑战，走出了一条独特的适合××科技发展的道路。以下是整个过程的回顾。

1）项目管理体系基础建设阶段（2 年）。

这是××科技在进行组织级项目管理体系建设时所采用的体系框架，与项目管理相关的工作分成了四类（见图 10.6）。

图 10.6　××科技 PMO 基于 PMI 知识体系结合企业特点后设计的组织级项目管理框架

第一，组织治理层面的工作，偏向于组织级项目管理的顶层设计和系统化的框架。旨在结合公司现有的管理模式和业务特点，出台覆盖集团研发中心的组织级项目管理制度，统一认知，搭建组织级项目管理的组织平台。第二，项目层面的工作。企业内有很多种不同的项目，由于其承载的业务特点不同，管理成熟度不同，因此不能采用相同的管理方式进行“一刀切”式的管理优化，需要进行差异化的梳理和优化，实现项目的端到端流程管理标准化，并引入适合的项目管理工具和模板。第三，推动组织级项目管理的信息化和数字化的工作。高效的项目管理离不开项目团队内外部的信息透明和协同，因此更要借助信息化和数字化的工具，帮助我们实现项目中的信息收集、提炼、传递和展示。在这个过程中，项目配置管理和知识管理的优化工作也要配套地进行开展。第四，关于项目管理从业人员能力提升的工作。如果我们希望组织级项目管理的机制在企业中能够落地和流畅地运行，那么必须培养足够多的项目管理专业人员。因此，定义研发体系不同部门的项目经理能力模型和建立集团统一的项目管理从业人员的职业发展通道及与之配套的评价、考核和激励机制是势在必行的。

依据对 XX 科技在项目管理机制上的差距分析，我们与相关领导共同制定了 2017 年、2018 年和 2019 年的组织级项目管理体系建设三年规划（见图 10.7）。

在当前这个阶段，绝大多数中国企业的 PMO 比较像一个转型变革的部门，需要用变革的视角推动项目管理文化的形成。在当前的环境下能够让 PMO 这个部门在企业内得到大家的认同，能够让大家看到价值，是一个比较有难度的事情。所以当时我们在企业内要首先坚信自己的价值。我们采用的方式就是在企业内给自己的部门制定愿景，明确 PMO 的使命及存在的价值。然后确定当时的主要工作是什么，工作的理念是什么。我们把 PMO 的愿景定为将来要成为项目管理生态环境里的缔造者。PMO 的使命是用专业的方法建设当初在企业内缺少的项目管理的专业能力，不再出现很多业务因为项目管理不好而不能顺利进行、很多创新工作因为项目管理不好而没办法开展、很多战略由于没有充分的项目组织保障而不能落地的情况（见图 10.8）。

接下来，我们根据 PMO 的愿景和使命确定了 PMO 的工作理念。

在推进项目管理工作的时候要求本着简化的工作理念，更多的是做减法，通过我们的制度、流程和推动协同来打破部门“墙”。

项目管理也需要打造基于科学的方式做决策。规避拍脑袋做决策所带来的风险，推动决策由定性走向定量。当没有切实可用的数据源或质量合格的数据的时候，即使企业有再好的信息系统或数字化系统，也很难发挥作用。因此，为了确保项目决策的科学性、效率和效果，PMO 也需要在企业中推动项目管理和项目相关工作的规范化、标准化、信息化和数字化。

为了支持新的 PMO 愿景、使命和重点工作目标，原有的 PMO 组织结构需要做相应调整，以此帮助 PMO 成员更清晰地定位自己并激发工作的热情。在这次组织调整中，我们把原来在 PMO 部门中一直在做相同工作的 PMO 成员分成了七个不同的项目管理专业团队（见图 10.9）。

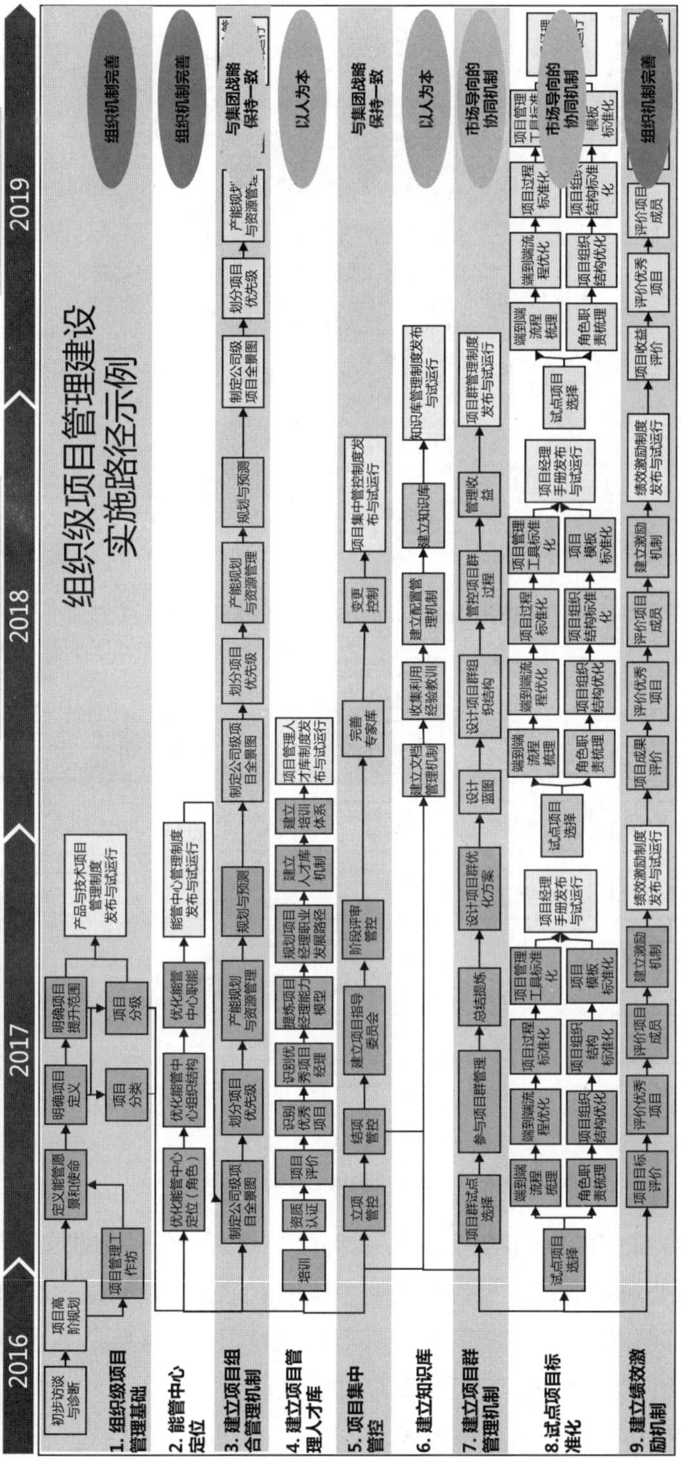

图 10.7　××科技组织级项目管理体系建设三年规划

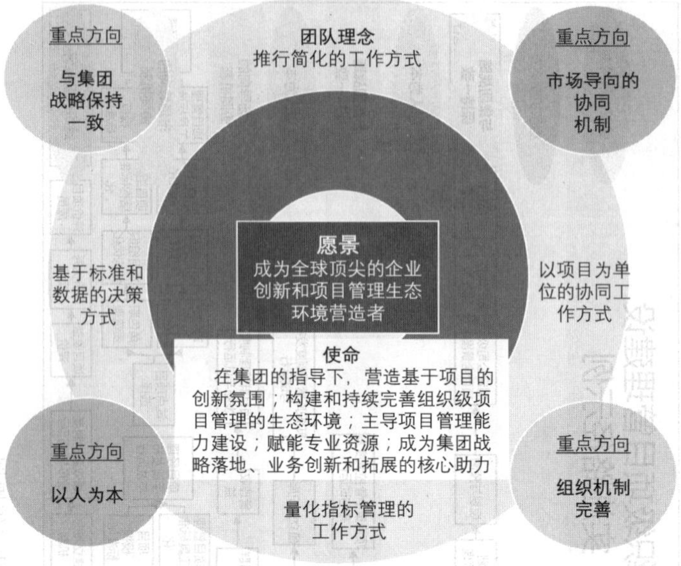

图 10.8　××科技集团 PMO 的愿景、使命和重点工作方向

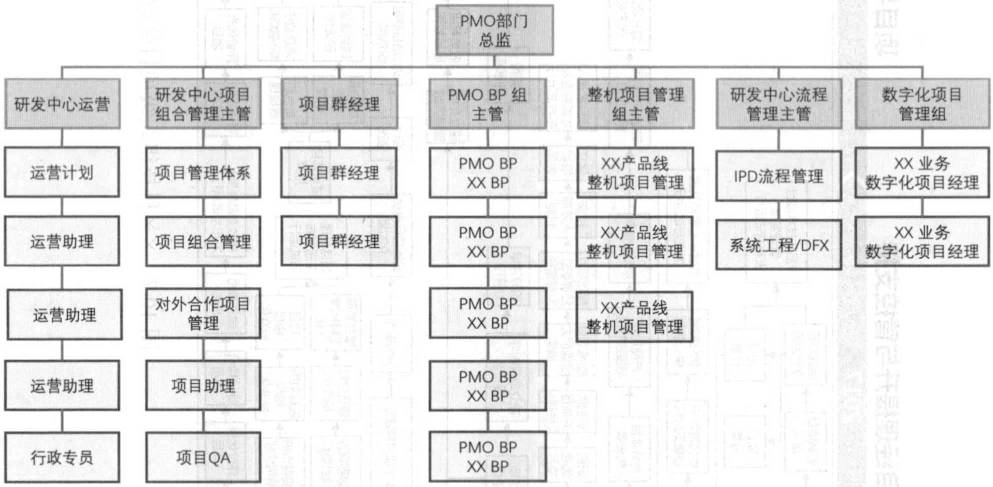

图 10.9　××科技的 PMO 的部门结构

调整了 PMO 部门的组织结构之后，我们接下来的工作是打造项目管理文化。这个时候往往需要海量的项目管理培训——从意识层面到认知层面，从认知层面到实战层面，不同的岗位，不同的层级，不同的专题——这些培训可以帮助我们在较短的时间内转变大家对项目管理的认知，获取大家的认可和支持。支持和鼓励大家考取 PMP®是很有效的一种方式。

（2）项目管理专业机制的构建阶段（2 年）。

在这个阶段，组织内需要构建一个可以更深入和广泛地推行项目管理机制的网络，组织层级越多，推动转型的工作会越困难。企业的这种转变不能仅仅依靠高层的呼吁，企业真正完成转变是因为有一部分人真正地改变了企业一线的广大员工。××科技 PMO 在推行项目管理的过程中，时刻提醒自己要确保能够接地气，能够花足够多的时间、精力去覆盖企业一线人员，让他们在实际的工作中把项目管理用起来，这时候企业的状态才会发生变化。所以我们当时做的很重要的一件事情是把项目管理推行到组织的各个层面，特别是一线员工，不断地发展总部 PMO 的下级组织，在不同的中心建立中心级 PMO，中心级 PMO 的下面建立部门级 PMO，在大型的战略项目和项目群中建立项目和项目群级 PMO（见图 10.10）。通过这些努力形成了一个多 PMO 的组织网络，成功构建了生态型、分布型的 PMO 组织架构，不断促进各个 PMO 之间协同、联动，保证大家统一思想、相互支持、相互监督，逐步促进企业组织的转变。

在实践中，××科技 PMO 通过“平衡计分卡”或“战略地图”等工具，实现战略目标和指标与项目的目标和指标的关联，明确项目和战略的关联关系。创新和变革的工作我们以项目来管，在项目的过程中不断加强对事情本身的理解，理解深了之后逐渐地总结并形成流程，从而实现熟悉的事情按流程管。

在不断扩大组织内部项目管理机制覆盖范围时，一个很重要的工作是需要建立多项目管理受控机制。在组织中，项目的进行需要不同相关方站在各自的角度做出正确的决策，然后在他们之间再进行平衡，进而达成对项目的控制。XX 科技 PMO 是通过建立项目的分阶段和分层的评审机制来实现这种受控机制的。项目管理的决策分层，首先从项目本身的角度解决它的成本、范围、质量的平衡，这更多的是基于目标的管理。项目评审之上是质量评审，目的是确保项目的交付物能够得到自己内部的认同，能够得到客户的认同，得到行业的认同。质量评审一定要有质量专家在不受任何干扰的情况下进行。再向上才有可能进行业务评审，由业务部门结合项目的状况和外部的商业环境做出决策。

项目的阶段评审到位，真正能够去帮助企业验证项目的价值是很不容易的，因为它需要基于数据，需要基于各种科学的假设和预测。所以我们不断地在项目的不同阶段建立评审点，完善评审依据，选出合适的评审人，以合适的方式组织评审，逐步完善评审机制（见图 10.11）。

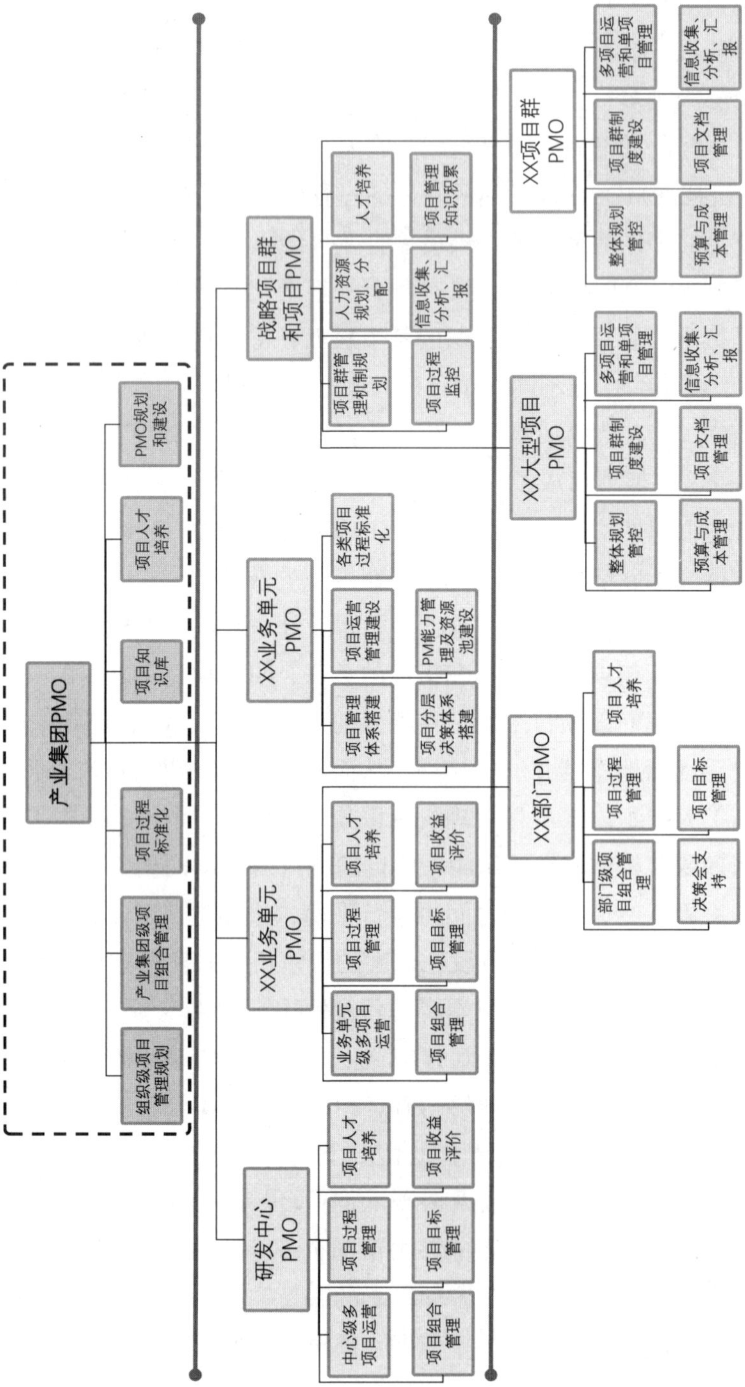

图 10.10　××科技的分布式多层级 PMO 结构

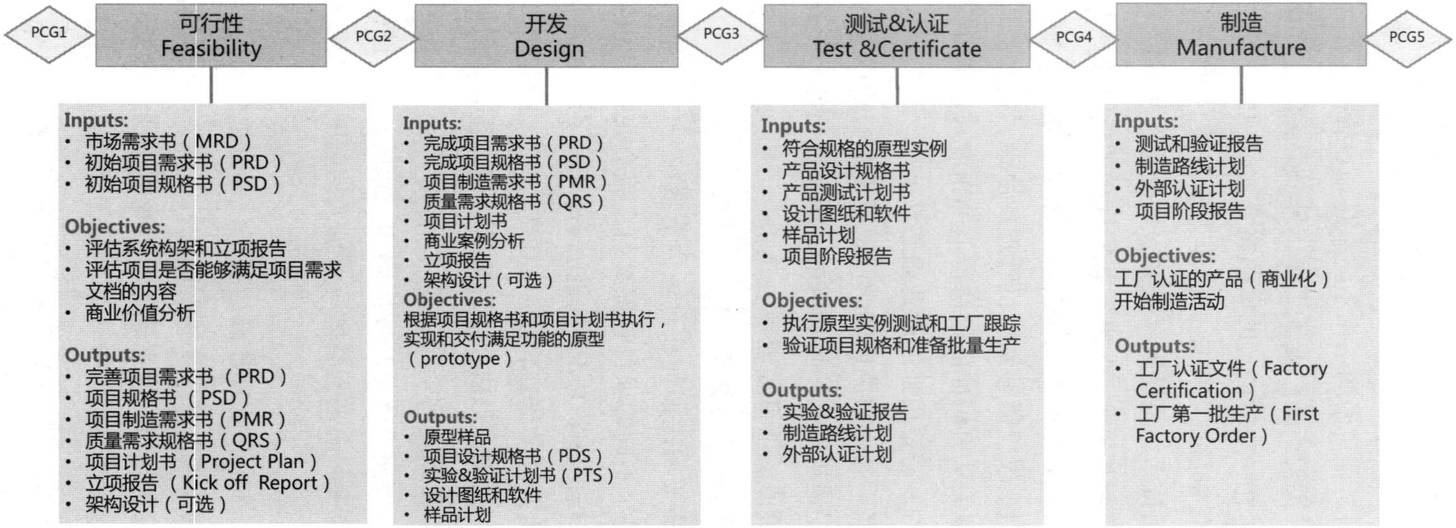

图 10.11　将项目管理方法与实际的产品研发流程相融合

关于项目经理的培养，我们也花费了很大的精力。通常，大家认为项目中所有的工作都叫项目管理工作，出现了问题就都是项目经理的责任。为了解决这个问题，我们首先澄清了项目中的工作不完全是项目管理工作，项目中的工作至少分三类：一类工作是实现产品的业务工作，另一类工作是对业务工作进行管控和支撑的职能化专业工作，之后进行的资源整合才是项目管理工作。这意味着一个项目经理不可能只有项目管理的能力，作为资源整合者必须懂得他所整合的资源，要懂业务，要懂技术，要懂人际关系，要熟悉各个职能的管理关注点，这样才能在它们之间做整合和平衡。为此，我们推动项目经理首先锻炼项目管理的专业性和技能，然后还让他们再次增加业务的能力，最终成为整合项目和业务的优秀项目管理者。他们不仅仅能够做项目管理的决策，更重要的是他们还能做未来的业务的决策，能够去从组织如何创造价值的角度开展项目管理工作。这需要很强的预测和推演能力，需要很强的商业敏感性。

项目管理从来都不是一门速成的学问，更不是一项速成的技术，只有花足够长的时间才能够真正地培养出一批优秀的、融会贯通各个业务领域、能够体现专业性并为组织创造价值的项目经理。

（3）完善构建体系阶段（2 年）。

这个阶段我们需要解决如何在企业内形成统一的项目管理的方法和实践。××科技集团内有多个不同的项目管理部门，每个业务条线或每个分公司都有自己的 PMO。很多时候，各个 PMO 的做法不一样，会产生冲突。所以需要 PMO 建立协同关系，产生共同的语言、统一的思想、统一的方法。这个过程就是统一企业中对项目工作的认识，形成企业标准的过程。企业协同的 PMO 应该是分层和分布式的，虽然各自服务的条线、部门甚至公司不一样，但是大家的思想、工作方式和信息的交流传递必须是高度协同和一致的。这个过程需要依靠项目管理体系的建设，需要有人站出来去尝试统一别人的制度、流程，最后形成一个相同的体系（见图 10.12）。

××科技 PMO 在项目管理建设过程中，一直把公司内其他项目管理部门负责人组织在一起，辅导他们，分享我们的最佳实践，不断推动不同的条线和不同的部门自己制定制度和执行，但支撑的思想来源于同一源头，把大家的行为和做法进行统一，从而逐步统一整个企业的项目管理的方法、思想和标准。XX 科技在项目管理体系建设过程中，不断以 ISO 发布的项目管理标准作为对标参考，作为推动体系建设的依据。同时也参与到项目管理标准制定的工作中，把企业最佳实践做体系化总结，从而形成标准，为项目管理的推广做出自己的贡献（见图 10.13）。

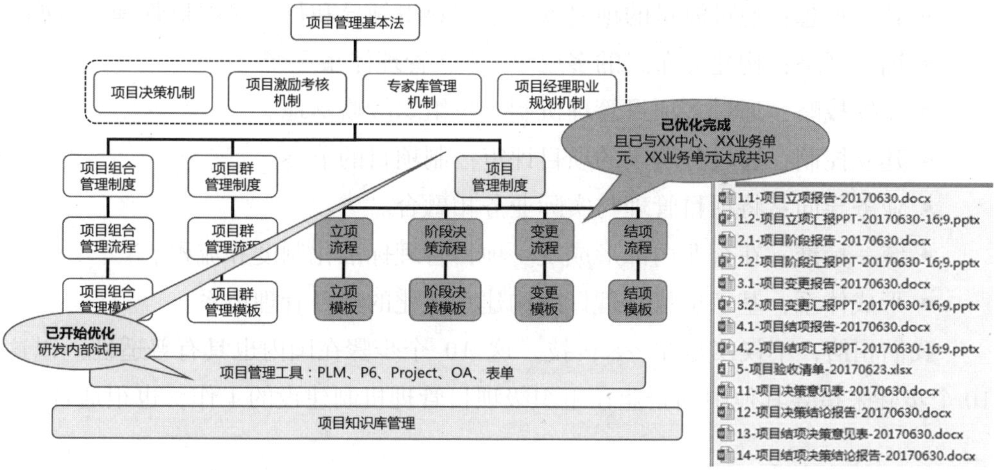

图 10.12　形成统一项目管理标准化制度和流程

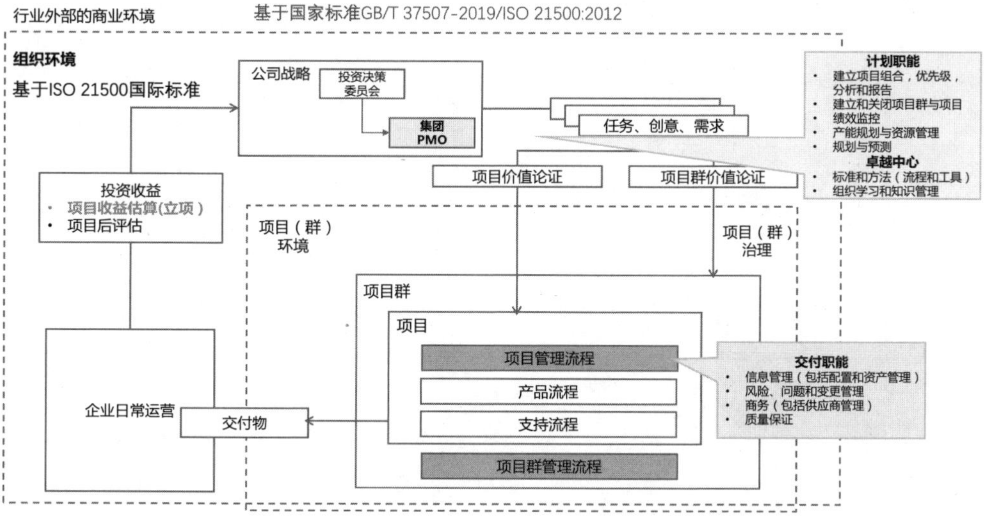

图 10.13　基于 ISO 21500 的项目管理体系框架全景图

3．××科技集团组织级项目管理建设最佳实践总结

经过这几年我们在××科技的项目管理体系建设方面“从 0 到 1”的实践，可以总结出如下组织级项目管理体系建设的 10 个步骤。

- 现状诊断：基于成熟的组织级项目管理框架进行差距分析。
- 定位愿景：基于企业的现状和蓝图，定位 PMO 的愿景和使命。
- 构建团队：设计可落地的 PMO 职能和职责。
- 转变观念：通过海量的项目管理培训获得领导和员工对项目管理的认同。
- 铺开网络：构建分布式的多层级 PMO 管理体系。
- 支撑战略：通过多项目管理机制支撑组织战略落地。
- 建立控制：通过分阶段的项目评审控制项目的节奏。
- 业务导向：将项目管理与实际业务相融合。
- 统一标准：在企业内部形成统一项目管理标准化制度和流程。
- 形成体系：基于项目管理标准构建系统化的项目管理体系。

我们相信，不仅仅是在××科技，这 10 个步骤在国内也具有普适性。以这 10 个步骤来指导其他中国企业在组织级项目管理机制建设的工作，也很适合。

第 11 章

承担老师或教练的角色，培训需要改变的人

Project Management With Limited Authority, 2nd Edition

我国明代著名思想家王阳明曾告诫后人："知而不行，只是未知。"项目管理是一门实践的学问，只有通过不断实践再实践，才能真正掌握项目管理的精髓，不再纸上谈兵。本书中提到的微权力下的项目管理六步法，其实是项目管理的六项最重要的技能，是核心，是基础，也是广大的项目经理需要通过不断实践才能真正掌握的。

培训其他人，传播项目管理思想，尝试给其他不懂项目管理的人讲明白项目管理，辅导他们尝试通过项目管理的方法提升自己的工作绩效，也是项目经理的一项必要修炼。而且，很多人是在给别人讲项目管理时，把自己给讲得更明白了。因此，尝试成为项目管理领域的一位导师或教练，是帮助项目经理成长的捷径。

11.1 实践再实践，做到知行合一

在前文中，我们给大家介绍了微权力下的项目经理必须具备的六种技能：

（1）掌握论证项目业务价值的技能，帮助项目经理正确把握项目的方向。

（2）掌握制订科学的项目计划的技能，帮助项目经理明晰实现项目目标的最佳路径。

（3）掌握建立项目组织结构的技能，可帮助项目经理把一群原本目标和利益不一致的人凝聚成目标一致、各司其职的团队。

（4）掌握管控项目质量的技能，帮助项目经理确保项目关键利益相关方的满意度。

（5）掌握项目风险管理的技能，帮助项目经理识别项目实施路径中的不确定性，提前做好应对准备，提高项目的成功率。

（6）掌握制定项目评价指标的技能，帮助项目经理在项目中找到抓手，让项目的过程受控。

做到在项目中熟练运用这六项技能是项目经理能够在不确定环境下顺利开展项目的基础，可以帮助项目经理顺利地为自己的项目搭建受控的舞台，是项目经理由一个一直在项目中奋力救火的演员转型成擅长策划和布局的导演的必经之路。

掌握项目管理知识之后，不断地实践再实践，避免纸上谈兵，向着知行合一的方向努力，是项目经理成长的唯一路径。

11.2 学会通过培训在企业内传播项目管理思想和文化

如果想成为一名优秀的项目经理，就得练习当老师或教练。为什么？因为在我国当前阶段，有人有知识，但缺少实践；有人有实践，但缺少系统化的知识。真正能在我国特有的文化背景下做到理论联系实际的合格项目经理非常稀缺。我一直认为在中国做项目经理最大的痛苦并不是项目经理不懂项目管理，而是企业内的项目成员和项目成员的领导不太懂项目管理，导致项目经理的项目管理方法在实际项目中落不了地。除非项目经理能给大家讲明白项目管理对大家的好处，让大家信服，否则大家可能不愿配合项目经理的工作，即使大领导出面强压，也会阳奉阴违，让项目管理发挥不出应有的价值。因此，项目经理必须试着当大家的老师，借各种场合培训大家，给大家讲解项目管理的好处，传播项目管理的思想，创造机会让大家体验项目管理对大家的价值。

在企业里培训自己的同事，尤其是自己的项目成员和项目成员的领导时，必须做到接地气，即结合自己企业的特殊性和项目的特殊性，用大家熟悉的企业语言，针对大家的痛点进行讲解。这种以实战为导向的企业内部培训，讲的知识点不是越多越好，而是够用即可。而且知识点越少，越容易讲透，并被大家所接受。但这些知识点一定要讲在大家的痛点上，这样大家才有感觉，才愿意尝试接受项目管理的方法。

培训的目的，在于让项目的关键利益相关方包括客户、投资方和建设方的核心人员就项目管理的开展方式达成共识，共同制定让大家都必须遵守的游戏规则，从而使大家形成协同，使项目过程受控，让项目管理方法真正落地。

关于项目管理培训的内容，可以聚焦在以下几个方面（见图 11.1）。

图 11.1　项目管理修炼的侧重

1. 项目管理的知识

项目管理知识的培训以传播知识为宗旨。在前文中提到过的美国项目管理协会的《项目管理知识体系指南》，很适用于在企业内传播项目管理思想和文化，为大家扩展视野，改变大家的原有认知，消除抵触情绪。项目管理的知识培训，通常采用宣讲的方式。由于这类培训覆盖面非常大，学员人数多，而且大家的经验和水平参差不齐，因此不要讲得太深，通俗易懂最好。知识培训侧重解决大家对项目管理的认知问题。

2. 项目管理的技能

项目管理技能类的培训与知识培训不同，目的在于教会学员一套开展项目管理的方法或套路，给大家一套比较容易落地的方法，让大家回到各自的岗位上尝试理论联系实践，如英国的 PRINCE2 侧重于项目管理的实施套路。由于技能类的培训通常侧重于学员的应用和实践，所以宜用研讨的方式或工作坊的方式。培训时需要结合和模拟企业的具体工作场景，暴露实际环境中的项目问题，并通过研讨的方式寻找解决方案。老师在这类培训中通常要扮演引导者的角色，比较像教练，既要设计场景，组织大家研讨，启发大家的思路，还要能回答大家的困惑，点评大家的回答。技能类培训旨在帮助学员解决实践方面的问题，需要老师拥有较多的实践经验，对老师的要求比较高。

3. 项目管理的经验教训

项目管理的经验教训类培训旨在在企业内部分享经验教训，让大家互相借鉴，少走弯路，通常以分享会的形式来实施。老师在分享会中主要扮演主持人的角色，组织和协调参会者，抛砖引玉，鼓励参会者互相分享。

4. 项目管理的标杆和最佳实践

大家往往更希望听到与自己企业或产品特点类似的标杆企业的项目管理最佳实践，因为借鉴起来更容易。经常组织项目团队成员共同学习同类企业在项目管理方面的最佳实践可以很好地启发大家思考如何借助项目管理方法提升自己的工作效果。在形式上，通常可以考虑邀请熟悉标杆企业项目管理最佳实践的项目管理专家来给大家做分享式的培训，并解答大家的相关问题。

11.3 不断地修炼自己的平衡能力

在项目的管理模式下，项目经理通常是整个项目运转的平衡点，负责维持项目中各个不同方面之间的平衡。因此，如前文所述，项目经理一定要修炼的能力之一就是平衡性。有趣的是，这一点特别符合中国传统的中庸文化，不论是儒家还是道家的思想，都特别强调平衡的重要性。事实上，即使在很多外企，最优秀的项目经理也会被人称为太极高手，擅长化解矛盾、以柔克刚和平衡各种利益相关方之间的关系。

对于微权力的项目经理来说，为了确保项目的顺利实施，从接到项目的那一刻起，就要开始维持各方的平衡（见图 11.2）。

图 11.2　项目中的平衡

（1）负责指导项目方向的领导和负责具体执行任务的项目成员由于在企业中所处的位置不同、目标不同，往往会在项目中的一些具体事项上产生分歧，如项目预算的数量、项目工期的长短、项目授权的程度等。这时候，就需要项目经理不断地在他们各自的诉求中斡旋，尽快找到双方都能接受的平衡点，避免因此耽误项目的进展。

（2）大家熟悉的项目的铁三角，即项目的时间、成本、范围这几个项目评价指标之间也是相互制约的。由于项目具有不确定性，在项目的生命周期中，会有各种不确定性事件出现，经常会造成铁三角之间的某个指标受到影响。这个时候就需要项目经理从项目整体角度考虑，思考如何重新分配项目资源，尽快让项目铁三角回到平衡的状态。

（3）项目中不同的利益相关方由于各自的定位和目标不同，往往会产生冲突，如客户总是希望在有限的项目工期和预算内让项目团队更多地满足自己多变的需求，而项目交付团队则希望在项目预算和工期不变的情况下尽量不要调整或扩大项目的范围，以免影响项目交付。客户与项目交付团队的矛盾是注定的，如果缺少了项目经理来平衡他们的关系，那么矛盾就会愈演愈烈。因此，不断地通过平衡他们之间的利益诉求，确保项目出资人期望的项目价值是项目经理不可推卸的责任。

（4）同一项目中也会存在长期的项目目标和短期的项目目标，而且都需要投入资源。如何把有限的项目资源合理地在项目的长期和短期目标之间进行调配，也在考验项目经理的平衡能力。

（5）作为企业创新和变革的载体，项目团队中往往集合了具有不同特点的专家。不同专家的观点不同、性格不同，经常会因此产生争执，甚至造成僵局，这就是考验项目经理平衡能力的时候了。项目经理需要采用以柔克刚的方式促成不同观点的专家尽快达成共识，确保项目的目标顺利实现。

除了以上五种常见情况，项目中还有更多需要项目经理进行平衡的人或事，如果处理不好，就会造成项目混乱，直接影响目标的实现。

美国管理大师彼得·德鲁克曾经说过："管理的本质是平衡。"在我看来，项目管理恰好是各类管理工作中最考验平衡能力的，而项目经理又是项目管理工作中平衡的核心。因此，项目经理是否具备很好的平衡能力，将直接关系到项目的成败。作为项目经理，只有通过实践，持续不断地提升自己的平衡能力，才能从容应对项目中的各种冲突和矛盾，维持项目的平衡，确保项目始终受控并顺利实现项目的目标。

本章小结

项目经理不仅要自己学好项目管理知识，掌握项目管理的各种实战技能，通过不断实践再实践，早日做到灵活运用各种项目管理方法，同时他还肩负着传播项目管理思想和理念的使命，帮助企业打造项目管理文化，让项目管理在企业发挥出应有的力量和价值，成为企业创新和转型最有力的帮手。

附录 A

项目经理常见困惑与解答

以下项目管理相关的问题和解答来自我平时做讲座和培训时学员的现场提问与我的解答。由于这些问题比较具有代表性，在此和大家分享，希望对大家有所启发。

问：项目经理的权限不够大、地位不够高怎么办？

答：这很正常，因为项目管理本身就不是基于很大权力的管理模式，更多的是微权力下的管理模式。微权力下，项目经理要练好如下本领：

- 搭台子。为自己的项目搭好舞台、布好局，为大家划清工作边界和各自的权责。
- 借力。这个与道家的思想比较像，不主张硬碰硬地解决问题，要学会借力，就是借助别人的力量帮自己解决问题。例如，借领导的力，借制度的力，借客户的力。项目经理绝不能一个人硬碰硬地去和所有人拼。
- 平衡。项目经理的主要工作就是维持项目的平衡，因此一定要修炼平衡的能力。

问：我们公司对 PMO 的定位比较模糊，权责不对等，在公司内部很难推行先进管理理念，怎么办？

答：在中国目前绝大多数企业对 PMO 的定位都不太准确。我们首先要看是什么样的领导发起建立 PMO 这件事，了解他对这个 PMO 的定位和期望是什么，然后再根据 PMO 的定位和领导的期望，设计 PMO 的职能和角色，招募或培养合适的人。

在企业推行项目管理机制和理念本身就是一个很有挑战的事，充满不确定性、别人的质疑和阻力，属于变革的范畴，这个过程最好采用变革管理的模式。

问：项目成员的绩效考核是否在项目经理的职责范围内？

答：由项目经理考核项目成员在项目管理成熟度很高的组织环境中才可以实现，也就是通常所说的强矩阵环境。在强矩阵的组织结构下，项目经理会占项目的绝对主导地位，而把职能部门作为资源池来看待。这时候的运作模式通常是由职能经理负责培养和输送专业人才，由项目经理负责项目的成败，并负责挑选专业人才当项目成员，给出对项目成员在项目中的表现评价，这种评价将作为项目成员评定专业等级的依据。

然而，绝大部分企业都做不到强矩阵的组织结构，只有小部分以在乙方现场实施服务类项目为主要业务的企业由于是纯市场导向，比较容易做到强矩阵结构，如软件实施项目和工程建设项目等。目前在国内，许多企业还做不到完全以客户和市场为导向，权力和资源的分配仍然由资源部门主导。在这种环境下，项目经理通常没有资格评价和考核项目成员，项目成员的考核多由项目成员各自的职能部门经理进行。

不过，当我们在企业里面帮助大家建立企业级项目管理机制的时候，尤其是在甲方类型的企业里，虽然很难帮助项目经理获得考核项目成员的权力，但可以为项目经理争取到为项目成员在项目中工作的表现做评价的机会，再由 PMO 汇总评价结果后统一给人力资源部门和项目成员各自的职能经理，由他们综合其他因素决定项目成员的绩效。这种方式目前看是可行的，不过通常得靠 PMO 和人力资源部门联合推动来实现。

问：新建的 PMO 如何才能生存下去？

答：PMO 本质上是一个职能，它承担的责任是进行企业内多项目运营，就是当企业有一大堆项目的时候，高层领导忙不过来了，总得有人去平衡它们之间的关系，得有人基于企业整体利益来评估这个项目该不该立、钱该不该投，评估项目与企业的整体目标是不是一致，如果企业内一大堆项目争抢同一稀缺资源的时候决定应该先投给谁……

然而，在很多企业中，PMO 刚刚建立的时候都不太容易生存下去，因为本来企业内各个部门是健全的，工作都是有人管的，只是有些工作管得不是很专业而已。这时候突然产生了一个新的职能部门即 PMO，大家都会担心这个新的职能部门很可能会抢了自己部门的一部分工作，当然哪个部门也不希望自己的高价值工作被 PMO 给抢走。

PMO 如果要生存下去，第一，要搞清楚自己把谁的活儿占了，也就是要锻炼自己如何与其他相关部门，如人力、财务、战略、运营，包括各个职能划清边界。

第二，PMO 一定要找靠山，要思考是企业内哪个高层领导支持自己的 PMO。因为企业成立 PMO 是一个非常大的结构性的调整，一定有一个非常高的领导支持才能建立起来。所以 PMO 要想生存下去，一定要搞清楚领导为什么支持，他的期望是什么，我们用什么样的形式能够让他帮助我们解决问题。

第三，要尽快澄清自己的角色和定位。一定要避免的是从开始就给自己定位一个监控的角色，因为监控别人是非常得罪人的事。不管是当项目经理还是当 PMO 负责人，大家一定要注意，在没有足够的根基时一定不能给别人一种“我是来管着你的，是来监督你的”的感觉，否则就会被所有人抵制。最好是一开始先把自己定位为服务别人的角色，帮助大家干其不爱干的各种杂事，帮助他们解决矛盾、协调冲突，帮助大家争取领导的支持。

第四，如果能力具备，PMO 最好能承接一些很有挑战的战略项目，派人亲自担任项目经理，证明自己的专业能力和价值，这样更容易受到大家的认同和尊重。

等 PMO 用几年时间站住脚之后，再开始考虑监控和绩效考核等职能会比较有把握。

问：我在 IT 岗位工作 2 年，想转做项目管理岗位，要做哪些积累？如果没有项目管理的相关经验怎么办？建议转哪些行业，项目管理的岗位需求会多一些？

答：大家都不是刚开始工作就有项目管理经验的，但至少要争取多参与项目。换句话说，可以没有项目管理的经验，但不能没有参与项目的经历。因为尤其在一个比较成熟的企业，在参与项目的过程中可以熟悉各种项目管理的工具、制度、流程，以及观察有经验的项目经理是如何管理项目的。先从一个配合的角色开始，当配合的工作做多了以后，就有机会真正担当项目经理的角色。从积累的角度来说，由技术转管理，首先要学习，要掌握系统化的项目管理知识，无论是 PMP 还是 PRINCE2 都可以。然后在过程中多参与项目，增加实践经验。其实，需要项目经理的公司还蛮多的，如我们现在能够看到，对项目经理需求最大的行业就是 ICT 行业，尤其是 IT 行业。所有软件的开发和实施都是以项目为单位的，甚至一些 IT 运维的工作也都以项目为单位。还有互联网公司的很多业务，对项目经理的需求也很大。所以到 IT 行业会比较容易转型成项目经理。再有就是通信行业和电子行业，所有与产品相关的，如产品开发或产品管理都是以项目为单位的。

问：项目经理提升技能的手段有哪些？

答：技能与知识不同，知识侧重理论，技能侧重应用，提升技能最好的方式就是实践，尝试把所学理论应用到实践中去，通过实践加深对理论的理解，通过不断地重复做，逐渐形成自己的套路，技能也就提升了。如果我们在企业里，最好先找到一个榜样或师傅，向他学，照着他的做法做，然后再结合自己之前所学的知识反思和完善这种套路，形成属于自己的套路，这就是在锻炼技能。

问：作为一个新项目经理，最大的困难或最容易被忽视的是什么？

答：最大的困难：搞不定人，项目成员不服管，领导支持力度不够大，抢不到稀缺资源！建议：关注人际关系，多观察企业里那些有经验的资深项目经理是怎么把项目做成功的！

问：作为 IT 项目经理，在项目中接触的技术领域太多，是否需要学习 IT 专业技术？如何划分主次？需要掌握到什么程度？

答：IT 项目经理做项目的过程中一定会有三种类型的重要工作：第一种叫业务流程类工作，如 IT 项目要做需求分析、概要设计、详细设计、开发、测试、上线。第二种叫技术类工作，就像你的问题所说的，可能会有不同的开发语言，用到不同的软件，这些属于技术性的工作。第三种叫项目管理工作，搭载在业务流程之上，侧重通过科学地整合项目中的资源，缩短工期，降低成本和提高质量，提升项目的成功率和效果。因此，一个 IT 项目经理要想做好一个项目，就得既懂业务逻辑，又懂一些会涉及的专业技术，还要精通项目管理。

作为项目经理，最重要的还是把项目管理的工作做好，把专业工作留给专家去做，激励和辅助他们。项目管理的重点是确保项目团队成员按照各自明确的职责和要求各司其职，相互配合，确保项目过程受控和高效，提升项目的成功率。

问：每次汇报完领导不积极回应、不重视，该如何改变？

答：我自己现在做领导，之前也做项目经理，我的体会是如果我们汇报了一个东西之后领导说“可以”，那就有两种可能性：第一种是觉得这事不重要，第二种是确实认为可以。如果确实认为可以这是个好事，就不说了；如果是他觉得这事不重要，随口应了一声“可以”，这个时候我们需要注意一下。比如自己说的这个事是作为项目经理更关心的事，但不是领导关心的事，那么领导就很可能只是应付一下。其实这也是项目经理要注意的一点，我们关心的事通常不一定是领导关心的事。如果我们希望引起领导的重视，必须讲出来这事对领导有什么影响，对领导的好处是什么，对领导的坏处是什么，这样才能引起领导的关注。其实，这也是一种换位思考法，项目经理要学会揣摩领导所关心的事，把自己关心的事和领导关心的事关联在一起，这样领导才会关心我们所重视的事。

问：如何从项目经理转型到产品经理？需要哪些方面的技能？

答：项目经理和产品经理在企业里是并存的，在国内，二者在互联网公司和传统公司的定义不太一样。

我既做过产品经理，又做过项目经理，二者定位和分工不同。产品经理是对外部的，项目经理很多时候是对内部的。项目经理的主要工作是把公司内的资源有效整合在一起，尽快实现项目的目标。项目的目标是哪儿来的呢？很多时候是从产品经理那儿来的。产品经理通常负责收集用户的需求，构思和设计产品，论证项目的商业或业务价值，然后说服企业领导成立新产品项目，投入所需资源，开发和推广产品，最后实现产品项目的收益。

产品经理要不断捕捉客户的需求，把关注点更多地放在客户身上，每天思考的是客户要什么，我怎么能让他花钱买我的产品，因此国内有很多产品经理是从市场经理转型过来的。当产品经理构思好了一个能让客户愿意花钱购买的产品之后，获得企业高层同意，把开发和实施产品的任务分派给项目经理，并与项目经理移交前期的产品和项目信息，加入项目团队，全程参与项目，保持项目团队与自己协同。对于项目经理来说，怎样更有效地获取和分配项目中的资源，组织团队的成员实现目标，就是项目经理的职责。在西方的管理模式下，项目经理和产品经理都是成对出现的，一个对内，一个对外，更好地把整条线打通，这就是我们所说的产品项目管理模式。对于一个产品项目来说，产品经理和项目经理都很重要，缺一不可。当然如果能找到一个人同时扮演两个角色是最理想的，但是很难找到这么优秀的人，因为他们大部分都出去创业了。

问：您曾谈到在项目管理中有些事情自己不要做，要激励别人去做，但如果自己不上手，自己的能力怎么提升，别人怎么能信服你？

答：项目经理不是不工作，而是要专注于项目管理的工作，把项目中专业的工作留给项目中的专业人士或专家。很多技术出身的项目经理，要做到这一点比较难，因为他们会习惯性地认为项目中的很多专业工作如果自己不做得比别人好的话，别人可能就不服气，就不服从领导。然而，项目经理要修炼的并不是在专业领域超过项目成员，而是要修炼如何激励项目成员努力去实现项目目标，让他们更好地相互配合和协同，确保项目的方向和目标。

通常，项目一定是跨多个不同专业领域的，想成为所有专业领域的专家非常难，好在各个专业领域一定都有专家或高手。作为项目经理，重在调动这些专家的工作积极性，激励他们，服务他们，把他们整合在一起，实现大家共同的目标。项目经理需要锻炼的是，如何能让项目团队中的项目成员在项目中发挥出超常的水平，做出更令人瞩目的成绩。当项目成员都能在自己的项目中取得成功，自己的项目也必定是成功的。

附录 B

项目经理能力测试

说明：

1. 题目为单选题，共 25 题。
2. 每题 1 分，共 25 分。

项目经理能力评测试题

1. 作为一个职能部门经理，日常运营和本部门项目 A 工作已经满负荷，此时有其他部门项目 B 因突发原因临时要求你拨出资源，协助解决问题，项目 B 与项目 A 同为年度战略重点项目，你此时应当如何做？

A. 优先完成项目 A 的预订计划，但尽可能抽出余裕资源协助项目 B

B. 在保证项目 A 关键任务不受影响的情况下，尽量提前安排资源协助项目 B

C. 向项目 B 的项目经理了解具体情况，如问题较严重，优先协助项目 B

D. 向项目 B 的项目经理了解具体情况，如问题较严重，在不影响项目 A 关键任务的情况下，安排相关人员加班配合解决

E. 向项目 B 的项目经理了解具体情况，如问题较严重，向自己上级请示是否在影响项目 A 进度的情况下协助项目 B

2. 在项目执行过程中，因前期技术验证不足，发现原本确定的实施方案不可行，此时项目已相对原计划有所延迟，作为项目经理，你应当先采取以下哪项行动？

A. 协调相关专家重新确定技术方案，并评估对后续计划的影响

B. 明确问题原因，确定责任人

C. 向领导汇报问题

D. 提出变更申请

3. 你刚刚被指派为公司级的一个重要项目的项目经理，此项目旨在推动公司原有业务流程根据公司未来战略目标进行调整和优化，因此很多职能部门的工作方式都会受到影响，接手项目后，你将优先采取哪项行动？

A. 马上召开项目启动会

B. 与相关部门负责人访谈，收集现有问题及改进建议，形成具体方案和计划，领导确认后再召开启动会

C. 向相关领导了解项目产生的背景和目标，梳理项目涉及的具体工作，再召开项目启动会

D. 向相关领导了解项目产生的背景和目标，梳理项目涉及的关键利益相关方，再召开项目启动会

4. 项目组中的设计工作由专家 A 负责且不可替代，但 A 性格倔强高傲，常与项目经理的要求违背，且经常得罪项目组成员。在一次 A 与其他项目成员就项目实现方案及进度发生激烈冲突后，作为项目经理，你应该如何处理团队内部的矛盾？

A. 将项目实现方案、项目进度交给 A 负责，项目经理完成验收工作

B. 申请将 A 退回资源部门

C. 要求项目组成员尊重 A 的技术权威，不与之发生冲突，项目经理与 A 处理好个人关系

D. 向 A 的资源部门主管求助

5. 公司成立了组织级 PMO，职责之一是对所有执行中的项目进行进展监控与阶段评审，作为项目经理，为配合 PMO 的监控评审工作，在向 PMO 提交汇报文件前，你应该优先完成以下哪项工作？

A. 收集可交付成果的进展与绩效

B. 使用挣值分析方法提供状态报表

C. 确保向所有利益相关方发送相关项目文件

D. 只明确进度和成本偏差，而非范围、资源、质量和风险

6. 为加强公司战略举措执行力，公司准备建立重点项目绩效考核机制，对项目经理进行公平评价和奖励。作为此项任务的负责人，为了保证新出台的绩效考核制度能落地执行，你应该如何做？

A. 确保你的直接领导对绩效考核制度的认可

B. 确保分管绩效考核工作的人力资源负责人对绩效考核制度的认可

C. 组织公司决策委员会对该制度进行评估并达成共识

D. 借鉴业界优秀实践，直接推行最佳实践的绩效考核制度

7. 作为项目经理，你临时接手了一个计划为期两年、已经执行了一年的项目，因公司年度组织结构调整，项目原定的成员已发生很大变化，新项目成员对所负责的工作不太明确；同时，有几项已完成的工作包仍未得到所需的确认，另有三项工作已落后进度一个月，为了尽快恢复对项目的控制，你需要首先完成哪项工作？

A. 按照现有情况重新评估、修订项目计划

B. 组织项目组成员及时按原定的项目目标开展工作

C. 重新评估项目目标，并获得领导确认

D. 与核心项目成员重新确认角色职责

8. 作为项目经理，在信息系统开发过程中，新的功能模块使用了新的技术，项目组的技术专家、测试经理发现新功能性能不达标，该问题攻关难度很大，此时你应优先做的是什么？

A. 为争取解决问题的时间，直接进行计划调整，延迟系统发布时间

B. 直接与技术专家研究问题解决方案，进行突击解决

C. 评估问题对项目目标的影响，以决定下一步行动方案

D. 制订性能问题的规避方案，预防性能问题暴露发生

9. 你是公司多个项目的项目经理，但是精力大多关注在一个重要的项目上面，其他几个已进入开发阶段的项目投入精力较少，导致在人员管理、任务管理和问题处理上不力，引发项目骨干人员的微词，当前情况下你最好采取哪种办法？

A. 召集项目全体会议，重新梳理优化项目的计划、任务分工、工作纪律等

B. 项目经理加班，确保自己在其他项目的工作时长，以保证对项目的把控

C. 挑选有能力的项目组成员，进行项目经理后备资源培养，建立梯队化管理

D. 评估自己在各个项目上的投入，根据项目交期进度重新调整在各个项目的投入

10. 你被任命为某重点项目的项目经理，由于该项目技术难度较大，公司安排了两位在不同技术领域各有擅长的技术专家为该项目进行技术把关。在项目执行过程中，你发现每次技术评审会上两位专家都会为某些技术细节产生争执且无法达成共识，这已经影响到后续工作的开展，作为项目经理你将如何解决这个问题？

A. 按其中某一位技术专家的意见继续推进项目

B. 在公司周例会上向公司领导反映该问题

C. 向你的主管领导征求意见和建议

D. 私下与两位专家沟通，促成一致意见的达成

11. 对于上题中的情形，如果你是项目经理的领导，你会如何处理？

A. 直接与专家沟通，按其中某一位技术专家的意见继续推进项目

B. 向项目经理介绍自己的经验，由项目经理自己协调处理问题

C. 在公司例会上反映这个问题，让大家共同解决

D. 私下与两位专家沟通，促成一致意见的达成

12. 作为项目经理，如果你发现领导分派给你的目标和任务与你理解的不一致，双方暂时无法达成共识，请选择你认为下一步的最佳处理方式。

A. 忽略自己的意见，按领导要求执行

B. 表面上赞同领导意见，私下按个人意见执行

C. 直接找到领导并讨论双方的分歧

D. 找更熟悉领导的同事侧面了解领导的真正意图和期望

13. 作为项目经理，你以如下的哪一个关注点作为项目的目标？

A. 项目的直接交付物

B. 项目的交付物给用户带来的改变

C. 项目为企业带来的收益

D. 项目发起人的满意度

14. 作为一名项目经理，应该熟悉多元文化下的沟通方式。在一家国企里，当项目经理需要其他职能部门提供特别支持时，应首先找谁进行沟通？

A. 向潜在提供支持的职能部门的具体执行人员提出请求

B. 向潜在提供支持的职能部门的领导提出请求

C. 请求自己的部门领导向潜在提供支持的职能部门的领导提出请求

D. 通过项目管理系统或邮件等书面方式直接安排给执行人员

15. 作为一名项目经理，应该熟悉多元文化下的沟通方式。在一家民企里，当项目经理需要其他职能部门提供特别支持时，应首先找谁进行沟通？

A. 向潜在提供支持的职能部门的具体执行人员提出请求

B. 向潜在提供支持的职能部门的领导提出请求

C. 请求自己的部门领导向潜在提供支持的职能部门的领导提出请求

D. 通过项目管理系统或邮件等书面方式直接安排给执行人员

16. 作为一名项目经理，应该熟悉多元文化下的沟通方式。在一家欧美文化外企里，当项目经理需要其他职能部门提供特别支持时，应首先找谁进行沟通？

A. 向潜在提供支持的职能部门的具体执行人员提出请求

B. 向潜在提供支持的职能部门的领导提出请求

C. 请求自己的部门领导向潜在提供支持的职能部门的领导提出请求

D. 通过项目管理系统或邮件等书面方式直接安排给执行人员

17. 当项目交付过程中目标的使用者（或客户）发现了一个重大的产品质量问题时，作为项目经理，为了尽快了解问题的产生原因、造成的影响并给出解决方案，你应该先找谁沟通？

A. 项目经理所在公司的专家

B. 目标的使用者（或客户）部门的接口人

C. 项目经理自己的领导

D. 项目研发测试和技术支持团队

18. 在项目执行过程中，如果目标的使用者（或客户）给你发了一个邮件，提出了一些要求或问题，并同时抄送给了你所在公司的各大领导，请问你下一步应该怎么做？

A. 先不回复邮件，通过电话与发件人沟通问题

B. 先不回复邮件，与项目团队讨论邮件的要求或问题

C. 先不回复邮件，征求项目经理领导的意见

D. 立刻回复邮件，向发件人解释或沟通

E. 立刻回复邮件，表示对问题和要求的关注但暂不给出解决方案

19. 作为项目经理，如果你收到了需求方用邮件或电话提出的一项项目范围外的工作要求，下一步做什么？

A. 代表项目组拒绝需求方的要求，因为这项工作属于项目范围以外

B. 与需求方沟通，明确这项额外要求的原因和必要性

C. 与自己领导沟通，商讨是否可以接受需求方的额外请求

D. 由于客户很重要，要求项目组加班实现客户的额外需求

20. 项目所涉及的两个职能部门间在某个具体问题上无法达成共识，作为有责无权的项目经理，为继续推进项目进程，你认为以下哪种做法最好？

A. 站在你认为有道理的一方，共同尝试说服另一方

B. 听取相关专家的意见，作为项目负责人直接选定最佳的方案

C. 将双方的分歧进行优劣势分析后邀请双方领导进行决策

D. 找具有权威性的第三方出面，协调双方达成共识

E. 私下与双方单独沟通，协调双方达成共识

21. 项目组的成员是由各职能部门指派过来的，作为项目经理，你发现有的项目成员经常不能完成他所承担的工作，而且职能经理不愿更换，在项目工期很紧的情况下，你偏向于怎么做？

A. 继续强烈要求职能部门主管调配更合适的资源进行替换

B. 向项目经理的主管求助

C. 为了不延误项目工期，替不能胜任工作的项目成员完成他不能完成的工作

D. 努力想办法提高该成员的能力，使他能胜任项目工作

E. 努力想办法调动该成员的工作积极性

22. 作为项目经理，在项目实施过程中，发现与项目相关的一位部门领导经常不配合项目工作，有导致项目延误的风险，你应该先采取下列哪种措施？

A. 请自己的领导出面给该部门领导施加压力

B. 直接写邮件质问该领导为何不配合

C. 在领导集体会议中报告该现象及风险

D. 私下找到该领导询问不配合的原因

E. 找与该领导熟悉的同事了解该领导不配合的潜在原因

23. 在矩阵组织结构下的项目开发过程中，发现有的项目成员存在为了工作而工作、得过且过的现象，工作目的性不强。作为项目经理的你该如何做？

A. 为项目组成员设置更具挑战性的工作目标

B. 为项目组成员设置更多需要协调配合的工作目标

C. 协调项目组成员参与项目组工作目标的分解讨论

D. 与该项目成员建立友谊

24. 你刚被总经理正式任命为项目经理，但你得知，在项目立项过程中有过激烈的争论，有一部分高层并不支持该项目，包括项目经理的领导。项目马上就要启动，请问此时你该怎么做？

A. 想办法调到别的项目

B. 消极怠工，等待领导达成一致

C. 说服自己的领导赞同总经理的意见

D. 积极准备项目启动工作

E. 通过风险分析，将可能出现的问题责任厘清，在项目启动会上详细汇报确认

25. 作为项目经理，在项目筹备阶段发现公司分管副总给项目分配的资源无法支持项目目标的实现，你该如何做？

A. 向项目分管副总讲明项目团队的难处，争取分管副总的支持

B. 发扬艰苦奋斗的精神，带领项目团队在有限的资源下，即使知道实现不了，也要努力争取项目目标的实现

C. 向项目分管副总汇报，讲明项目因目标实现不了可能会对公司整体战略造成的影响

D. 有多少资源干多少活

说明：测评结果根据答题的正确率，可分为五个等级：

- 卓越（24~25 题）
- 优秀（21~23 题）
- 良好（18~20 题）
- 合格（14~17 题）
- 较差（0~13 题）

扫描下方二维码，关注肖杨老师官方微信公众号，提交测试答案，小编会逐一给大家发送你的分数、答题时长、各指标答题正确率。对参考答案有困惑、项目管理软技能指标项失分严重的朋友可以留言或联系我们。

肖杨老师的视频、音频、原创文章都收录在官方微信公众号哦！

附录 C

××科技集团项目管理制度示例

××科技股份有限公司企业标准

产品与技术项目
项目管理制度

版　本：A0
编　制：
审　核：
标准化：
批　准：

20××-××-××发布　　　　20××-××-××实施

××科技股份有限公司 发布

目　　次

前　　言

本标准由 XX 科技股份有限公司提出并归口。

本标准起草单位：集团总工办、集团研发中心 PMO。

本标准主要起草人：

本标准代替标准的历次版本发布情况：首次发布。

编号	修订内容简述	修订日期	修订后版本号	修订人	审核人	批准人
1	A					
2						

产品与技术项目管理制度

1　目的与范围

为了规范产品与技术项目工作开展，提升效率、降低成本、促进公司经济效益的提高，本着项目管理公开原则、报告原则、回避原则、监督检查和维度评价原则，特制定本制度。

本制度规定了产品与技术项目管理的定义和术语、角色和职责、项目的分类分级、项目的计划预算管理、项目各阶段决策管理的基本要求。

本制度适用于 XX 科技（以下简称“公司”）立项的所有产品与技术项目。

2　定义与术语

2.1　产品与技术

由 XX 提供给市场，满足客户需求和使用的有形的物品和无形的服务称之为产品，如风机产品、光伏产品、软件产品、服务产品等。

技术是指围绕 XX 产品开发和交付等过程中应用、前瞻储备的技术，以及为满足 XX 产品外围服务的需求所涉及的技术。

2.2　产品与技术项目

产品与技术项目是指经过公司产品与技术决策委员会批准，具有明确的项目目标和价值，需要交付一个或多个与产品或技术相关的项目产出、成果或服务，具有临时性、独特性、跨职能性、过程不确定性和变革性特征的组织。

在 XX 范围内，产品与技术项目的准入条件为：

- 有明确的开始和结束时间；
- 项目工作是跨职能部门执行；
- 通过正式的决策审批。

2.3　项目管理

项目管理是对项目的各个方面和利益相关方的动机进行计划、授权、监督和控制，从而在预期的时间、成本、质量、范围、收益与风险等各项绩效指标范围内，实现项目目标。

2.4　项目群管理

项目群是与战略目标相关的，以实现成果和收益为导向的，用来协调、指导和前瞻一系列具有相关性项目的，具有独特性、临时性的组织。

2.5　项目组合管理

项目组合是指根据组织的战略规划，以投资为导向，将项目、项目群和其他工作组合在一起，以便有效管理，实现战略目标。项目组合管理集中管理一个或多个项目组合，包括定义、排序、授权、指导和监控项目、项目群和其他工作，达到特定的战略目标。

3　角色和职责

3.1　项目管理组织架构

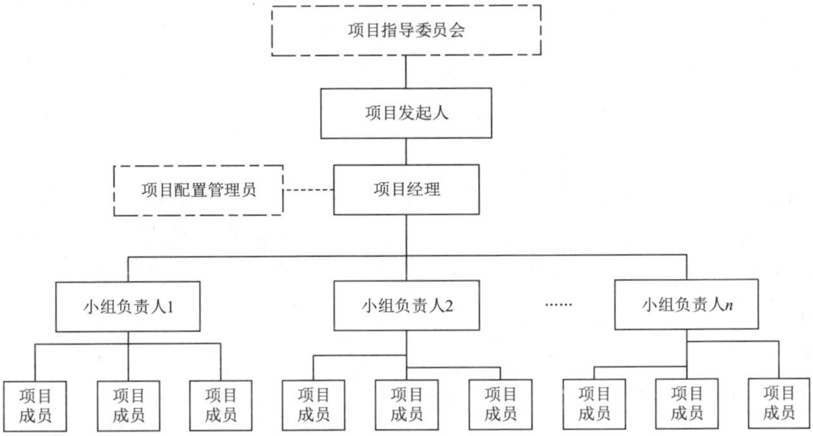

3.2　角色和职责

3.2.1 项目指导委员会

代表各项目的高级管理层，正式任命项目经理，指导项目方向，在关键节点做出决策。指导委员会需有代表用户、供应商和商业利益的高层领导组成。

3.2.2 项目发起人

项目发起人来源于某一层级的管理人员，为满足公司战略规划中的某一项目标筹措资源。项目发起人对项目的价值和方向负责，对项目进行整体指导和监控。

3.2.3 项目经理

根据项目需求组建项目团队，负责项目整体运行和监控。对项目组成员和项目工作进行日常管理，在规定的时间、成本、质量、范围、风险和收益容许偏差内，确保项目目标的实现；同时负责确保项目产出某项成果，该成果能够实现预期收益。

项目经理需负责项目配置管理工作，维护项目库，收集、整理、控制项目交付物和文件，向相关人员发放版本通知。可依据项目实际情况或复杂程度设立专职项目配置管理员。

3.2.4 小组负责人

根据项目经理的分工，以完成特定的项目交付物为目标，协调所属小组的相关工作，并定期汇报所负责的项目工作的进展，确保所负责项目工作的按时交付。

3.2.5 项目管理办公室

项目管理办公室是根据公司战略规划，对所有项目统一管理、协调的部门。负责组织编制公司项目管理办法及相关管理制度；负责组织组合项目管理计划的编制、发布及改善；负责项目的立项决策、阶段决策、变更决策、结项决策的初审；负责对关键项目的过程进行指导和监督；负责组织项目节点检查，定期汇总编制项目进展报告，提交相关部门及领导；负责项目资料的报备和归档管理。

4　项目分类分级

4.1　项目分类

依据公司内不同层级、不同部门的需求，项目类型可以从多个维度划分。本制度将从项目目的、项目特征、生命周期三个维度划分项目类型。各业务单元、子公司及中心可参照本制度进行项目分类，亦可依据各自业务实际需求增加或减少划分项目类型的维度、方法和类型。

4.1.1 按项目目的分类

a）增加收入类：通过交付产品或服务，可直接为公司带来财务性的收入。

b）提效降本类：提高原有产品运行效率、降低产品成本、增加产品可靠性，达到提升产品竞争力目标的项目；优化生产工艺和生产效率、降低生产成本，提高交付速度和效率的项目。

c）……

4.1.2 按项目特征分类

a）新产品开发类：针对新技术或新领域的产品开发项目；按产品开发流程进行。

b）产品优化类：在公司原有产品的基础上进行开发，与原有产品或在研项目版本的关系可以是并行，也可以是替代关系。在产品开发流程的基础上进行裁减。

c）……

4.1.3 按产品生命周期分类

a）预研类：该类项目没有特定的商业目的。一般都或多或少关系到公司当前或未来的经营范围，项目定向地进行基础研究。

b）开发类：根据基础研究的成果及市场的需要，运用新材料、采用新的设计开发创造满足市场和顾客需求的新产品，其本质是为满足需求创造新的可应用的新产品、新软件等。

c）……

4.2　项目分级

依据公司管理要求，采用得分累加制，项目级别分为集团级、中心级（各业务单元、子公司及中心可依据各自业务实际需求增加中心级以下层级）。根据累加分数确定项目级别：80（含）分及以上为集团级，80 分以下为中心级。各业务单元、子公司及中心可参照本制度进行项目分级，亦可依据各自业务实际需求增加项目划分的级别。

项目级别是指项目等级，不同于项目优先级，在本制度中暂不涉及项目优先级划分内容，各业务单元、子公司及中心可根据各自的业务需求，补充、完善各自的项目优先级划分方式和方法。

4.2.1 项目级别划分方法

在管理过程中，产品和技术关注的维度不同，项目级别划分将对其采用不同的划分方法，具体请参照“项目级别划分矩阵”（请查看附录 8.1 和附录 8.2）。

a）产品：项目包括新产品开发类、产品优化类、产品平台开发类、产品平台优化类项目。

b）技术：项目包括技术预研类、技术应用类、公用技术开发类、公用技术改进类项目。

4.2.2 项目级别划分流程

a）对下一年度新项目集中划分初始级别。依据项目级别划分方法，项目管理办公室组织业务单元、子公司、中心相关决策领导或总工团队，集体划分下一年度新项目的初始级别（当下一年度新项目清单梳理完成后）。

b）对任命了准项目经理的新项目，进行项目级别划分确认或调整。依据项目级别划分方法和项目的初始级别，项目管理办公室向相应决策委员会获取最终意见。

c）新项目通过正式立项决策后，确定项目最终级别划分。

4.2.3 各级别项目管理方法

a）集团级项目，完成中心级决策（各阶段决策）后，需到集团级决策会完成最终决策（报批）。集团级项目日常监控信息由各中心级项目管理办公室进行管理，并将监控信息上报到集团项目管理办公室。

b）中心级项目，各阶段决策由中心级决策会完成，并报至集团审核（报审）。中心级项目日常监控信息由中心级项目管理办公室进行管理。

c）原则上各级别的项目信息需要全部在集团项目管理办公室备案。

5　年度项目计划和预算管理

5.1　年度项目计划和预算申报

5.1.1 计划和预算收集

项目管理办公室在每年第四季度收集各部门下一年度项目计划及预算，具体包括：

- 已立项项目下年度计划和预算；
- 下一年度准备立项项目的年度计划和预算。

5.1.2 计划和预算审批

项目管理办公室组织相关部门领导及人员对于各项目计划和预算进行评审、批准。

5.1.3 计划和预算公布

项目管理办公室根据审批结果，公布下一年度项目计划和预算。

5.2　年度计划和预算调整

5.2.1 计划和预算调整申请收集

项目管理办公室在每年年中收集一次已立项项目的计划、预算调整申请，具体包括：

- 上半年已完成工作计划和已发生项目成本；
- 下半年项目计划和预算。

5.2.2 计划和预算调整申请审批

项目管理办公室组织相关部门领导及人员审核并批准项目计划和预算调整申请。

5.2.3 计划和预算调整公布

项目管理办公室根据相关部门领导及人员审批结果，公布项目计划和预算调整情况。

6　项目各阶段决策管理

项目各阶段决策可从技术和管理两个角度开展，即技术评审和管理决策。在本制度中所述的项目各阶段决策是管理决策，是项目指导委员会站在投资角度决策项目是否立项、继续或结项。技术评审是由项目相关的技术专家组成的评审团，从技术角度给出评审结论。一般情况在管理决策前，项目需完成技术评审。本制度中暂不对技术评审进行详细介绍和要求，各业务单元、子公司及中心可依据各自业务实际需求开展技术评审。

项目过程中包括预立项决策、立项决策、阶段决策、变更决策、结项决策。其中立项决策、阶段决策、结项决策为必有决策点，预立项决策视不同类型项目而定（如产品开发项目需设立预立项决策），变更决策视项目执行过程需要而定。

项目管理办公室在项目预立项和立项决策过程中，需按照“项目命名规则”（请查看附录8.3）审核项目名称的合规性。

6.1　项目预立项决策

当接到产品开发项目；项目目标前期不清晰，需一段时间调研、分析来明确项目目标的项目发起项目预立项决策流程。具体流程要求请查看《产品与技术项目立项决策流程》。在项目预立项决策通过后，决策会指派项目经理，项目管理办公室公布通知。

6.2　项目立项决策

项目目标基本明确，且项目中需采用的技术方案基本明确的项目发起项目立项决策流程。具体流程要求请查看《产品与技术项目立项决策流程》。在项目立项决策通过后，决策会正式任命项目经理，项目管理办公室公布项目经理任命通知，并依据“项目编码规则”（请查看附录 8.4）给予项目编号。

6.3　项目阶段决策

项目制订计划时，将项目划分为多个阶段，在各个阶段末按需设立阶段决策点，项目在阶段决策点临近时发起项目阶段决策流程。具体流程要求请查看《产品与技术项目阶段决策流程》。

6.4　项目变更决策

项目执行过程中出现偏差，影响到项目时间、预算、范围、质量等批准的项目基准时，该项目启动项目变更决策流程。具体流程要求请查看《产品与技术项目变更决策流程》。项目变更等级划分，请依据“项目变更等级划分规则”（请查看附录 8.5）执行。

6.5　项目结项决策

项目按照要求完成项目工作、交付项目产出、移交项目工作后，项目发起结项决策流程。具体流程要求请查看《产品与技术项目结项决策流程》。

7　附则

本办法自发布之日起实施，本办法由项目管理办公室负责解释。

本办法中涉及的相关细则和模板将后续发布。

附录 D

项目管理模板

XXX 项目立项报告

1. 项目背景及意义

项目背景	
项目意义	

2. 项目可行性

商业价值和业务价值	
技术可行性	
关键资源可获得性	

3. 项目约束及假设

项目约束	
项目假设	

4. 项目关键成功要素

5. 项目目标

项目目标描述	
项目交付物的组成	
成果转化率	
可获得的经济效益	
可获得的社会效益	

6. 项目方案

可选交付方案一	
可选交付方案二	
可选交付方案三	

项目团队建议：

7. 项目时间计划

项目管理阶段

起止时间	里程碑	阶段名称	阶段主要工作	主要交付物	主要参与方	阶段评审点设置
	☑ 里程碑 项目完成 XX%					☐ 专家评审 ☐ 管理评审
	☐ 里程碑 项目完成 XX%					☐ 专家评审 ☐ 管理评审
	☐ 里程碑 项目完成 XX%					☐ 专家评审 ☐ 管理评审
	☐ 里程碑 项目完成 XX%					☐ 专家评审 ☐ 管理评审

8. 项目团队成员及组织结构

项目团队成员列表

姓名	部门	原岗位职务	项目内角色	项目内职责	参与工作时间

项目组组织图

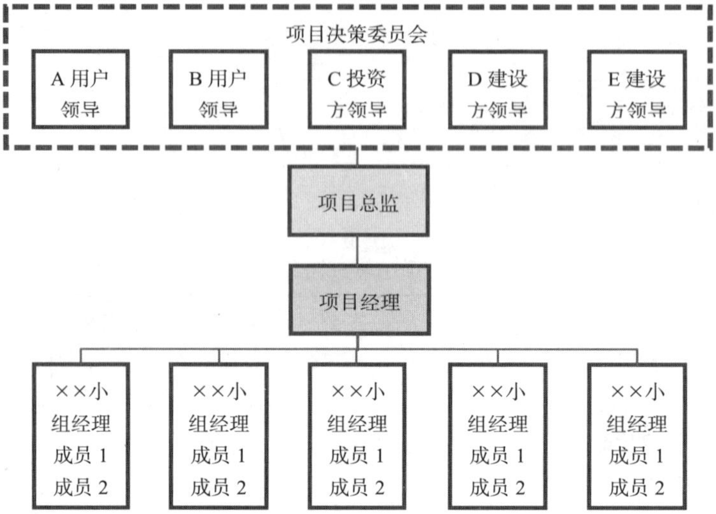

9. 项目预算及成本支出计划

费用预算

序号	费用类别	预计款项（细分）	经费（元）
1	设备采购费		
2	原材料采购费		
3	加工费		
4	资料采购费		
5	差旅费		
6	会议费		
7	交流费		
8	出版/文献/信息传播/知识产权事务费		
9	劳务费		
10	专家咨询费		
11	其他支出		
12	人力预算		
合计			

费用支出计划

序　　号	使用预算的阶段	预算用款（万元）	用途说明

10. 项目质量指标

交付物质量

交付物名称	质量验收标准	容许偏差	验收方法	验收责任人	备注

11. 项目风险分析及应对计划

项目风险分析及应对计划

风险名称	原因	事件	概率	影响描述	应对措施	负责人

12. 项目利益相关方分析及沟通计划

利益相关方分类	姓名	项目中担任角色	对项目的主要期望	影响程度描述	沟通方式	沟通频次

13. 项目其他成果

标准/专利/认证/奖项	
环境健康安全	
人才培养	

×××项目结项报告

1. 项目总体回顾
2. 项目成果展示

2.1　项目交付物验收

交付物验收

交付物名称	质量验收标准 明确技术指标	质量容许偏差	验收方法	验收责任人	验收结果

2.2　标准/专利/认证预期/奖项

3. 项目评价

3.1　项目管理评价

项目管理评价

评审维度	立项批准内容	变更批准内容	实际情况描述	评价结论
项目范围				
项目时间				
项目预算				
……				

3.2　项目阶段评审评价

评审阶段名称	评审时间	评审内容	评 审 组	评审结果
立项评审				
关键节点评审 1				
关键节点评审 2				
评审维度	立项批准内容	变更批准内容	实际情况描述	评价结论
结项评审				

3.3　用户满意度评价

评价维度	评　分	评　　语
以客户为导向		
交付物质量		
履行承诺		
响应能力		
项目收益		
项目总体评价		

3.4　项目收益评价

a. 已经实现的收益	
b. 预计未来可实现的收益	

3.5　项目经理评价

评价维度	项目总监评分	项目用户评分	项目供应商评分	PMO 评分
该项目目标达成				
项目经理工作量				
项目经理成长				

3.6　项目核心成员评价

姓　名	部　门	项目内职责	评价得分		
			交付物质量	配合度	成长性

4. 项目最终交付物及职责移交

项目最终交付物移交列表

最终交付物名称	移交部门	确认人	备　注

项目职责移交列表

职责描述	移交部门	确认人	备　注

项目遗留问题列表

问题描述	遗留原因	后续处理方案	运维确认人	备　注

5. 项目经验教训

项目亮点	
项目不足	

6. 项目资料归档

项目资料名称	存档处	接收人	备　注

参考文献

1. Office of Government Commerce. Managing Successful Projects with PRINCE2 2009. London: The Stationery Office, 2009.
2. 项目管理协会. 项目管理知识体系指南（PMBOK®指南）(第 5 版）. 北京: 电子工业出版社，2013.
3. The Stationery Office. Managing Successful Programmes. London: The Stationery Office, 2011.
4. The Stationery Office. Management of Portfolios. London: The Stationery Office, 2011.
5. The Stationery Office. Management of Risk: Guidance for Practitioners. London: The Stationery Office, 2007.
6. AXELOS. Portfolio, Programme and Project Offices. London: The Stationery Office, 2013.

反侵权盗版声明